赢在营销

管理、策略、方法、实战

丁麒钢 傅烈虎 ◎ 著

中国商业出版社

图书在版编目（CIP）数据

赢在营销 ：管理、策略、方法、实战 / 丁麒钢，傅烈虎著. -- 北京 ：中国商业出版社，2024. 8. -- ISBN 978-7-5208-3033-1

Ⅰ.F713.36

中国国家版本馆 CIP 数据核字第 20249UH668 号

责任编辑：郑　静
策划编辑：刘万庆

中国商业出版社出版发行
（www.zgsycb.com　100053　北京广安门内报国寺 1 号）
总编室：010-63180647　　编辑室：010-83118925
发行部：010-83120835/8286
新华书店经销
香河县宏润印刷有限公司印刷
*
710 毫米 ×1000 毫米　16 开　18 印张　300 千字
2024 年 8 月第 1 版　2024 年 8 月第 1 次印刷
定价：88.00 元
****
（如有印装质量问题可更换）

前言

营销的英文单词是Marketing，英文含义是Satisfy Your Customer in a Profitable Way，其中文意思是有盈利地满足客户需求。企业存在和发展的基础是盈利，而盈利是通过满足客户需求来实现的，那么满足客户需求的过程就是营销。营销是作为思维而存在的，而非具体形式，不论什么职业角色在每一次面对客户的活动中都可以有出色的营销表现。因此，即便营销管理类的书籍如汗牛充栋，但是读者亦难以从某一本营销管理类丛书中窥其全貌，也更不容易真正理解和掌握营销的精髓，因为营销完全融合了企业管理的全方面和全过程。

可以说，企业的持续成功发展离不开营销。营销之于企业就犹如拐杖之于盲人，企业能走多远，能发展多快，很大程度上取决于营销这根"拐杖"运用得好不好，因此说，营销在企业发展中起着引领和导航的作用。营销的核心使命是维持企业在市场上的竞争力和引导企业的未来发展。在市场竞争中只有营销成功的企业才能笑到最后。营销是需要全员参与的事业，是具体的思维实践，而企业如何高举营销旗帜，持续发展制胜，是本书将要解答的内容。

本书从企业面临的外部环境与内部核心竞争力的建设出发，阐述了打破企业内部困局、创建营销生存的企业文化、营销团队在企业核心竞争力建设中充当的角色，企业从战略到产品生命周期管理、企业营销管理以及企业应负的社会责任等内容，全面介绍了营销在当前企业中的重要作用，以及对企业持续成功发展的重要影响。总之，在本书中，笔者既介绍了传统营销管理理论在具体企业发展中的实践，又结合自己多年在营销管理方面积累的经验和新的认知与感悟，给出了诸多不同于传统营销观念的新的营销思考，值得读者诸君认真阅读，相信一定有不一样的收获。希望本书能够为广大的企业管理者提供营销管理的策略、方法和实战方面的指导。

丁麒钢　傅烈虎

2024-03-18

目录

第一章　企业竞争制胜的要旨
1. 行业竞争的初始判断 / 3
2. 竞争对手靠什么占据市场 / 7
3. 本企业靠什么盈利 / 7
4. 本企业的战略选择 / 9
5. 你准备好突围了吗 / 11

第二章　企业核心竞争力的"主动轮"
1. 核心竞争力的"主动轮" / 14
2. "主动轮"建设与资源加强 / 18
3. 营销是不可或缺的"主动轮" / 19
4. 单轮驱动与双轮驱动 / 21
5. 双轮同步同方向驱动 / 22

第三章　企业的外部环境管理和内部资源建设
1. 企业发展的要诀 / 24
2. 内部资源要随着外部环境的变化而调整 / 27
3. 企业内部核心竞争力的建设 / 31

第四章　企业核心竞争力建设中的内部困局
1. 企业内部的政治 / 34
2. 企业里谁是老大 / 35
3. 变革触动谁的利益或权力 / 35

4. 如何看待过去乃至今天的功臣 / 38
5. 变革是分轨运行还是并轨运行 / 38
6. 变革是一把手的工程 / 39

第五章　突破企业内部困局的企业文化

1. 变革要基于现有的企业文化 / 42
2. 企业文化的弹性与刚性 / 46
3. 培养企业文化的弹性 / 48
4. 理解营销的新内涵 / 50
5. 培养全员的营销意识 / 54
6. 一把手要挑战内部权威 / 57

第六章　营销团队在企业核心竞争力建设中的角色

1. 找准市场定位和发展方向 / 62
2. 聚焦市场细分与产品定位 / 63
3. 聚焦行业竞争对手 / 65
4. 聚焦未满足的需求 / 68
5. 聚焦行业的需求变化与发展 / 70
6. 聚焦技术对产业发展变化后果的研究 / 70
7. 早3年预知危机，早5年预测新兴市场 / 72
8. 营销在企业管理层要有话语权 / 74

第七章　企业战略管理

1. 战略的是与非 / 76
2. 企业可选的三种基本战略 / 76
3. 决定企业进入和退出市场的决策策略 / 80
4. 由使命到结果的企业战略调整过程 / 82
5. 企业面对危机时的形势判定思维流 / 84
6. 企业问题发现与解决的逻辑模型 / 86
7. 企业战略调整方向的选择原则 / 88

目 录

第八章　企业品牌管理
1. 品牌的本质 / 92
2. 品牌管理的是与非 / 93
3. 企业品牌与产品品牌 / 94
4. 品牌的初创 / 96
5. 品牌的成长 / 97
6. 品牌的维护 / 98
7. 品牌管理的终极目标 / 99

第九章　客户需求管理
1. 谁来研究客户需求 / 104
2. 客户需求的甄别 / 105
3. 研究客户需求的三个维度 / 107
4. 客户需求的行业细分与取舍 / 109

第十章　产品开发方向管理
1. 产品开发的理念之争 / 112
2. 营销部门要成为产品开发的导航者 / 113
3. 产品开发的全过程 / 114
4. 产品成功的检验标准与技术前瞻性 / 116

第十一章　产品生命周期管理
1. 产品生命周期 / 120
2. 产品入市管理 / 122
3. 产品诞生与发布 / 124
4. 产品盈利性管理 / 132
5. 产品退市管理 / 138
6. 产品组合的管理与研究 / 141
7. 产品的运营管理 / 145

第十二章　营销的市场管理

1. 目标市场的选择与目标对手的锁定 / 150
2. 基于市场环境和资源优势制定竞争策略 / 151
3. 优化销售网络，适时调整销售管理架构 / 154
4. 销售渠道的规划、部署与管理 / 156
5. 服务网络的设计、部署与管理 / 159
6. 建立市场信息情报系统 / 160

第十三章　营销的定价管理

1. 从损益表中看定价管理的角色 / 166
2. 盈利是衡量产品成功的唯一标准 / 166
3. 价格与成本管理是定价管理的基础 / 168
4. 四条定价控制线管理 / 169
5. 价格管理的体制与流程建设 / 170
6. 成本线管理的体制与流程建设 / 171
7. 基本的定价方式 / 173
8. 用好定价职能 / 175
9. 定价部门的职能定位与岗位任职要求 / 176
10. 产品的市场价格管理 / 177

第十四章　营销的销售管理

1. 客户管理 / 180
2. 建立基础客户群 / 181
3. 客户分析 / 182
4. 客户关系管理 / 186
5. 销售计划管理 / 192
6. 项目管理 / 199
7. 投标管理 / 202
8. 价格授权与价格控制 / 203
9. 商务管理 / 210

10．合同管理 / 212
　　　11．销售行为管理与销售团队建设 / 215
　　　12．客户关系管理（CRM）系统 / 224
　　　13．销售员薪酬激励管理 / 225
　　　14．淘汰不合格者，留住优秀的销售人才 / 227

第十五章　营销的客户服务管理
　　　1．何谓服务 / 232
　　　2．服务网络的构建原则 / 233
　　　3．服务渠道与服务资源的多样性组合 / 234
　　　4．服务质量的检验标准：客户满意度 / 235
　　　5．作为成本中心的初级服务 / 236
　　　6．作为利润中心的高级服务 / 238

第十六章　以财务为准绳的营销管理
　　　1．营销管理成效的四重财务检验指标 / 244
　　　2．产品销售、毛利与利润之间的关系 / 245
　　　3．营销视野中期间费用的功与过 / 246
　　　4．库存与资金周转率之间的平衡关系 / 247
　　　5．灵魂与准绳之间的辩证法 / 249

第十七章　营销的市场团队建设
　　　1．营销在企业不同发展阶段的不同角色 / 252
　　　2．产品人员与营销人员的选择 / 254
　　　3．何人可以任职营销部门 / 257
　　　4．营销的组织建设与素质要求 / 259
　　　5．营销是从细微处见精神 / 261
　　　6．"突围"是营销的永恒主题 / 263

第十八章　社会责任和营销经理人的成长
　　　1．企业行为遵循法律和履行社会责任 / 268

2. 员工的职业道德与营销人员出身 / 269
3. 情商和追梦是营销人员成长的基础 / 270
4. 做人做事要有灵魂和方法论 / 274
5. 不灭的理想与追求 / 276

第一章
企业竞争制胜的要旨

提供客户所需要的产品、解决方案和服务是企业得以成立的原因；通过提供客户所需要的产品、解决方案和服务而获得盈利，是企业得以存在和发展的根据。全世界的上市公司在现时代都以"使股东满意"作为企业的第一经营准则，都以"使客户满意"为基本经营原则，都以"使员工满意"为最新潮的经营理念。

上述三条经营理念高度概括了现代企业得以持续发展的三个驱动力："使股东满意"意味着企业经营者要努力保证投资者的利益；投资者只有从所投资的企业中源源不断地获得所期望的回报，企业才能得以获得扩大再生产所需要的资本再投入和相应的融资渠道。"使客户满意"意味着企业能够创造客户价值，能够提供客户所需要的，且有相对竞争优势的产品、解决方案和服务；只有"使客户满意"了，企业才能源源不断地从市场上获得客户对企业的产品、解决方案和服务的购买，才能不断获得企业得以生存发展的现金流和利润。"使员工满意"意味着企业能够获得员工对企业的效忠，这是企业能够"使客户满意""使股东满意"的内在基础。满意的员工培养满意的客户，满意的客户为股东满意建构了基础。

盈利是检验企业成功与否的标准，上述的三条经营理念是为了确保企业经营的盈利。上市公司的管理在MBA课程上划分有战略管理、市场与销售管理、研发管理、供应链管理、财务管理、人力资源管理、成本管理、投资管理等，但在解决企业核心竞争力管理上的理论则是企业营销管理和企业财务管理，企业的其他管理都是在财务管理和营销管理指导下的管理。企业核心竞争力的管理概括起来就是一种以财务为准绳、以营销为灵魂的企业管理。

上市公司管理以财务为准绳，表现在企业的日常管理最终都以销售、回款、成本、期间费用、利润等财务数据形式进行管理，所有的企业决策也都是围绕企业财务目标的实现进行管理。企业财务目标是检验企业经营成效的标准，它解决的是企业内部效率管理的问题。因此，财务管理是企业内部最高的纲领性管理，它承担的是对股东（投资者）负责的问题。这就决定了财务管理在上市公司是如此的重要，以至于各国政府都通过法律形式来规定上市公司财务报表编制的会计准则和信息披露原则，以使各类企业的效益能被同一个尺度进行衡量。

保证上市公司的财务目标得以可持续实现的管理则是营销管理。营销管理是解决企业内部与外部关系的一种管理：对外，营销管理要判断企业处于或进入何种市场，在市场中处于何种地位，能从市场中获得多少能使企业得以生存发展的资源的问题；对内，营销管理要通过解决资源调整、资源压强、资源重组问题来使企业适应外部的竞争环境。营销管理解决的是将企业的内部管理与企业的外部管理统一起来进行协同的问题，它是以提升企业核心竞争力为核心的一种管理。

本书正是基于上述的理论框架来介绍和讨论企业营销管理这一市场经济中永恒的主题管理。

1. 行业竞争的初始判断

企业在市场上处于什么地位？企业下一步要向何处发展？企业如何到达目标中的市场位置？这是企业管理者永恒的需要不断回答的问题。

企业在市场上的位置判断，有两个理论分析工具可以提供帮助。一个工具是市场竞争强度的"7"力模型，另一个工具是企业竞争集团归类模型。这两个模型可以帮助企业管理者对自己的企业在目标市场上的位置进行判断。

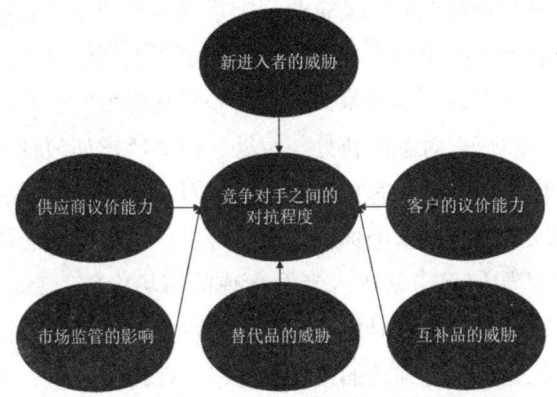

图1-1　市场竞争强度分析的"7"力模型

哈佛大学的波特（porter）教授提供了市场竞争强度分析"5"力模型的战略分析工具，后来被皮杜尔在实战中发展成竞争强度分析"7"力模型。市场竞争强度分析的"7"力模型以目标市场规模需求为核心，从供应商、客户、政府政策、市场壁垒、替代技术、竞争对手等"7"个维度来分析"7"个力量在市场角力中的位置及其作用力的大小，从而找出本企业的市场定位。

供应商议价能力反映产业链上下游的供求关系，当供大于求时，供应商的议价能力就弱，企业降物料成本的空间就大，企业从供应商处获得响应速度和支持就又快又多；反之，企业会被供应商挤压利润空间，获得供应商的支持就少。企业与关键物料供应商的供求关系对企业制定经营策略至关重要，当供应商拥有独到的核心技术且供应商很少时，企业在产业生态链中就处于不利地位，企业为摆脱这种地位需要设法寻找替代的或备份的供应商；如果关键物料

3

的供应商拥有稀缺的核心技术，有实力的企业往往会采用收购的方式直接拥有关键物料供应商，从而在产业链中对竞争对手建构独到的竞争优势。比如，艾默生公司因拥有谷轮（COPOLAN）压缩机供应企业而在全球机房空调市场独占鳌头，就是一个例证。

目标市场的监管程度是企业在制定市场策略时需要认真研究和对待的一个要素。一般而言，在充分竞争的市场上，市场仅有最基本规则的管理，政府对企业进入和退出市场不干预，既不做鼓励也不做限制；在这种市场，企业可以发挥自己最大的能力进入市场并努力扩大市场份额，直到企业扩大产能的边际成本等于边际利润为止。如果企业的产品价格及其销售规模不足以冲销固定成本的分摊时，企业就需要考虑通过提价收缩业务，甚至关闭业务。

关注市场竞争的新进入者也是企业制定市场策略的一个要素。如果你是市场的新进入者，要考虑的是你有什么特别的竞争能力帮你进入这个市场：是更优的成本能力？是拥有创新的技术而导致的差异化能力？还是亲和客户的定制能力？你要考虑你的目标对手的长处与短处，你要考虑如何针对目标对手的短处作为切入点；你要考虑哪些客户需求是目标对手不能满足或满足不好的，满足客户的这类需求是否可以帮助你切入市场等。作为市场的老供应商，你对新进入者要考虑的是如何阻击新进入者蚕食你的市场份额：新进入者的价格是否更低？其产品是否与己有差异化？其产品质量是否可靠？其销售渠道有何不同？其是否针对的是某个更细分的市场？等等。在这个方面，华为总裁任正非有个"王小二开豆腐店的法则"：王小二开店卖豆腐，起初每块豆腐1角钱，利润有8分钱，结果新来了3家卖豆腐的，供应增加而需求没增加，每块豆腐可能只能卖5分钱，利润还有3分钱；结果这3分钱的利润又吸引了5家新供应商进入卖豆腐的行业，每块豆腐就只能卖2分5厘，利润只有5厘。在此情况下，成本管理不好的豆腐店就开始关店了。任正非认为，王小二阻击对手进入市场的最有效策略就是一开始就将每块豆腐的定价定在2分5厘，这样就不会有人敢冒险进入这个市场。华为公司是这么说的也是这么做的。在中国的有线接入通信市场，华为在进入对手市场的同时也防止其他企业跟进，华为的策略就是在地板价上加地毯价，以低利润的策略扩大市场份额，同时将绝大部分供应商挤出市场。

企业在制定市场策略时也要考虑潜在进入者的威胁。潜在进入者主要是那些上游或下游或同一客户平台关联市场的供应商，通过纵向一体化或横向一体化进入这个市场。例如，做 IT 设备的供应商开始做电源或空调（横向一体化：同一个客户所需要的互相配合使用的产品）；又如，做直流或交流电源的供应商开始做供配电产品或电池产品（纵向一体化：与电源在供电上配合使用的产品）。一个有规模效应的企业往往会利用经济学的协同效应原理通过纵向一体化或横向一体化方式，用范围经济概念由潜在进入者转身为新进入者。这个新进入者很有竞争力，他往往以解决方案的销售方式进入市场，并可以把原有市场的产品供应商打个措手不及。

企业在制定市场策略时，也要考虑替代者的威胁。随着科学技术的发展，替代技术所引发的市场竞争越来越多。电脑键盘替代传统打印机进入市场，生物柴油替代化石柴油进入市场，电动汽车替代燃油汽车进入市场，高压直流电源替代中大型交流不间断电源进入市场等，都是现实的例子。企业要认真研究替代技术，要研究替代技术在什么方面在何种程度上替代现行的技术。企业对替代技术采用何种竞争策略，企业是否需要掌握替代技术是企业在制定市场战略时必须考虑的问题。数码摄影技术是对感光胶卷技术的替代，柯达公司自己发明了这个替代技术，但由于柯达胶卷占据当时市场的主要份额，柯达公司便封存了这个技术不将其进行市场化。但柯达对数码摄影技术的保密只是暂时的，其他公司很快也研究出数码摄影技术，并将其市场化，从而对柯达胶卷做替代性的市场竞争，经过 10 多年的努力，数码摄影技术终于彻底击垮胶卷影像技术而成为市场的主流。胶卷影像技术却退却成一种某个高端小众市场的技术。

客户的议价能力是企业制定市场策略的重要考虑因素。在商场上历来就有"店大压客，客大压店"的信条。当客户小而分散，供应商还没有多到通过价格竞争来保持份额时，市场的定价权就在供应商手上（卖方市场）。如果客户少又大到如果供应商失掉了这个客户其利润会急剧恶化甚至倒闭时，市场的定价权就在客户手中（买方市场）。在买方市场上，对大客户的策略更为重要：企业是增加在该客户的份额获利更多还是减少在该客户的份额获利更多？抑或是保持原状更有利？MBA 教科书中总结的企业利润来源的二八原则可以作为分析的工具。经验表明：企业的营业收入 80% 来源于 20% 的客户；企业的 80% 的利润也来源于 20% 的客户。显然，大客户如果是企业的主要利润来源，则应该设法保住该大客户，但在份额的升降还是保持上则还需要做份额增加的边际利润与边际成本的平衡分析。扩大份额意味着降低更多的价格，而降价降出去的都是利润，要在一个客户那保持同样的利润额，在降价的情况下，就需要更多销售量来弥补因降价而损失的利润。其实，在价格、成本与利润关系的平衡的跷跷板上有个系数关系：产品的毛利率越低，要保持同样的销售利润额，降价所需要的扩大销售量就越会成倍数地增加。根据这个原理，当降价导致销售量增加所带来的利润总额等于没有降价时所获得的销售利润总额时，原有的价格及其对应的份额就是需要保持的价格和份额点：低于这个点和高于这个点，企业从该客户的利润都会减少。降价、销售量、利润的均衡关系计算公式是：相同的毛利额除以降价后的毛利率，再除以未降价前的销售额等于降价后要保持住相同毛利额所需要的销售增长率。

市场供需关系分析可以帮助企业管理者判断这个市场是买方市场还是卖方市场。产品、服务的供应量和需求量的关系分析、供应商数量与客户数量的关系分析是进行买方市场还是卖方市场分析的相辅相成的两种方法。以中国通信行业市场而言，目前显然是个买方市场：任何一个通信产品的供应量都远远大于中国运营商的需求量，任何一个通信产品的供应商数量都远远大于运营商的数量。中国目前只有三个运营商（中国移动、中国联通和中国电信），而每种通信产品的供应商都在几十个以上。

对企业处在市场竞争中的位置判断需要借助竞争集团归类分析方法。该方法借助各竞争者所获取的市场份额将竞争者分为三类，即第一集团，第二集团和第三集团。第一集团占有市场的主要份额；第二集团其次；第三集团基本是弱小的和新进入的市场者。

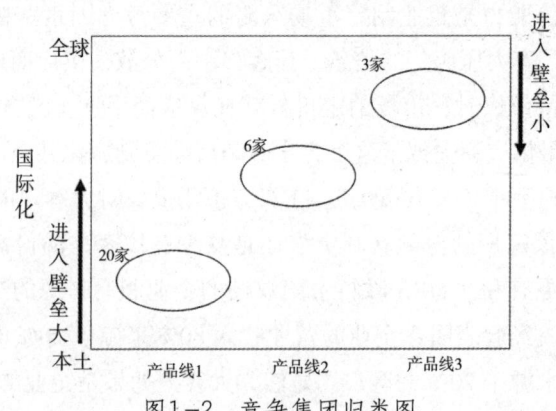

图1-2 竞争集团归类图

以市场份额来划分三个竞争集团的方法是最通俗地判断企业在市场竞争中的地位的方法。究竟占有多少市场份额可以归入第一竞争集团，要依据市场竞争特性来决定。在充分竞争的市场中，市场份额能排在前5~8名便可以归入第一竞争集团；在半充分竞争市场中，市场份额前 3~5 名可以归入第一竞争集团；在寡头垄断市场中，市场份额排在前 1 或前 2 名的才可以归入第一竞争集团。

企业的竞争集团归属分析不仅对企业锁定目标市场和目标竞争对手，还对制定市场策略有理论和方法的指导意义，同时也为企业形成自己的发展战略提供了方法论基础。

2. 竞争对手靠什么占据市场

企业领路人如果对本企业的判断仅仅停留在知道是处于充分竞争市场之中，还是处于半充分竞争市场之中，抑或是处于寡头垄断市场之中，还不足以给企业引航指路。企业管理者需要进一步分析该市场中的主流竞争者是谁？主流竞争者靠什么占据主流供应商地位？在充分竞争的市场上，主流供应商是依靠技术优势？还是依靠规模优势？还是依靠多业务协同优势？还是依靠成本优势？还是包括了以上大部分组合的综合优势？

在半充分竞争市场中的主流供应商是谁？他们是依靠先发优势？还是依靠差异化优势？还是依靠技术优势？还是依靠成本优势？

在寡头垄断市场中的主流供应商是谁？他们是依靠行政许可权优势？还是依靠技术垄断优势？还是依靠资源垄断优势？还是依靠上述的综合优势？

企业需要找到在行业市场竞争脸谱群像中的位置，并明确中短期（3~5 年）的市场定位和长期（5~10 年）的市场定位，锚定竞争目标在行业中占据一定的市场地位。企业的竞争优势是在找位置和锚定目标中确立的，既要看竞争格局及格局背后竞争对手的优劣势，也要看企业发展中的动力和不足，通过扬长补短提升企业的综合竞争力，依靠综合竞争力在市场中占据有利位置。

3. 本企业靠什么盈利

企业经营成功的标志是盈利。

产品（服务）是企业盈利的基础，产品（服务）是企业从客户处换取所需资源的媒介，产品（服务）的市场竞争力取决于产品（服务）针对目标客户需求的合适性设计；产品（服务）获得市场份额的能力绝对不是销售人员卖出来的，而是营销人员和开发人员联合设计出来的。产品（服务）设计决定产品（服务）竞争力和盈利性的 DNA。

营销管理是企业盈利的保证。营销管理有两个方面的职责：第一，其市场职责是，它要分析市场细分并确定目标市场，它要确定主要竞争对手，它要决定企业进攻哪些市场，提升哪些市场，守住哪些市场，以及退出哪些市场；它要决定以什么样的产品概念来进行市场竞争，它要决定企业的利润主要来自哪些市场和哪些客户。第二，其开发的职责是：它要确定企业开发哪些产品、优化哪些产品，发布什么产品，退市哪些产品。营销部门通过这两个方向的管理，来确定企业是通过提高市场份额来改善企业利润还是通过改善产品毛利（GP）来获得企业利润，还是通过降低期间费用（SG&A）来改善企业利润，还是通过扩大或缩小业务规模来改善企业利润？等等，不一而足。

供应链管理既影响产品的成本竞争力，也影响产品的质量和货期。供应链管理分为采购管理和制造与供应管理两大类。所有企业都把降低采购成本作为降低产品成本的重要措施，但降低采购成本不只是采购部门的事，它同时也涉及研发部门，降低器件和结构件成本需从开发优化和采购优化两方面着手。经验表明，在不改变产品设计的情况下，采购成本降低的能力是有限的，单纯的长期强制降低采购成本往往会带来所采购的部件质量下降的问题。因此，明智的企业往往通过改进产品设计的方式来降低结构性的成本，这种降成本一般不会有质量下降的问题。而产品如何优化特别是产品成本如何优化，则是营销部门进行产品生命周期管理的一项重要职责。

产品生产成本也是产品成本的一个组成部分，有效地降低生产成本需要从产品设计、生产方式和市场预测三个方面进行：

产品的可制造性及制造的效率本质上是由产品设计决定的，营销团队在制定产品需求规格书、开发团队在制定满足需求规格书的技术规格书就要对产品的可制造性和制造的效率进行设计。产品是自己生产还是委托生产？是部分委托生产还是自己做集成生产？这些都是制造策略的选择问题，如何选择？这是要以更优的制造成本和以保证质量及货期为准绳的。

市场预测首要关注的是产品的市场需求规模，市场需求规模对应到企业的份额预测，可以预测企业的产品制造规模。规模制造是有效降低制造成本的一种方法。一般而言，制造规模小则生产成本相对较高，随着制造规模的扩大，每单位成本相对降低，但当每单位成本随着规模扩大降到最优点后，若制造规模进一步扩大，每单位的制造成本不仅不会降低，反而会逐步增大。因此，制造策略的选择也是要依赖对未来的销售预测为判据的。

财务管理影响产品的运营利润（OP），OP 是投资者利益来源。OP 与 GP（毛利）的差异在于期间费用（SG&A）。期间费用是一种管理分摊，管理费用的高低取决于行政管理成本，开发成本和销售费用，产品业务的运营利润率既与行政管理成本、开发成本和销售费用有关，更与产品的毛利率和销售规模有关。管理费用分摊是一种相对固定的刚性费用，在相同 GP 的情况下，销售规模越大分在每单位产品上的管理费用就越少，反之就越大。企业的财务部门通过对企业 SG&A、GP、SALES（销售）三位一体的分析揭示企业产品运营中的问题，为企业决策者提供改善运营的指向。营销部门的职责就是通过对未来市场销售规模的预测来对期间费用（SG&A）的调整做出指引。显然，为保持产品的运营利润率，销售规模在一定区间内的下降是可以通过降低管理成本（行政的、开发的和销售的费用）来弥补的。但注意，这种利润弥补方式是通过紧缩行政特别是开发的投入来实现的，是一种竭泽而渔的保持运营利润率的方式，这种方式只能短期使用，长期的解决之道是扩大销售规模。

4. 本企业的战略选择

战略是企业对生存发展方式的选择：进入还是退出哪个市场？是提供产品还是提供服务？是成本领先还是技术领先？抑或是亲和客户？

企业战略往往不是规划和制定出来的，而是试错试出来的。经营失败的企业从不提战略，而经营成功的企业一定言必称战略，这种战略往往是成功之后总结归纳出来的。

引导企业选择合适的企业发展策略，是营销工作的核心职责之一。战略选择不能空穴来风，企业不是只凭有钱就可以制定和选择战略的，战略选择要基于企业现有的基础、平台、文化和能力。正因此，战略选择本质上也是一种企业经营决策上的风险管理。

企业战略调整方向可以沿着不同的纬度来探索和试错。沿着企业现有技术

赢在营销——管理、策略、方法、实战

平台发展新产品进入新市场是一种中等风险的战略调整。该战略选择的技术风险小，但市场风险较大，如果新产品进入的市场空间不够大，如果竞争对手过于强大，如果成本缺乏竞争力，如果市场渠道不具备竞争力则战略调整的失败性就很高。沿着企业的制造平台发展制造业是一种风险较低的战略，但前提是企业的制造平台具备极高的成本优势，其他企业都愿意将产品制造外包给你（台湾的FOXCONN是成功的典型）。沿着企业的市场平台调整战略，是一种中等风险的战略调整。该战略具备渠道或客户资源优势，但需要引进新技术和新产品；基于新技术的新产品开发不成功或产品缺乏竞争力，也不能达到战略调整的目标。沿着企业的服务平台优势调整战略发展服务业务是一种低风险的战略调整；产品销售是种树、后期服务销售来摘果是一种典型的日本式企业的经营战略；该战略在跨国公司使用得很彻底。如果沿着优势服务平台发展业务的战略调整离开了原有的产品平台的支撑而独立发展新的服务业务，将是一种高风险的战略调整，就好比同时要引进新技术、开发新产品、建立新渠道、进入新市场。

　　如果战略调整不是基于企业的某一方面的优势，而是完全进入陌生的领域（企业除了有资金之外什么也没有），这是个极高风险的战略调整，除非这个领域是个以新技术构成的独立的、新兴的、可持续成长的市场。前者的风险来自成熟市场的"7"力角力，新进入者只有很小的概率能比现有的竞争者做得更优秀，除非你有有效的替代技术来重新洗牌。后者的风险来自新市场的成长速度和新技术商用化进程。现代企业发展表明，以新技术取得市场成功的往往不是该技术最初的发明者，甚至不是该市场的最先推广者，而是新市场"拓荒牛"的跟随者。"拓荒牛"投入了巨大成本去将技术产品化、去推广概念，但获得回报很少，许多拓荒者还没有熬到天明就已经因资金链断裂而退出市场；跟随者却只花少的成本去拷贝新技术（挖创新者的开发人员），将精力放在发展超过拓荒者的产品特性上，使其在市场放大时能后来者居上。

　　显然，营销在引导企业的战略调整上起着不可替代的作用。营销通过对市场规模和市场细分的研究，通过对需求变化的研究，通过对宏观经济的研究，通过对技术对市场影响的研究，通过对自己企业的优势和劣势的研究，通过对企业市场机会与风险的研究来尝试性地把企业从红海市场引领进蓝海市场。

5. 你准备好突围了吗

　　国际化上市公司把业绩的发展和对股东回报作为对企业管理层的考核指标。当企业面对所赖以生存的市场发生萎缩时，寻找企业新的发展方向便是一个重中之重需要做的、不可或缺的工作。如果市场萎缩是阶段性的，企业可以通过暂时性"瘦身"来应对危机（减少行政费用，减少开发投入，减少销售费用），待市场复苏后再扩大资源投入来应对需求的增长，在拥有多产品线的公司，则是通过收缩下滑的产品线将组织资源向成长性产品线转移的方式来应对危机。如果企业面对的市场出现整体下滑，企业就需要寻求向新业务领域突围，通过发展新业务来保持企业的业绩的增长。

　　企业突围的战略选择需要营销部门长期对所生存的环境有深入的了解和理解，对本企业的优势和劣势有深刻的理解，还需要使企业的决策层能打破本位主义的思考方式做出判断和选择。

　　选择新兴的不断成长的市场进行突围是战略选择的基本原则。在高科技化、标准化的今天，该原则是一种黄金法则。

　　战略突围很少是通过企业内部的革新和创新来实现（除非企业有长期从事前沿技术研究的部门并有研究积累），主要是通过资本的力量进行收购来实现。收购方法的优点在于能同步解决技术、产品、渠道、市场认可度、客户平台问题。收购方法的缺点在于难以解决收购公司与被收购公司之间的企业文化融合问题。有研究表明，全球企业间并购成功率不超过15%。

　　在这方面，艾默生电气有着成功的经验。该公司在近50年里通过成功的200次收购，将企业由美国本土企业发展成了世界500强企业，将单一的业务品牌发展成了8个业务品牌。

第二章
企业核心竞争力的"主动轮"

企业核心竞争力不在于该企业能制造什么产品或能提供什么服务，而是企业组织资源满足外部市场竞争需求的组织方式和文化。正因此，有人将企业核心竞争力称作一个企业的组织基因（DNA）。这个组织基因（DNA）往往只能在本企业里传承，很难被其他企业克隆。

想了解企业的组织基因首先要了解的是本企业的优势是什么？本企业的强势部门是谁？强势部门的强势来源是什么？该部门的强势对企业进一步发展是动力还是阻力？

企业都需要通过自己在研发、制造、市场上的某项或多项优势来确立自己在市场中的地位。制造型企业的核心竞争力是大规模的低成本制造能力，如富士康、格兰仕等；高科技企业的核心竞争力是研发和创新能力，如高盛公司、苹果公司、微软公司、英特尔公司等；贸易型企业的企业核心竞争力是市场细分、销售网络布局和渠道，如英迈、沃尔玛等；在综合性企业，如IBM公司、通用公司、华为公司、中兴公司等，则有着开发、生产和销售的双重甚至三重（服务）核心竞争力。

1. 核心竞争力的"主动轮"

企业的强项决定企业的利润水平。从企业利润的微笑曲线中可以看出，以大规模低成本制造为强项的企业利润水平最低，该类企业以薄利海量求得企业的生存和发展，往往以代工方式为万家企业生产产品，生产的产品贴万家品牌。

以研发和技术为强项的企业，其获利水平很高，该类企业往往以技术专利为企业获得超额利润。高盛从CDMA通信专利技术中获得巨额利润，微软公司从PC机操作系统中获得巨额利润，英特尔公司从IT芯片专利技术中获得巨额利润，IBM则从软件和服务模式的创新中获得巨额利润。

以市场渠道和销售网络为强项的企业，其获利水平比制造型企业高，但比技术性企业低。该类企业以大规模广覆盖的销售渠道获得巨额利润。沃尔玛以遍布全球的巨型连锁超市获得世界500强榜首的地位。英迈以拥有巨大的IT分销商的渠道能力获得众多IT企业产品总代理的地位。

同时在开发、制造、市场销售上具有两种或三种优势的综合性企业的获利水平对具有国际或区域主流地位的企业而言是最高的。通用公司（GE）的经营信条之一是对所介入的行业一定要做到第一，通用公司同时在多个行业位居第一，规模效益、协同效益使其位居业界榜首。IBM在应用软件、服务器和业务咨询行业的协同效应使其位居业界榜首。华为先以其本土市场的直销优势和服务优势逐步获得开发优势和制造优势，而进入世界500强行列，尽管华为还不是一个上市公司。

显然，了解本企业的强项（核心竞争力）是企业营销管理的首要内容。它告诉我们企业靠什么强项生存，同时也告诉我们自己的竞争对手是谁。当外部环境发生变化的时候，可以以此判断这种变化对本企业是有利还是不利，当外部环境发生不利于本企业的强项发挥作用的变化时，它可以帮助企业判定突围的方向。

企业的强项决定了企业的强势部门。在制造型企业，供应链无疑是强势部门，所谓强势是指它在公司决策中有很大的话语权，以及对公司利润做出了主要贡献。这种强势甚至还表现在薪酬水平上，与其他类型的企业相比在以制造为强项的企业里供应链部门的薪酬相对较高。

在以市场能力为强项的企业里，市场部门对公司决策的话语权最重，市场部门甚至能影响公司的产品和服务的发展走向，市场部门的薪酬相对其他企业的市场部门相对要高。这也说明了一些本土企业市场部门的薪酬甚至比跨国公司市场部门的薪酬水平还要高的原因。

以研发能力为强项的企业，研发部门对企业的决策话语权最重，研发部门甚至能决定市场部门卖什么产品、以什么方式提供服务。同样，在这类企业中，研发部门的薪酬水平相对于其他企业的研发部门要高。

除只提供服务的企业外，在所有制造类企业中，服务部门的话语权往往是最低的，市场与服务部门的角色犹如种树和摘果的角色，只有先卖出产品才有后面的卖服务。因此，企业往往把服务作为市场的从属来定位客户服务部门。在这类企业，服务被作为市场营销的一种辅助工具来使用。

在综合性企业里，往往研发和市场同处于强势地位，两部门之间争夺话语权是一种常态现象，因为这两类部门对企业的发展和利润贡献都扮演了同样重要的角色。而强势部门争夺话语权的焦点一般会聚焦在开发什么产品、进入什么市场、采用什么样的商务模式上。在这类企业内研发和市场的薪酬水平呈现双高的驼峰现象。

企业强势部门在外部市场环境发生不利于本企业的变化时，面对挑战和变革，究竟是变革的动力还是变革的阻力，要看变革的方向是向加强强势部门的强势，还是削弱强势部门的强势的情况而定。在前者，强势部门会成为这一变革的动力，而后者则会成为变革的阻力。从企业发展的经验看，企业一旦发生面对适应外部环境的变化需要采取变革时，一般都是企业强势部门的强势受到外部环境的挑战。在这种情况下，变革的方向继续沿着加强原有强势部门的方向发展，往往是南辕北辙。企业之所以发生危机就是强势部门的强势已不适应外部环境的变化。在这种情况下有两个方向需要营销部门去研究：是改革原有强势部门以适应新外部环境的变化？还是加强新的强势部门以应对外部环境的变化？还是要依据新的企业战略，调整企业整体架构和组织文化来整体应对外部环境的变化。

无论是对强势部门进行内部改革，还是加强新的强势部门，抑或是调整整个企业的组织架构来应对外部的变化，都需要企业最高领导的推动与监管。强势部门内部改革的成功依赖于改革的内生性而不是外生性。外生性改革的动力不是来自部门内部尤其是部门最高领导的驱动，这种改革十有八九不会成功。外生性变革会被改革部门的主管们认定是削弱他们的权力，会认为本部门成了承担企业困境的替罪羊。在这样的认知背景下，部门管理层对变革措施的各种软性抵抗甚至公开对抗都是有可能发生的。软性抵抗通常都是以证明改革措施不可行为目标的，在这种情况下，部门的整个组织资源会成为变革的阻力，而那些在部门内部试图响应变革的人很可能会成为被团队排斥的对象，从而造成组织的暗中分裂，继而产生内耗。如果发生这种情况，其变革的结果可想而知。

抵抗变革的最激烈表现是团队的集体辞职甚至跳槽。这种情况一般发生在变革部门的主管与企业最高领导之间缺乏意见调和。发生这种事的根源来自企业对部门团队建设中的个人效忠主义而非对企业的效忠主义。如果部门主管有完整的上述权力，企业对部门招工、人事任命和薪酬调整缺乏制度性监管和约制，在危机到来时发生对抗的事是不可避免的。

因此，在企业发生危机需要进行变革时，需要很高的组织技能，这个组织技能既需要企业最高领导的智慧，又需要有合适的企业文化的基础。

企业变革需要有文化协同和支撑。没有这种协同和支撑，变革失败就是必然的。变革失败的案例比比皆是，我们可以在中国经营的两个国际品牌整合中窥见一斑。美国的APC公司是一家擅长做小型不间断电源的公司，MGE（梅兰日兰）是一家擅长做大型不间断电源的公司，两家公司都是法国施耐德公司的下属公司，都是强势公司，施耐德为统一资源和管理对这两家下属公司进行了合并整合，因为这两家公司所服务的市场和客户大部分是一致的。合并之前，APC在小型不间断电源高端市场为份额第一，MGE在大型不间断电源市场为份额第一；然而，经过近3年动荡的整合期，施耐德下属的在中国经营的这两家公司的市场份额出现双降。其原因是，合并的两家公司的文化差异很大，而母公司施耐德又没能有效地控制整合中的内部冲突，合并的过程始终伴随着内部的人事争斗，同时在外部没有正确地解决好客户资源和渠道资源的承袭与融合问题。

企业所处市场的竞争特性决定企业内部何部门是发展的"主动轮"。企业内部的强势部门与企业发展的主驱动轮部门在优秀的企业里是一致的，在问题企业里往往是不一致的。因为，在企业发展的不同阶段，企业面临和所需要解决的问题是不同的。在企业发展的初期,销售永远是个驱动部门,企业能否生存发展不在于产品、制造和服务,而在于企业能否把自己的产品成功推销给客户,在于能否顺利收回货款以支持企业的再生产。为了能成功销出产品,销售部门要在没有品牌知名度,没有完善的服务网络,没有现成的市场平台的状况下把产品销售给客户,销售团队的个人能力起着至关重要的作用。销售团队靠什么能销出产品?以客户关系为基础的销售是这类企业生存发展的关键秘诀。在企业发展的初期,产品、服务只是基础。其实,许多创业型企业就是在以有客户关系的边缘或细分市场来发展产品进行销售的,许多创业者最初就是从事销售的和销售管理的人员,他们以手中掌握的客户关系为外部资源来创立企业。这类企业,老板往往亲自做重要的客户关系,老板往往是企业最大的客户经理;企业会动员一切资源来建立、巩固和发展客户关系。在发展中国家,这类企业甚至有着被称为"原罪"的潜规则来做客户市场,企业在竞争中的一切劣势都需要基于客户关系来弥补。

  这类企业的代表可以从华为早期发展的历史中窥见一斑:华为技术创始人任正非最初从代理进口用户交换机起步,进而自己开发用户交换机。20世纪90年代初用户交换机市场需要通过各县市政企一体化邮电管理局才能进行销售。这期间,华为技术发展起与基层邮电管理局的客户关系。依据这个客户关系平台,在中国电信业大规模发展程控交换机的机会窗口,华为技术发展出万门局用程控交换机,但这个产品根本无力与进口产品竞争,进入不了通信骨干网络市场。华为技术则通过与173个地区的邮电管理局的三产公司乃至工会合资建立公司的方式,将客户发展成企业的股东,并以此为平台销售产品,以农村包围城市的方式,先挤进农村通信市场。继而,华为技术与山东省邮电管理局、河北省邮电管理局、四川省邮电管理局、辽宁省邮电管理局分别建立合资公司进行华为产品的销售。从而,实现了先农村再城市、先边缘网再核心网的市场发展。实现了由小企业向中大型企业的飞跃。

  当企业发展到一定程度之后,仅靠销售部门优势是难以保持企业的发展。产品发展部门是在销售获得成功之后推动企业发展的另一个主动论,向业界标杆学习是企业开发部门的基本发展方向。在发展中国家,借着对知识产权保护不完善的机会,这类企业可以从这种不完善的制度中获益,政府部门通过以市场换技术的政策引进外资的投资、产品和技术,为本土企业学习外企提供机会和条件,同时鼓励本土企业的创新,并在采购政策上给本土企业一定的支持。

发展中国家的这两种政策的结合非常好地解决了技术追赶问题。本土企业可以通过购买竞争对手产品进行解剖分析，挖对手的核心员工甚至挖对手整个部门员工的方式迅速学习对手经验和获得对手开发能力。以华为技术公司为例，在其起步的早期，是通过挖国有技术研究单位的员工、甚至整个部门的方式来获得进入通信行业的技术储备，在发展到一定规模后，开始到目标竞争对手的所在国设立研究所的方式来挖对手的专业人才和获得对手的技术。为此华为在瑞典、芬兰、法国、美国、印度等国设立了研究所。

在综合性企业，市场和开发是两个推动企业发展的"主动轮"。市场部门对企业发展起"拉"的作用，它的使命就是要把公司开发出来的产品成功地卖给客户，哪怕是有严重缺陷的产品它也要能够成功地卖给客户，对产品的质量问题是通过成功销售后的免费售后服务和免费更换产品来维持销售机会，从而为开发部门赢得优化产品改进产品缺陷所需要的时间，同时找到来自客户和对手产品的改进目标。这就是华为技术作为通信行业的后来者得以发展壮大的成功秘诀之一。

开发部门是企业发展的推动轮，它要源源不断地为市场提供有竞争力的产品，这种竞争是来自成本，来自功能，来自技术。即使是单一产品的市场也是需要开发部门对产品研究的不断投入，才能不断推出升级了的产品，只有这样，销售人员才能不断给客户讲述产品发展的故事，并以此来保持和发展销售。

那些专业的渠道性企业虽然自己没有开发部门来发展产品，但它可以通过不断寻找基于自己优势渠道和客户市场的产品供应商来扮演企业开发部门的角色。

而在制造型的企业里，大规模、低成本、标准化的制造能力是企业发展的"主动轮"。这类企业以代工制造为主要市场，为国际大型企业担任生产角色并获取制造利润，其代工的能力来自企业的大规模制造能力和低成本的采购能力。这类企业以海量规模来获得业界最优的低成本制造能力。富士康几乎为全球所有著名的 IT 制造企业代工生产 IT 产品。

2. "主动轮"建设与资源加强

一个企业的资源永远都是有限的，在发展的每个阶段企业都会面临要在有限的资源下解决企业的发展问题。要在资源有限甚至紧缺的条件下解决发展问题，其唯一的方法就是解决一旦确定企业发展的"主动轮"在哪个部门就要将资源向"主动轮"所在的部门倾斜或加强的问题。

从创业开始起步的小企业在发展的不同阶段，其"主动轮"是放在不同的职能部门的。从代理销售其他企业的产品开始发展的企业，第一个"主动轮"肯定是放在市场/销售部门，该部门的建设和发展关系着企业的生存和发展。资源压强可以从若干关键的指标上来衡量，如市场、销售人员占企业员工数的比例；市场、销售人员的薪酬占企业总薪酬的比例，如市场、销售人员的薪酬在业界的可比水平，等等。一般而言，本土小企业市场、销售人员的薪酬水平要高于国际公司的水平，小企业要靠市场、销售人员的个人能力来与大公司的品牌相搏。小公司的市场、销售人员需要更高的激励来与大公司竞争。在激励方式上，对销售人员的激励重在短期激励，重在激励小公司的销售人员的每单销售的成功率。

综合性企业的持续发展需要开发部门不断推出适销对路的产品，从而为企业发展提供动力。开发部门的资源加强也可以通过开发人员占企业员工的比例和薪酬水平来衡量。开发部门人员在资源加强建设的企业里甚至超过市场、销售人员。加强企业的开发人员薪酬要在业界中具有竞争力，这样才能招聘到企业急需的开发人才。对开发人员的激励要注重长期与短期结合并重在长期，产品开发重要的在于技术平台建设而非开发项目，期权激励是常用的方法。

3. 营销是不可或缺的"主动轮"

企业无论规模大小，营销都是一个不可或缺的角色。大部分人往往混淆了销售与营销这两个概念，以为销售就是营销。其实，这两个名词是做市场的相辅相成的一体两面，就像一枚硬币的两个不同的面，既密切相连又呈现不同的内涵。硬币的一面代表硬币和币值的合法性及信用（如硬币正面印有一国政府的标志和发行货币的政府名称），硬币的另一面代表的是币值用于等价交换（硬币反面印有币值）。前者是营销的职能，后者是销售的职能。

公司在规模小的时候，销售的职能最为重要，企业急于实现等价交换卖出产品、服务收回货款实现利润，企业所处的市场基本上是边缘市场及拥有客户关系的市场。所以，在规模小的企业，往往只有"销售部"而没有"市场部"或"行销部"。但这不代表规模小的企业不需要营销角色。其实，企业创业的选择就是营销，企业做什么产品、定什么样的价格、卖给什么客户、在什么市场上发展等都是营销。只是在这个阶段，扮演营销角色的是企业创始人自己，它还没有演化为企业的职能部门。也许，企业创始人自己也没有意识到这就是营销，企业创始人扮演这个角色大多是无意识的。因此，这时期企业的营销带有相当的无意识性。这也就从一个方面阐释了创业型企业存活力很低的原因。有研究表明，创业型企业第一年的存活率只有40%，能活过5年的企业不足5%。

随着企业的发展，营销职能与角色逐渐地由无意识到有意识，由企业领导者个人的营销思维到职能部门的营销思维，再发展为全员的营销思维。营销职能在企业的强化过程也是企业成功和发展的过程。

营销的核心职能就是为企业瞭望外部的生存环境变化，驱动企业内部进行调整来适应企业外部环境，帮助企业避危捕机。当一个企业的销售部门只能是公司有什么产品就销售什么产品，公司生产出什么样的产品就卖什么样的产品的时候，这类公司本质上是没有营销职能的，即使有也是很弱的。当一个公司通过销售部门反馈自己产品的弱势来改进产品的时候，这个公司就开始有了营销意识；当一个公司通过有组织地倾听客户的声音来改进和发展自己产品的时候，这个公司就开始有了部门营销的职能；当一个公司不仅有组织地依据市场需求和竞争来发展产品，而且能依据未来5年的中长期市场需求来决策关闭某些产品线，扩展某些产品线的时候就开始有了跨部门的营销意识和职能；当一个企业能够通过营销研究来影响甚至主导公司战略调整的时候，这个企业就有了全员的营销意识。

一个企业在创业起家的阶段，是英雄（企业创始人）创造历史；当一个企业能够通过营销的职能来影响甚至主导企业战略调整的时候，就是人民（全员）创造历史了。

营销思维与职能在企业中能否起到"无冕之王"的作用是检验营销是否成为企业发展的主动论的唯一标准。这是一个以需求来驱动企业发展的"主动轮"，这好比越野车的前轮驱动，它引领企业的发展走向，决定企业这部车是开向光明大道还是驶向沼泽地。营销这个企业的前驱动轮与开发这个企业的后驱动轮共同组成了一个企业的全驱系统，这个系统不仅动力十足，更重要的是它能引导企业永远走正确的发展大道。

4. 单轮驱动与双轮驱动

从制造型企业看，显然前后轮同时驱动要好于前轮或后轮单轮驱动。如果制造型企业仅靠销售部门驱动，这个拉力难以持久。销售驱动力主要产生于销售渠道的能力、客户关系平台和品牌，这三个力量的来源都需要不断得到产品、解决方案或服务的呵护才能保持甚至发展销售这个前驱动力。销售驱动力在短期内可以支撑与其市场能力不相匹配的产品、解决方案或服务的销售，为企业的改进产品、解决方案或服务赢得时间和订单。但从长期看，如果一直得不到产品、解决方案、服务的支撑，销售这个企业发展的前驱动力一定会逐渐地衰落：渠道忠诚度下降甚至分崩离析，客户对产品、解决方案、服务的认可度下降导致对企业的认可度下降，品牌的市场地位也随之降低，在这个方面以销售优势起家的创业型公司最为典型。

如果制造型企业的发展驱动力主要来自研发，这个推力需要销售的拉力配合才能发挥驱动力的作用。开发的力量在于不断开发出满足市场上需要且有竞争力的产品。这里有两个不同的层面，需要得到市场、销售力量的配合才能转化成企业发展的推动力：第一个层面是如何将一个好的产品推广给客户，让客户认可并愿意作为购买的选择；这需要营销的力量，产品自己不会自我介绍，产品要通过包装和主动推介来到达目标客户认知的层面，只有合适的包装和合适的推介才有可能获得目标客户认可。要让客户实际购买还需加上合适的定价。这告诉我们好的产品不会天然地带来好的市场地位和好的销售。这方面的典型例子是相同的产品在不同的地区的市场和销售表现截然不同。第二个层面是如何开发出一个适销对路的产品，使这个产品一发布就能得到目标客户和渠道的认可。产品不是开发人员的自我欣赏品，而是用来让客户欣赏并愿意购买的。用什么技术开发产品不是最重要的，最重要的是要开发出客户真正所需要的产品。新技术、高技术开发出的产品未必就是客户所需要的产品，以实用的技术开发出的实用的产品才是客户所需要的产品，这个产品一定是带有客户所需要的特性、功能、成本要求的。好的产品开发一定是在开发之前就已经有了明确的市场甚至目标客户，有了明确的需求规格要求、成本要求和产品包装，

赢在营销——管理、策略、方法、实战

而且这些产品的属性能够对竞争对手形成竞争优势。这方面的典型例子是苹果公司的 iPhone 手机。

5. 双轮同步同方向驱动

显然，制造型企业的前轮和后轮的双驱动力要好于单轮驱动力。企业管理者如果能够有效地把握住双轮驱动的建设，使市场、销售的拉力与开发的推力有效配合，该企业就能够在业内保持增长领先的地位。

如何让企业内部强势的部门有效合作？这对企业管理者是个难题和挑战。我们经常会听到企业内部两个强势部门互相指责，最常听到市场、销售部门抱怨公司："产品开发得太慢""产品功能、性能不如对手""产品质量有问题""产品价格没有竞争力""产品与对手没有差异化""对手有的产品我们没有""开发部门只开发他们愿意开发的产品，不愿意开发我们要的产品"等等。最常听到的开发部门抱怨市场、销售部门："只会拼价格""不会讲出产品的真正优势""只会卖价格最便宜、技术最好、质量最好的产品""有产品了，你们为什么卖不好""如果是无瑕疵的产品还要市场、销售部门干什么""产品就是废铜烂铁销售部门都有责任卖出去"。

可见，制造型企业的前轮和后轮的双驱动建设不仅是要建设市场、销售和开发这两个强势部门，更重要的是要使这两个强势部门能够同步同方向使用力量，使市场、销售这个企业发展的拉力和开发这个企业发展的推力能够同步同方向地配合使力。否则，会形成企业部门巨大的内耗。

企业要想使市场、销售和开发这两个驱动轮同步同方向形成协同的驱动力量，需要在流程、制度、组织结构以及人事上有相应的变革和安排。

第三章
企业的外部环境管理和内部资源建设

　　企业的外部环境变化既有来自国家宏观政策的调整产生的影响，也可能来自行业发展的波峰波谷周期律，还有可能来自我们客户的内部变化。对这些变化的观察和洞悉都需要营销活动来获取，并通过一套方法对外部环境进行长期的跟踪和管理，手段可以是进行市场调查研究，或者购买第三方报告了解行业发展趋势等，来有效地指导企业进行内部资源调整或战略调整。企业的发展始终要把握行业发展的脉搏，并与市场动态同频共振。企业内部的资源建设可能是重新组建新的业务部门进入新赛道，也可能是开发新产品满足客户新需求，还有可能直接关闭某条产品线或将某个产品退市。

　　企业的发展始终处于不断变化的外部环境之中，可持续地不断增长是企业存在的前提。企业要做到基业长青并成为百年老店，就必须做到知己知彼，"知己"是清晰企业内部资源现状，"知彼"是洞察外部环境的变化，并及时进行内部资源的加强或投放。一个优秀的企业应该做到提前3到5年预测未来的发展，从内到外做出战略调整，最终领先竞争对手打个提前量。企业内部的资源建设和调整是必须的，但不一定是及时的，企业越大惯性越大，调整起来就越发困难。

1. 企业发展的要诀

狭义的企业外部环境就是指企业赖以生存的市场，广义的企业外部环境是指企业所处的一个国家乃至全球的经济状况。一般来说，经济状况决定市场状况，当宏观经济处于上升期时，各类的市场状况也会处于上升阶段；当宏观经济环境呈现下降时，各类的市场状况也会处于下降阶段。当然也有例外；当一国政府面对经济萧条采取反经济周期的宏观经济政策，受其影响的具体行业市场状况可能与宏观经济环境呈反向变化。例如，2008年由美国雷曼兄弟银行倒闭引发的全球金融危机严重影响了中国的出口业，为保持中国经济的发展，中国政府启动了四万亿元投资以拉动中国经济。在此拉动下，中国的高速铁路、高速公路、机场、核能发电、风力发电和太阳能发电等大型基础设施建设超常规地发展，中国政府的这个反经济周期的基础设施投资带动了相关产业链超乎寻常的发展。

市场环境对企业的生存发展起着首要的影响作用。企业如果处于成长性的市场通道，由于市场需求不断放大，竞争相对平和，参与竞争的企业或多或少都能获得一定的份额。创业者如果能够选择市场处于成长期的时期进入市场，其创业的成功率就相对较高。在成长性的市场，当大企业沾沾自喜自己的销售额年年增大的时候，小企业也会借助于市场的成长期而不断壮大自己。当企业处于下降期的市场环境中，由于需求不断萎缩，竞争相对激烈，这时的企业内部的管理能力就对企业在市场中的份额竞争起关键作用了。优秀的企业一定是有着良好的对外部环境的管理能力。这个能力能帮助企业提前预见市场的扩大或缩小，从而使企业能够提前根据未来的市场变化而预先做内部的调整和准备。这种准备不仅能够保证企业在需求放大的市场中增加销售额，更重要的是能够帮助企业增加市场份额；销售额并不反映企业在市场上的地位，因为同样的销售额在小容量市场和大容量市场上所体现的企业竞争能力是不同的。所以，销售额并不反映企业的市场竞争力和市场地位，只有企业的市场份额才反映企业的竞争力和市场地位。只有关注市场份额并以市场份额来管理企业竞争力的企业，才能保证企业在需求萎缩的市场上保持市场份额，并以此来指引企业的突围。

企业管理者需要牢记的可以保驾企业可持续发展的要诀是：企业对外部环境的管理永远要重于对企业内部的管理。

从客户手里不断地得到订单是企业生存发展的硬道理。企业依靠外部环境的管理能力获得企业的输入（订单），企业再依靠内部的管理能力实现输出（交付产品、服务）。企业没有输入（订单）就没有输出（产品、服务交付），也就没有收入（钱）。因此，在企业管理的价值排序上永远第一重要的是解决企业的输入（订单）问题。没有订单，再优秀的内部管理也不能给企业带来生存发展的资源（收益）。

企业对外部环境的管理就是要保证企业无论是在市场增长期还是在市场萎缩期都能源源不断地从客户处拿到订单。企业的外部环境管理能力来自市场和销售部门的建设。这种建设从微观看是客户关系建设，这种建设要基于客户对企业的认可，对品牌的认可和对产品、服务的认可。这种认可还要加上具体的企业与客户当事人之间的人际认可。显然，客户关系建设是企业销售部门的根本性建设，是企业外部环境管理能力的一个重要的要素，也是销售部门的生存之本。

在支撑客户关系的四个认可要素中，对企业的认可是保证企业能够与客户保持长期合作关系的最重要的基础，这个基础是否牢固，其检验标准就是要看企业与客户在面对棘手的矛盾或危机时，能否通过沟通协调来互相谅解，并继续保持合作关系；就是要看企业在变更了销售人员、销售主管后，企业和客户之间是否能够继续保持合作关系。客户对企业的认可极其重要，这点可以保证企业在萎缩的市场上能够得到客户的忠诚。在获得客户对企业的认可上，营销策略非常关键。技术和产品做得好的企业未必能够得到客户的认可，要让企业获得客户认可，必须让客户感知：这个企业对他有帮助、能支持他解决更多的难题，这个企业值得信赖、这个企业可持续发展。因此，企业包装是不可或缺的工作。企业的愿景、经营理念是企业品牌包装中最重要的东西。例如，美国艾默生电气公司的"作为客户的唯一选择""一切问题迎刃而解"等企业愿景的信息告诉客户的是："满足您的需求，我们会做得最优。"但要注意，企业的一两句口号可以让客户记住你的企业，但还是不能解决"认可"的问题。要解决企业的"认可"，需要在企业和产品应用推介和做实两个维度上作足功夫。

在企业推介上，要向客户展示与客户需求相关的设计、开发、制造、供应、服务上的建设与能力。为此，很多企业建有专门的企业展示厅和专门的讲解人员来实现这个功能。对能邀请到的客户，在展示厅进行企业的推介；对邀请不到的客户，则通过参加行业的展览会来实现向客户的推介。有优秀营销职能的企业会通过一些制度来促进向客户推介企业的工作。例如，有目标地邀请客户考察参观企业；企业高管定期或不定期地拜访客户，并介绍企业最新发展；企业高管定期或不定期地听取客户对企业的产品、服务的意见等。

在"做实"方面，企业的产品竞争力、服务的口碑、货期的竞争力、对客户承诺的兑现、合同的执行力等，是获得客户认可最为关键的内容，这些东西是客户实际感知的企业价值，也是企业需要投入智慧和成本去实现的能力。企业获得客户的认可一定是既要说得好（企业推介）更要做得好（做实）。

获得客户对具体销售人员的认可，是客户关系建设的先导。大部分的客户关系建设是先在销售人员获得客户认可后进行的，销售人员在得到客户的认可后，依次进行有技术、有步骤地引导客户对企业的产品、服务和企业本身进行认可。然而，有相当部分的人把客户关系的建设仅仅当作销售人员与客户之间的个人关系的建设，这种倾向对企业的外部环境管理是非常有害的，其直接的结果是：当企业变更了销售人员时，这个客户也就随之丢失了；甚至，销售人员利用客户关系向企业要价；更有甚者，销售人员在做本企业的销售业务的同时，私下代理其他公司的产品卖给客户，有的还有着自己的私人公司，同时向一个客户做几个企业的业务。

为防止上述的事情发生，不同企业要发展出不同的管理制度来防范。例如，销售人员区域流动制度，基层销售主管异地任职和流动制度；企业高层主管定期拜访重要的高层客户制度；以团队分工做普遍客户关系的制度等。

企业对外部环境管理的重要性还体现在对外部环境发展的及时感知，也就是对需求的变化，甚至是需求突变的及时感知上。企业对外部环境的管理能使企业对市场需求的变化实现提前预见和感知，这种预见和感知得越早对企业做出应对性调整就越好；提前预警可以给企业争取一个调整内部以应对环境突变的时间。如果没有这种对外部环境变化的提前预警，企业很有可能在市场出现拐弯时被甩出市场。在市场出现突变时，原来帮助企业获得优势的东西会丧失掉优势，而适应新的市场环境的优势又没有提前建立起来，这种突变使企业今天成功的因素变成了明天失败的因素。很多企业突然间的崩溃或某类业务的失败，就是祸起企业缺乏对外部环境变化的瞭望和感知。例如，TCL收购法国的一家显像管企业，就是该企业不了解家庭电视技术正由显像管技术向平板技术转换，才在显像管技术的市场末期收购该企业，其结果可想而知，只能是失败。又如 UT-STACOM，在得益于 PHS 市场需求突增之后，没有预见 PHS 需求会如此快地急速下降，盲目全线扩张，现在已萎缩成一个只在 IPTV 市场有影响的公司。

技术的变化特别是替代技术的变化往往呈现"冷水煮青蛙"的效应，许多企业的业务失败不是失败在技术的升级发展上，而是失败在替代技术上。这方面的例子不胜枚举。PC 键盘代替打字机，开关电源代替相控电源，数码相机代替感光相机，山寨手机代替品牌手机，等等。这些替代技术在应用初期一般在性能和效用上要弱于被替代的技术，但替代技术之所以能够商用化，说明替代技术有一定的细分市场，有它的应用场景。例如，当替代技术在性能上弱于被替代技术，但成本远优于被替代技术时，对价格敏感的客户就会选择采用替代技术的产品，替代技术就会由此而分割出一块细分市场。当替代技术成本远高于被替代的技术，但具有被替代技术不具备的特性时，这种替代不会自动发生，但在政府的政策推动下也会形成一个细分市场（如风能发电、太阳能发电），这种替代技术一旦解决了成本问题，被替代技术就会立即被赶下历史舞台。所以，对技术的变化，企业营销部门不能因为目前的替代技术竞争力弱，而忽视对其的跟踪了解。替代技术很可能就是被替代技术的掘墓人，当替代技术改进了性能、效用，或改进了成本并超过了被替代技术时，被替代技术的死期就到了。优秀的企业一定有两只眼睛看外部的环境变化：一只眼看宏观经济及市场需求的变化；一只眼看技术特别是替代技术的变化。这两只眼的功能极其重要，公司战略的及时调整、公司内部资源的及时调整都依赖于这两只眼的功力。对这种调整而言，要 3 至 5 年早知道，如果知道晚了，即使知道了，调整也来不及了。在新的领域往往早于对手半年进入市场，就会凭借先发优势而使企业在竞争中处于有利地位，就能使企业处在新市场的主导位置上。

2. 内部资源要随着外部环境的变化而调整

企业是一个适应外部环境的生态系统，企业的内部资源是按照适应外部环境的方式进行的配置。当外部环境发生重要变化时，企业内部资源需要按照适应新的外部环境的方式重新进行配置。这就像陆地上的汽车要能在水里行驶，这个车的许多系统必须按照能在水里行驶的要求进行新的设计和制造。

当企业有能力管理外部环境，还不能保证企业的成功，企业必须将管理外部环境的能力与企业内部组织资源的能力结合起来，才能保证企业的成功。无论是企业对外部环境的管理能力，还是企业的这种内部资源的调整能力，都需要有应对未来变化的组织基础。该组织基础就是企业要有应对未来变化的孵化器，这个孵化器在不同的企业有不同的名称，在同一企业里有不同的孵化器部门。企业管理外部环境的孵化器组织有多种名称，如"战略规划部""企业策划部""市场研究部"，"市场行销部"等。但大部分企业的上述部门有其名而无其实，没有起到孵化器的作用。企业管理内部资源的孵化器组织也有多种名称，如"基础研究部""技术预研部""新业务研究部"等。孵化器的作用就在于为有准备的内部资源的调整做资源储备。

内部资源的调整有两种方式：外生式和内衍式。外生式一般是跨国公司采用的内部资源调整方式，该方式是通过企业的资本力量对目标企业或技术进行并购，通过并购使企业获得新的资源，从而使本企业进入新的市场或业务领域。在这个方面美国艾默生电气公司是典型代表，该公司在20世纪50年代初还是一个年收入仅有5000多万美元的美国本土公司，但该公司通过成功的200次收购，到2000年时已是一个年销售额达150亿美元的跨国公司，并且位居世界500强之列。

内衍式一般是基于本公司的技术平台向新领域发展新技术的一种技术储备式资源调整方式。这类方式在高科技企业采用得比较多。这方面的典型代表是美国朗讯公司建立的贝尔实验室，该实验室在固定通信上沿着步进式—纵横式—程控式—软交换的技术一代接着一代地开发出新通信技术，从而保证了美国朗讯公司在每个固定通信技术变化的时候，都保持了及时的产品调整和市场领先的地位。可惜的是，贝尔实验室没能在无线通信领域发展研究；当无线技术取代有线技术成为趋势的时候，美国朗讯公司也就随之退出历史舞台，贝尔实验室的历史英名不在而成为明日黄花，代之而起的是爱立信、阿尔卡特等无线通信设备供应商。朗讯公司的衰落正说明了企业对外部环境管理能力的重要性，朗讯公司在固网市场的霸主地位使他们对无线替代技术的威胁麻木；正如前文所说，替代技术对被替代技术的替代往往是"冷水煮青蛙"，当青蛙在冷水里被煮死的时候，青蛙还不知道是怎么死的。朗讯公司对外部环境管理能力的缺失，使其没能延续历史上的辉煌，在通信市场由固网市场向无线网发展的时候，尽管它有贝尔实验室，但没能发展出有竞争力的无线技术，过去帮助朗讯公司成功的因素现在成了阻碍朗讯公司发展的因素，朗讯公司被市场甩了出去。朗讯的教训反映的是内部资源在面对外部环境变化时的失调，朗讯虽有面对技术变化的孵化器，但这个孵化器没有与外部环境变化联动，也就没能孵化出有竞争力的无线替代技术。

有策划、有计划地调整，对企业应对外部环境的变革是必需的。这种调整需要企业决策层强有力的决心、推动和指导。这种调整涉及组织、流程和产品组合这三个方面，其中组织调整是变革应对外部环境变化的关键步骤。一般而言，创新和变革最难从固有组织内部发起。组织原有职能依然在履行和创造价值，组织成员被固有的思维和做事方式推动着做事，任何试图改变现状的思维都被看作对组织的危害和挑战，即便是组织的领导者推动这种变革都会遇到极大的阻力。你不可能推动一个整天为完成今天使命的人，去做一件为自己今天的工作挖坟墓的事；如果变革在原有组织的主管处就遇到抵触，那么在原有组织内部滋生变革就更是不可能的了。因此，企业的内部变革需要一个新的组织，这个组织的使命是将外部变化转化为内部变革的驱动力，要为企业内部的新业务指明方向，这个组织的使命是对未来负责，它要遥望3—5年甚至更远的市场。然而，凡是预测未来的事，都是包含着极大的风险和不确定的事。凡是预测未来的事，都是很难有100%确切的证据来证明未来必定要发生的事。因此，这个组织也是最难履行职责的，有意无意的反对者都会依据这个组织提出的建议，没有足够的证据或证明为由，而拒绝这个组织的变革建议；久而久之，这个组织会因屡败屡战、屡战屡败而丧失其组织价值。这也是为什么凡是履行该种职责的组织大都在运行一段时间之后就寿终正寝。

这个难题需要在更高层次的组织架构上和组织职能上来解决。企业中负责未来的组织，不能把自己与现在公司的运营割裂，这个割裂会把负责企业未来的组织放在一个上不着天下不着地的处境之中，这个组织会因得不到企业现有其他组织的资源支持而孤军作战。负责企业未来的组织，必须精于了解企业的过去和今天。只有这样，它才能告诉企业："我们来自哪里，我们现在处于什么位置，外部发生了什么变化，我们要往那里去"，如果得不到企业其他组织的支持，这个组织要想招到合适的人都很困难。凡了解企业内部的人一定是来自企业内部而不是来自企业外部，外部的空降兵扮演不了这个角色。世界上有资历的顾问公司在给企业做企业改革的顾问时，所提出的改革建议往往不是来自顾问公司自己，而是来自企业内部的人员，企业决策者往往是"灯下黑"，需要花几十万到几百万元的代价通过外部的顾问公司来获得"灯下明"。顾问公司以提供企业内部人员真知灼见的方式来赚企业的钱。因此，建立负责未来的组织是一回事，给这个企业招到了解企业的人，且能胜任组织职责的人是另一回事。

在企业内部招到合适的人不是一件容易的事，合适的人一定是企业内部某个核心部门的业务骨干。骨干是部门主管看重的人，一般是不会轻易放走的。让部门主管同意放人的最合适的理由，是这个员工在调出部门后所做的工作是继续加强该部门的业务，并去从事本该该部门主管做，但没做好的事。因此，要让一个组织负责企业未来的发展，就必须要让其承担支持现有业务的职责，让这个组织脚踏实地站在现有业务上看未来，让这个部门有资源能在支持现有业务的基础上去不断探索未来，并以此把外部的变化和可能带来的危机以细雨润无声的方式，不断地传递给先行业务的关联组织，而逐步唤起寻求突围支持变革的内部动力。

企业中建立负责未来的组织和招募到合适的人，还只是应对外部环境变化的一个基本步骤，这个步骤到此还没有走完。给这个负责未来的组织找到一个合适的领导人是更重要的一步。显然，这样的人靠从企业外部空降不一定是合适的选择，合适的人选还是应该从企业内部选择。历史实践表明，任何改革都要顾及和契合企业原有的文化，从企业内部选择，可以解决企业的文化理解和在改革方向上如何利用企业文化中有利于改革的要素问题。此外，选择在企业中有影响力的人是个重要的选人标准。企业的各个部门只会服从两种人，一种是行政上的领导，另一种是在企业中有权威和影响力的人。权威的影响力不是来源于权力和职务，而是来自这个人对企业实际做过的贡献和在企业运行中所扮演的重要角色，以及他本人在扮演角色的过程中所表现出的才能、品德。企业的内部改革需要这种人来扮演内部驱动的角色。

新组织的确定需要企业业务流程的调整来配合，只有把负责企业未来的部门业务镶嵌在公司的主业务流程中才能发挥其对企业核心业务部门的影响力。负责企业未来发展的部门必须负责现有业务领域的客户需求研究和企业产品发展的路标；这项职能可以让该部门感受到市场需求的变化和市场规模的变化，可以让这个部门扮演引导开发的角色。该部门必须负责新产品的产品发布，该项职责不仅是通知客户本企业要向市场投入什么产品，更重要的是通过产品开发规格书的设计，来保证推向市场的产品竞争力。该部门必须负责产品的退市，该职责可以让业务线清晰了解产品的竞争力，只有通过这个职责，才能从内部驱动新产品开发的紧迫感和寻求突围的危机感。负责企业未来发展的部门，通过扮演负责产品生命周期管理的角色，来进入企业运作的主流程，让该部门在扮演日常流程角色中驱动未来的业务变化。

显然，让负责未来发展的部门仅仅满足企业现有业务的运作需求是远远不够的。它的核心使命是为企业寻找新的业务增长点，寻找企业的突围方向。这个新的业务增长点也许是从发展的老市场的新产品组合开始，也可能是从老产品在新市场上的应用开始；但企业要想获得超常规发展，就必须研究和挖掘新市场上的新产品的发展机会。这个机会可能是基于企业现有技术平台的发展，也可能是需要动用资本力量从业界去购买的。

企业在应对外部环境变化而调整内部的能力的过程不是一个一蹴而就的过程，这个过程是植入本企业文化的渐进的过程，调整的渐进性好处在于使企业的能力变革在保持现有业务连续性的基础上，做出企业能力的逐步调整。但这种方式也有其弱点，当外部环境发生巨变时，这种渐进的企业能力调整方式就不能有效帮助企业找出新业务的发展方向。在这种情况下，企业需要新的机制来化解危机，这种机制就是一种对企业资源进行重组的剧烈的调整，砍掉衰败的业务，保留盈利的业务，建立新业务部门。这种方式的好处是能够应对外部环境的突变，是以短痛来解决危机。但坏处也是明显的，这种巨变的方式会以损害企业的文化为代价，业务重组过后，企业将要面临一个企业文化再造的过程，企业员工也要有一个对文化再认同的过程。这个过程加大了企业应对外部环境变化的风险。

3. 企业内部核心竞争力的建设

企业内部能力的调整需要企业内部的固有核心竞争力的建设，这个建设就像中医给病人治病，是以防病为主而不是以治病为主。企业的核心竞争力是企业内部的组织DNA，这是外部企业最难模仿和拷贝的东西，这也是导致一个企业成功的要素却不能帮助另一个企业成功的原因。

从本质上讲，成功企业的成功经验是不可复制的，其原因就是想复制的企业并不具有被复制企业的组织和文化的 DNA。企业的任何一种成功经验只有与其发挥作用的组织和文化的 DNA 结合才能发挥效用。因此，企业要避免自己突然有一天发现自己身陷红海或站在悬崖边上的命运，就必须在企业内部创造文化要素，这个文化要素就是一种鼓励创新和对创新中犯错误的宽容。

也许有人会说，危机意识的文化要素也许对企业的创新更好（日本在第二次世界大战以前对日本国民的危机教育导致的军国主义；华为公司的危机教育导致的土狼文化到狮子文化的演进），但我认为，这两种文化虽然达到的目标相同，但实现的途径完全不同。鼓励创新和容忍创新中犯错的文化，是一种从企业内部鼓励创新的相应的惯例或制度；而危机意识，则是一种易把企业引向对外部发起的不遵守游戏规则的攻击行为。

鼓励创新和宽容创新中犯错的文化要靠企业的"一把手"来倡导。这种文化是有效制约企业内部来自管理层的改革阻力的一种药方，也是激发来自基层、中层创新意识和行为的土壤。对企业面临的问题和挑战最敏感的是中基层人员，这也是解决企业管理和创新中"灯下黑"的最有效的方法。

鼓励创新和宽容创新中犯错的文化需要落实在管理团队的日常管理中，创新意识的形成和创新行为的产生都需要企业的组织执行力。在创新中，一个是判定的方向决定成败，一个是细节决定成败。而这两个方面都需要得到企业各组织执行力的支撑。只有在这种组织 DNA 中，负责企业未来发展的部门才可能有创新，才可能从创新中找到企业发展的新机会，才可能推动企业抓住机会并把机会转化为企业新的业务发展方向。创新文化和支持创新的组织执行力是企业真正的核心竞争力。企业"一把手"的使命是在实现企业年度经营目标的同时实现这个文化和组织的目标。

第四章
企业核心竞争力建设中的内部困局

当外部环境发生对企业现有的运作和业绩不利的变化时，调整内部以应对外部变化就是必然的选择。然而，内部的调整，无论是组织，还是流程，抑或是职责的调整都不是一件简单的事情。实践表明，企业在竞争中失败，或者是因为企业对外部的变化不敏感，被冷水煮了青蛙，当企业清醒了要调整内部资源时企业已丧失了调整力；或者是因为，虽然已清楚了解了外部的变化，但由于内部缺乏变革的文化基础，内部资源无法调整到位，错过对外部变化的最佳应对时期。

企业的核心竞争力是帮助企业提前预知发展的瓶颈和可能遇到的困境，并及时调整内部资源应对外部环境的变化，但往往企业的调整动作是滞后于外部市场环境变化的，这并不是营销团队没有准确地提前预警这些变化，而是企业固有的惯性使之迟钝和麻木。

企业的核心竞争力是企业内部组织的DNA，这是外部企业最难模仿和拷贝的东西。然而，企业核心竞争力的建立并不容易。它面临着企业内部的多重阻力，企业内部的政治问题，"老大"之争问题，权力与权威问题，变革创新问题……归根结底是内部的企业文化问题。

1. 企业内部的政治

简单地理解，企业就是一架通过资源输入就能制造利润产出的财务机器，企业存在的理由在于为投资者（股东）创造价值。当企业的业绩长期达不到投资者或股东的预期时，董事会可能就会通过更换经营者的方式来改变现状；如果通过更换经营者还是不能改变现状，董事会往往会要求经营者通过关停并转移一些业务或开拓新业务来扭转现状；当这些措施还是不能给投资者带来价值时，董事会就会寻求出售这个企业，如果连出售都做不到了，就会干脆关掉企业以止住损失。

因此，企业是有政治的。所谓企业政治就是企业经营决策中的价值判断原则，这个原则在各企业有其共性，但更有其个性。决定企业在面对外部环境变化进行内部调整时，起决定作用的不是企业政治中共性的东西，而是企业政治中个性的东西。

企业的第一个政治是财务，财务状况决定企业的生死，企业的一切调整、变革都是围绕实现财务目标进行的。企业管理是以财务指标为准绳的。企业里的最高政治也是财务，财务指标的好坏直接决定经营管理层的去留。因此，财务政治是企业的共性政治。

企业的第二个政治是组织政治，这是企业的个性政治，这个政治有其组织的文化基础，同时带有"一把手"的色彩。组织政治的核心是企业权力架构，构建弹性与高效率的流程和管理者的效忠。企业组织政治的这三个要素决定企业在面对外部环境的挑战时能否有效做出内部一致性的调整：新的权力架构和新流程的构建，以及各级管理者对改革措施的效忠。

企业的第三个政治是企业文化。企业文化是企业的个性政治，它在某种程度上影响企业的组织政治。针对企业内部调整和变革而言，危机的、鼓励创新的、寻求突破的、协同的、全员营销的等意识都是积极的正面的文化，这样的文化会大大减少企业内部调整和变革的阻力，更容易使变革的要求来自内部而不是外部。与上述相反的企业文化，会大大增加企业内部的调整和变革的阻力，增加调整变革的风险。如何构造企业内部的政治文化是企业 CEO 的核心工作，这个工作是为实现财务目标保驾护航的基石，是保证企业肌体健康并增强企业对灾难免疫的基础，也是使企业能快速适应环境变化的基础。

如果没有上述的企业政治建设，当外部环境发生快速变化时，企业将不可避免地深陷重建企业核心竞争力的内部困局里。

2. 企业里谁是老大

谁是老大？在企业里这是个既熟悉又陌生的问题。所谓熟悉是指，企业员工一口就能说出，谁是企业的CEO；所谓陌生是指，企业和企业每个部门都有一个老大，员工服从的不仅是权力者，还有权威者。权力和权威谁是老大？

企业的权力和权威是两个不同的概念。权力的合法性来自于企业的科层制，它与企业中的职位有关。权威则是来自管理者的感召力，它与管理者的人格魅力有关。企业员工对权威的服从来自内心的认可，而对权力的服从只是来自科层制的等级要求。同样是服从，这两种服从所带来的生产力是不同的。对权威的服从带来更高的生产效率和创造性，而对权力的服从，只能是一种"交作业式"的操作。在企业内部，如果不能将权力与权威合为一体，对企业将是一种麻烦；权力与权威之间的冲突会损耗企业的资源，或者是权威挑战权力，或者是权力压制权威。因此，企业真正的老大，不是CEO和各部门的主管，也不是权威者，而是将权力和权威集为一体的管理者。

应对外部环境变化的内部调整及变革的推动者，必须是企业中的老大。这个老大不仅是企业层面的，也应该是部门层面的，但最重要的是企业层面的。只有这样，才能通过将企业内部的科层制，以及权力与权威的一体化把组织内的离心力减到最小，向心力增至最大。

许多企业的内部困局不是来自企业的科层制，而是来自企业内部的权力与权威的分离，来自企业内部的组织安排的缺陷，使企业存在无意识的两类中心：以科层制为代表的权力中心和企业民间形成的权威中心。两个中心的内耗，使企业达不成内部调整或改革的目标。

3. 变革触动谁的利益或权力

"谁动了我的奶酪？"任何一个企业的内部调整和变革都会触动企业内部

相关部门的"奶酪",内部资源调整或核心竞争力的重塑和再造本身就是一个权力重心或分布再调整的过程。这个过程同时也伴随着企业资源重新配置的过程。

一般而言,企业内部调整可能涉及四大资源部门的调整:开发、市场、销售和供应链;企业内部调整也可能涉及各产品线业务的调整。前者的调整属于资源部门的调整,而后者的调整是业务线的跨资源部门的调整。调整的总原则是:削减或关闭不创造价值或价值低的部门或产品线资源,新建或增加有价值潜力的部门或产品线资源。这种调整都是以企业财务目标为准绳的。

然而,这种调整并不是一个理性的过程,而是充满了利益调整和资源再配置的过程,同时也是一个充满矛盾和痛苦的过程。对市场、销售部门而言,它要极力保持自己部门的地位和资源规模,任何一种削弱其地位的调整都会遭到极力抵抗,其抵抗的筹码就是销售额的进一步下降。这种抵抗,在市场、销售强势的公司更为明显,而这种抵抗往往会获得成功。这种成功反过来会进一步阻碍市场、销售组织或营销方式的变革。当一个企业销售下降时,或者是需求下降导致,或者是产品竞争力缺乏份额下降导致,或者是销售渠道、销售运作方式有问题导致。在第一种情况下,变革需要相应地减少或调整销售资源,以降低销售成本的方式来保持销售利润;在第二种情况下,要在减少或调整销售资源的同时,推动开发部门改进产品竞争力来提升业绩;第三种情况,则需要市场、销售部门的自我革命。然而,在危机之下,市场、销售部门的资源往往是反向调整,以图通过投入更多的市场和销售资源来幻想保持甚至提升业绩。这种反向调整很可能使企业在危机道路上越陷越深。当业绩不能改善时,财务指标会进一步恶化,最后迫使企业对市场、销售部门做手术式变革,甚至对市场、销售管理团队做整体换血。对上述情况而言,智慧的企业是通过短期紧缩开发和供应链资源的方式来保持现有的市场、销售资源,以期改善财务指标。

开发部门的调整很可能是一种更为困难的调整。在市场需求下降业绩下降的情况下,相应的产品部门要缩减资源,以降低相关的期间费用来保持销售额降低下的产品 OP;在因为产品竞争力下降而导致销售下降的情况下则可能还需要增加资源,来解决产品竞争力问题,以改善销售。而在因为销售渠道、销售运作方式问题而导致销售额下降的情况下,可能会形成混乱的争论:市场、销售部门会把销售额下降的责任归结为产品竞争力低,要求开发部门改善产品竞争力;而开发部门则会坚持认为,销售额下降是市场、销售的问题,与产品竞争力无关。由于没有哪家企业的产品是无缺陷的，因此，市场、销售部门要求开发部门改善产品竞争力的要求永远是有理由的。正因此，在这种情况下，有两种相反的资源调整方向：一种是压缩市场、销售资源，减少市场、销售费用而保持开发的资源，以通过改善产品竞争力来改善销售和财务指标。另一种是扩大市场和销售资源并压缩开发资源，以期通过解决销售问题来改善财务指标。显然，前一种的资源调整方向更有利于问题的解决。上述的问题往往导致市场和开发两个部门都要求设立部门或岗位，来关注和掌握市场需求变化，以增强本部门对资源调整及决策的影响力。

供应链的资源调整完全受制于市场和销售预测，当销售超过预期计划的时候，产能不足，供不上货，就会丢失市场机会；当销售低于预期时，库存积压，开工不足，产能过剩，生产成本就会提高。当销售预测在总量上大致准确而时间不准确时，就会出现有时是产能不足交不出货，有时又库存积压，开工不足，产能过剩。显然，供应链的调整绝不是供应链自己的事，它首先取决于市场预测和市场需求。本企业的销售量预测的准确度会严重影响供应链的成本率和供应效率。

此外，制造方式的调整要依据企业的利润管理要求，要依据产品的设计方式和销售方式的变化而变化。制造是采用全部外包还是部分外包，是采用OEM方式还是采用ODM方式，是采用标准化产品制造还是采用产品的柔性制造，都与财务目标、产品设计、制造系统的设计、IT平台设计、产品交付方式等密切相关。

服务资源的调整要依据于用户量、用户分布、市场在使用的设备量、工程需求量、服务需求量、服务销售策略和市场营销策略等的变化而调整。销售量大的产品，配置的服务资源相应也多，客户在使用的设备越多，配置的服务资源相应也越多。为提高服务满意度，要在提高服务响应时间的同时，将服务资源配置尽可能贴近客户。

然而，这些调整都需要增加企业的成本。服务成本是企业成本的一个部分。服务资源的配置和调整同样要服从财务准绳。对企业运营而言，要以适度的成本提供更多、更好、更及时的服务。这里，如何确定适度成本是个管理决策上的难题。正因此，一些降低服务成本的措施需要在企业发展的不同阶段、在产品市场发展的不同阶段引进诸如工程外包、服务借工等，将固定的服务成本转变为与服务量相关联的变动成本。一些降低服务成本的同时，能提高服务

37

响应速度的方式,要在适当的阶段引进,如400或800呼叫中心,该中心依靠互联网和通信网集中受理客户诉求以降低服务的受理成本,同时把服务资源分布设置在接近客户的地方,以机动性来降低服务资源的配置。企业也可以通过发展合作服务资源的方式来解决服务质量和服务成本之间的矛盾。当市场经过成熟期走向衰落期时,当产品销售走下坡路时,增加资源发展服务销售就会成为资源调整的必然:备件销售、设备维护保养、代维护、旧设备扩容或改造再利用等。

4. 如何看待过去乃至今天的功臣

企业内部资源的调整,最难办的是人员的调整,如增设新的部门或职位,裁撤部门或职位等。

老资格的管理者对企业和部门的建设发展做出过贡献,在企业内部有着一定的人际关系基础和一定的影响力,在部门内有一定数量的支持者,在企业决策层也有支持者。

老资格的员工,在企业内一定的岗位上做出过贡献,有一定的职业和岗位经验,有较广的人际关系,在管理层也有一定支撑。当企业岗位的要求发生变化而老员工的技能和思维方式依然故我时,换人就是必然的选择。在此情况下,过去的功臣就可能成为改革的阻力,尤其是位处管理岗位的更是如此。如何对待这些过去的功臣是企业管理者最棘手的事情。有两种处理的方法:一是通过培训让这些有贡献的老员工改变思维方式,掌握新的技能;二是采用英雄断臂的方法让这些过去的功臣离开管理岗位,甚至离开公司。如果培训解决不了问题,使其离开公司是彻底的解决方法。这个道理很简单,一个新的管理者无法去面对和领导自己过去的上司。为防止内耗,避免"成也萧何,败也萧何"的结局,使其走人是一种残酷但是必需的解决方法。

5. 变革是分轨运行还是并轨运行

保持业务的连续性,是企业正常运作的基本条件。企业应对外部环境变化所做的企业内部的调整,需要谨慎的操作步骤和有效稳妥的调整策略。如果说涉及某个资源部门调整的策略不当会影响企业效率的话，涉及产品线的关停并转换的策略不当很可能会导致员工对企业忠诚度的下降，同时也会影响企业的士气。后者对企业的伤害会更大。

中国通信行业的某知名民营企业以快速发展和成长著称，该企业的崛起得益于中国通信行业的高速发展。在同一个行业中同期发展的4家企业中，有两家企业得以成长起来，有一家企业仅仅是活着，一家企业已经死亡。其中成长最快的一家企业之所以能成长，低价格和保姆式的售后服务是其在早期获得成功的要素之一，这个要素帮助这家企业在产品的技术和质量都落后于竞争对手的情况下，赢得了客户的信任和支持，使客户敢于冒险采购这家企业的产品。典型的故事是一个新产品在客户处开了实验局后，工程队刚从客户的机房撤离，服务队带着备件备板就进驻客户机房，进行24小时的值守以保障客户的使用。正是这种保姆式的服务为该公司的开发部门赢得了改善产品质量和改善客户体验的时间，为该公司争取到了一次又一次的市场纠错机会，并帮助该企业一次又一次挽回产品质量的负面影响。然而，就是这家有着优秀服务传统的公司，其旗下一间子公司为了能够实现向客户实行服务收费的业务，做了组织结构的调整，把原来的服务部从隶属于销售部的结构中独立出来，与销售部门平起平坐，并独立地开始进行服务销售的业务。结果，服务销售业务虽然开始逐步发展起来，但对客户的主动服务次数明显减少，"先解决客户问题"的服务精神严重削弱，在接到客户服务诉求后先谈收费再出员提供服务，客户满意度下降，服务团队和销售团队的矛盾激烈，该公司的市场竞争力开始下降。这种变革最后不得不重新调回到原有的组织架构，把服务部重新划归市场部门来管理。同时，为了延续已经启动的服务销售的业务，该企业设立了销售部门的主管分担服务销售的考核指标，而服务部门的主管要分担产品销售考核指标的双绩效考核制度。这个案例是个典型的分轨运行和并轨运行变革案例。

6. 变革是一把手的工程

企业变革，哪怕是企业中某个部门某个流程的变革都不仅仅是部门或业务线的事情，而是企业一把手的事。企业一把手在变革中的使命不仅仅是授权某个部门或某个业务线主管从事变革，更重要的是决定变革目标，进行企业变革的政治动员，尤其是企业管理层的动员，调动企业资源支持变革，调和并解决变革中的冲突，在变革的关键问题上拍板，及时调整变革中的偏差。变革之所以是企业一把手的工程，就在于哪怕是一点点的变革，也一定涉及企业资源在企业不同部门之间、企业不同业务线之间或者在企业管理层人员之间的权力再调整。

在极端的情况下，企业变革的支持者只有一把手自己，其他的都是反对派，在这种状况下，企业变革是不可能成功的，企业一把手必须进行有关变革的政治动员，让高层和中层管理者认可变革，即便是不能让所有的高层和中层管理层认可变革目标，也要通过政治动员使不认可者保持中立，在高层管理层不能有变革的反对派，否则就会达不成变革目标。

中国某民营企业在出售其旗下子公司时涉及子公司的股权变革。在该子公司中母公司占90%股权，全体员工占10%的股权。显然，企业出售是基于股权的溢价出售。在买卖双方达成交易意向后，母公司一把手提出对出售的子公司进行股权变革，将10%的员工股置换为母公司的股份，而握有子公司10%股权的员工将子公司的股权置换成母公司的股权。这种股权变革，没有进行企业的政治动员，仅限于高层管理层的行政命令式沟通，结果在子公司除了董事长支持外，高层和中层管理层几乎无人支持这个股权变革。然而，这个股权变革的消息很快从高层管理层"被泄露"到员工中，引致由中层管理人员组织的员工集体辞职以公开抵制股权变革，而子公司的高层管理者中除只有一位主持工作的管理者外几乎全部袖手旁观，或休假，或病假，或长期在外出差，企业运作几乎瘫痪，甚至影响到本次的企业出售。对此企业收购方要求出售企业的母公司妥善解决员工问题，要求出售企业方完整保留原企业的所有员工，否则将停止企业收购。结果是企业员工的股权置换的变革流产，只能维持原子公司的股权方案以实现企业的收购交易，出售企业的母公司只能向员工让步，才最终实现了出售企业的交易。这个教训教育了该公司的一把手，后几年，该企业在办合资企业涉及的员工股权置换的问题上，都顺利解决了股权置换问题。

第五章
突破企业内部困局的企业文化

企业面临的外部环境发生变化，企业内部又无法随之进行资源调整以应对外部变化，加之长期以来企业根深蒂固的内部政治，就形成了制约企业发展的内部困局。企业的内部困局需要从企业内部突破。对企业外部环境的感知需要敏锐的市场洞察力和穿透力，需要企业的全体员工参与到营销活动中，发现问题并反馈问题，推动相关部门一起解决问题。这需要一个弹性的企业文化，要培养员工的营销意识，给予员工犯错的机会。这所有的一切，企业的一把手扮演了重要的角色。

企业文化很有可能成为突破企业内部困局的阻力。企业发展面临的外部环境固然复杂多变，但总能通过营销的活动找到企业突围的方向和方法。如果企业的发展来自企业内部的文化，那么这个阻力是相当大的。除非企业的一把手有壮士断腕的勇气和魄力进行大刀阔斧的变革，否则企业很难形成上下一盘棋，同心协力应对外部环境的挑战。即便这样做了，企业也会伤筋动骨，元气大伤。因此，培养弹性的企业文化显得格外重要。弹性文化会形成企业民主和创新的土壤，鼓励员工敢于讲真话、提建议，并指出公司的问题，鼓励员工敢于积极提出有创意的方法并在企业平台上变现。企业要有开放包容的胸怀，倡导员工与企业共同成长。

1. 变革要基于现有的企业文化

企业面对外部生存环境的变化时，需要及时调整企业自身的战略，并以调整的战略目标对企业内部的资源进行调整甚至重组，从而使企业有能力走出危机，保持甚至提升竞争力。然而，企业这种应变能力并不取决于企业一把手的意志，而是取决于企业原有的文化基础。当原有的企业文化是一种僵化的、眼睛只是向内看而不是向外看、对异质文化缺乏容忍度、拒绝任何形式的变化等，是无力进行战略调整的。企业如果富有鼓励创新、宽容异质、宽容创新中的犯错、无论是部门还是整个企业都有向外看的意识，有这种文化基础的企业就有进行战略调整的基础。对陷入困境的企业而言，一次战略调整的成功可以弥补99次经营运作上的失误。

变革并不是一朝一夕的事情，变革的成功取决于三个条件：一要战略调整正确，二要资源配置和调整到位，三要执行力得力。这三个条件要做好都离不开企业文化基础。

战略调整，按常识应该是企业管理层的事情，绝对点说，是企业一把手的事情，大家都认为企业战略调整是管理层的真知灼见。然而，从事过不同规模企业管理的人对此问题有不同的回答。凡经历过创业型企业管理、凡从事过小型企业管理的人都会异口同声地说：企业战略调整只有老板才能有这个真知灼见。因为，在这样规模的公司，老板其实是最大的销售员和客户经理，企业的成败得失都系于老板个人一身。老板既是企业所有者，又是企业最高管理者，同时还是接触重要客户的人。老板之所以能扮演战略调整这个角色，就在于他能第一时间感受客户需求的变化，感受本企业竞争力的变化，感受市场的变化。在这类企业中，老板对内部甚至每个员工都了如指掌，老板能够把在外部面临的问题和企业内部的问题联系起来考虑如何进行及时的调整。在这类企业中，企业信奉的是：企业存活就是硬道理。"企业必须活着"的本能驱使老板不断地进行调整。这类企业不存在执行力和资源调整上的障碍，其战略调整成败的关键是老板主导的战略调整的方向是否正确，其战略调整所需要的资源和能力是否超出企业的能力。因此，对创业型企业而言，只要有团队执行力的文化基础，企业老板在战略调整上做正确的事情，同时企业有足够的资源支撑这种调整，其战略调整就会成功。

然而，对中型及大型企业的战略调整而言，创业型企业中的舵手型或个人主导型的战略调整方式是行不通的。中型和大型企业需要通过合适的组织架构来扮演这个角色，企业管理层对战略调整一般只起决策作用，很少起发起和执行作用，除非企业的最高管理者是这个企业的创业者和所有人（他有把企业由小规模带到中大型企业的经验和智慧）。中型和大型企业的管理层已逐渐远离客户，企业内部在市场、销售、服务、供应链、开发上都有专门的部门负责。这类企业的科层制已相当发达，甚至有三级以上的部门架构，最高管理者已无法认识所有员工，甚至连部门经理都认不全。企业最高管理者对外部环境的认识，更多的是来自下属专业部门的报告，而不是来自自己或对手的客户。随着企业内部分工的细化，部门开始林立，分工在提高效益的同时，也带来了部门间的合作问题，部门越细分，流程就越长。这种状况所导致的令最高管理层头痛的问题是：各个部门或流程中的环节在行政管理下可以提高效率，但当把各部门和各环节连在一起，来构成业务主流程时则是低效率的。最常见的现象是：对客户投诉的问题响应和解决问题的速度越来越慢，甚至连准确定位一个客户投诉的问题所在都不容易：客户投诉的产品质量问题究竟是客户使用造成的？是安装质量造成的？是维护不当造成的？是运输过程中损坏造成的？是生产质量造成的？是采购的器件质量造成的？还是产品设计问题造成的？等等。客户投诉问题的定位不清往往会在企业内部引起部门间的争执，即便是"瞎猫逮着了死耗子"解决了客户投诉，对问题定位的追诉往往也是不了了之；当客户对同一问题再次投诉时，内部的争吵又会再来一次，而质量部门在大部分情况下对定位质量问题起不了关键作用；因为，虽然质量部门懂得质量控制与管理的流程和标准，但由于他们在产品技术和应用上没有具体业务部门专业，在解决客户投诉的问题定位上是心有余而力不足的。

企业内部这种喋喋不休的争论不仅不能真正地解决客户的问题，而且还会使部门之间的墙越建越厚，各部门都会编各种各样的故事来说明不是自己的问题。当所有部门都证明不是自己部门的问题后，就只能归结为客户自己的问题了，结果，没有找出真正的原因，即使你免费解决了客户问题，当问题再发生时，你就得罪了客户。当这种现象普遍化时，你的品牌就有了负面影响，你的企业竞争力就会下降。

显然，在中大型企业，企业管理者包括一把手，很难通过直觉来决定和启动企业的战略调整。企业对外部生存环境变化的感知越来越依赖于独立的部门所从事的研究工作，已有相当的企业建立起"企业发展部""战略规划部"，让"企业策划部"等名称不同，但职能相同的部门来履行这个感知外部环境变化，研究企业调整或突围方向的职责。但实践证明，这样的措施虽然有作用，但作用有限。许多企业，一开始建有庞大的战略发展部门并对其抱有厚望，但运作一段时间以后就开始对其失望，接着就开始缩小这个部门。这个部门的资源减少就更难提供有用的研究成果，结局就是战略部门关门大吉，或者职能降为管理者的秘书部门，做一些管理决策的辅助论证工作。

为什么专职战略部门履行不了战略调整研究的职责呢？问题的根源就在企业的文化。如果一个企业没有一个从上到下的全员营销意识，仅仅一个部门是承担不起这个责任的。道理很简单：首先，"冰冻三尺非一日之寒"，外部环境的变化是一个或快或慢的变化过程，冰冻三尺之后是气候转暖，还是继续冰冻，需要有经验和知识背景的人，才能做出判断和预测；其次，"春江水暖鸭先知"，客户需求的变化，企业竞争力的变化，市场规模的变化只有销售和市场部门最敏感，所有这些都是一个逐渐变化的过程。对已有客户需求变化的了解，对已有客户没有满足的新需求的了解，对产品新应用领域的了解，对既有市场新产品需求的了解，对既有市场萎缩或新市场的兴起的了解等，所有这些了解都是需要企业进行长期不间断的跟踪研究的。一个企业如果没有全员营销的意识，那些面对客户开展工作的团队只顾做自己的事，不能把市场上点点滴滴的变化信息不断汇流到一个部门进行系统的研究，这个企业很可能是"盲人开车"，车道拐弯了，车不能及时转向，结果只能是出轨翻车。另外，如果一个企业所建立的战略部门不能扎根在市场部门，把触角始终触摸到客户端，不能把解决当前销售和市场问题的战术研究做好，而直接去做所谓的战略研究，其战略研究也只能是"雾里看花"，找不到研究真正的价值点。因为解决当前面临的市场销售的战术问题，是个量变的过程，而战略调整是个质变的过程，战略研究团队只有通过持续研究解决当前市场销售的战术问题，才能找到企业战略调整的方向。企业战略的研究不是一个高高在上的部门，而是一个置身市场从事"入地"研究，解决当前市场销售问题的部门，继而从事"上天"研究：研究企业战略调整的部门。这种组织设置最大的好处是：能充分地把解决企业发展问题和解决当前"吃饭"的问题统一起来做，其战略研究不是空中造楼，而是建立在坚实地解决企业当今吃饭问题的战术研究基石之上；从而能够把企业所有面对客户的团队的营销资源充分发挥出来作用。这种做法既有助于培养全员的营销意识，让一线人员在做自己事的同时，即能够有意识地帮助企业改进产品竞争力、发展新产品满足客户未满足的需求，又可以帮助产品寻找新的用途或新的市场。

跨国企业的战略管理是一个更为复杂的工程。它不仅需要全球的视野，而且还需要将技术和资本两个平台结合起来，研究本企业在国际相关行业或产业链中的竞争位置及其可能的企业战略走向。从全球500强企业看，其战略管理部门都设在总部，跨国企业任何一个产品线的战略往往都是由该产品线的总部所在国的母公司主导的，跨国公司的产品一般是在统一规划、统一规格、统一商标的三"统一"下进行的。这种战略管理有利有弊：有利的是有统一的母公司品牌和市场地位的优势；不利的是适合于母公司所在国的产品规划和产品规格未必完全适合母公司所在国之外的市场。这对跨国公司提出了在统一战略框架下是否需要区域子公司的战略规划研究的问题。实践已经证明，在统一的战略框架下需要在非母公司所在的主要市场，一般称为新兴市场建立区域性的战略研究，并根据该区域的市场需求情况做必要的战略调整。

自从21世纪初中国加入WTO以来，中国已成为全球最大的新兴市场。全球500强中绝大部分跨国公司都把中国作为转移制造的基地，以获取中国劳动力低成本的优势，同时也把中国作为一个巨大的潜在市场进行拓展。但各公司的战略各异。以快餐业为例，美国的麦当劳和肯德基都把中国作为新兴市场进行拓展，然而，在经过了近20多年发展之后，人们发现，在北美和欧洲遥遥领先于肯德基的麦当劳，在中国市场却落后于肯德基。有学者认真总结分析了在中国的这两家公司经营之后发现，肯德基在适应中国市场需求的战略调整上要远比麦当劳彻底。

欧美通信设备制造商在中国通信市场的拓展历程也生动说明了在新兴市场研究区域战略，并进行有效的战略调整的重要性。美国朗讯、加拿大北方电信在2000年以前是中国固网通信的主流供应商，然而在2000年均全盘退出中国市场，代之而起的是中国的本土公司华为和中兴。爱立信、阿尔卡特、西门子、郎讯、摩托罗拉在2005年以前1G和2G的中国通信市场占主导地位，此后每况愈下。摩托罗拉逐渐退出中国市场，阿尔卡特与郎讯合并，只有爱立信还在独掌门面。中国的华为、中兴迅速崛起开始进攻发展中国家的市场，并迅速挤压这些欧美国际公司的市场地盘，成为这些公司在国际市场上的主要竞争对手。

华为、中兴在中国市场能够后来居上的战略就是在技术上跟随欧美通信公司，但在成本上远远领先于欧美通信公司，并以此首先在中国市场取得成功和资本能力，再以此为依托拓展国际市场，并在发展中国家取得成功。相对比而言，欧美公司在对中国这个巨大的新兴市场的针对性战略上没有一家做得彻底。在20世纪90年代初，日本的NEC最早进入中国市场，该公司趁着给中国政府日元贷款的东风最先占据中国的固定通信骨干网市场，但该公司恪守技术保密原则，拒绝在中国本土设厂生产通信设备，不能有效应对中国政府的"以市场换技术"的政策，结果最早退出中国市场。而同期的朗讯则与当时中国政府的邮电部建立起合资公司上海贝尔，并迅速地占据了中国固定通信网主导地位。然而，当中国的本土公司华为、中兴的固定通信产品技术逐步成熟之后，朗讯没有能够及时调整战略，只把上海贝尔当作一个本土进行OEM的制造基地，没能把上海贝尔当作一个针对本土需求进行产品成本优化的基地。通过开发技术降成本是根本性的降成本，而通过转移制造降成本其降成本的能力是有限的，结果上海贝尔也逐渐退出中国的固网市场，让位于中国本土的华为和中兴。

欧美无线通信设备供应商在中国的战略也没能跳出上海贝尔的命运范畴，过于恪守全球统一的产品规划和产品规格，始终不能把应对中国市场需求的开发实现本土化，总是在万里之外决策中国的事情，不仅耽误了应对客户需求变化的时间，还一次又一次地丧失了解决自身问题的机会，其结果也是逐步丧失在中国市场的市场份额和市场地位，给了华为、中兴成长的机会，在中国这个新兴市场给自己培养出一个在全球无线通信市场与欧美公司进行竞争的对手。从2000—2013年的中国通信市场竞争十三年期间的态势变化可以看出，在新兴市场的营销、开发和战略研究的本土化对跨国公司海外业务发展至关重要。

2. 企业文化的弹性与刚性

企业战略调整依赖于企业对外部世界变化的敏感，依赖于企业有机制能对这个敏感做出适当的反应，依赖于企业能持续保持对外部环境变化的敏感性和适度的应对。企业上述能力的形成和取得并不依赖于企业管理者的个人意志，而是依赖于企业的文化特性。

企业文化是什么？企业文化是一个企业在创业和延续中对企业的生存发展起关键作用并沉淀下来作为企业的合理行为、制度、流程及相关的意识形态的总称。每个企业的文化都有自己的独一无二性，这种独一无二性来自企业的创业背景、生存环境和企业创始人、领导人的个性。正因此，从事工商管理研究的人认为：一个企业成功经验的不可拷贝，它是来自企业独特的组织 DNA。组织 DNA 又被称作企业核心竞争力，这个核心竞争力不是单纯指一个企业的组织架构及运作方式，而是指蕴含在组织架构和运作方式中的合理行为、制度、流程及相关的意识形态。

虽然企业文化是独一无二的，但不同的企业文化仍然有着作为文化所共有的特性。对企业战略调整而言，文化的弹性与刚性，文化的创新性与保守性，对企业能否快速有效感知外部环境的变化和做出应对是至关重要的文化特性。

企业文化的弹性是指对不同于企业既有文化的要素或特性有高的宽容度，这种宽容度以不影响企业既有体系运作和管理为限度。企业文化的刚性是指对不同于企业既有文化的要素或特性不能容忍或只有很低的容忍度。显然，具有弹性的企业文化在企业内部会有一种民主和宽松的文化氛围，只要在行政执行上保持一致，其他的文化差异可以共存于一个企业内。文化弹性对企业的好处是：可以使管理层内部的沟通、管理层与员工之间的沟通呈现开放性和平等性。文化弹性可以使不同意见表述求同存异，文化弹性可以包容不同见识、不同意见、不同特性的员工；企业不会因为长官意志而扼杀来自企业各级管理者和员工的独到见识和意见，这点会有助于企业的最高管理者能够倾听到来自内部的不同声音。其实，业界所热衷的遇到问题找专业的咨询公司做企业咨询的做法，实质上只是一种"外来的和尚好念经"的做法，这些"外来和尚"到企业做问题诊断和提出解决方案的做法就是从企业内部的员工获得信息，其问题诊断和解决方案并不是来自咨询公司，而是来自企业内部有见识的员工，借咨询公司的口说出来而已，让咨询公司到企业做咨询其实是花钱请企业外部的人来买内部员工的见识。

刚性的企业文化对企业中的非主流文化特性缺乏容忍度，管理者不能容忍在自己的团队中存在行动甚至是意识上的异己。在一个企业里，文化刚性的好处是有执行力；管理者说一不二，员工意志高度统一，议行合一。但文化刚性的缺点是缺乏对多样性的包容，员工缺乏主动思维意识，一切等待上级安排，团队难以接受空降的员工和管理者，更不容易接受来自企业外部的思想和经验；有的企业为了维护企业文化的刚性，甚至只从大学应届毕业生中招聘新员工（认为应届毕业生是张"白纸"，文化可塑性强），管理团队也是清一色的子弟兵。这种文化特性的企业在敏锐感知外部环境变化和做出应对上，具有先天的缺陷：企业完全依靠一把手个人的见识和智慧，当这点缺失时整个企业就丧失了应对外部变化的调整能力。

度过了创业期的企业，需要领导者有意识地培养企业文化中富有弹性的特性，除了在行政执行力这个文化的刚性之外，要增加包容不同企业文化要素的弹性。从感知外部环境变化而言，需要企业内部的人能站在行业立场，而不是本企业的立场，来判断这个变化的走向和本企业在这种变化中的地位变化。以外部的眼光看本企业，这对身处于企业内部的人来讲是件很难的事，"不识庐山真面目，只缘身在此山中"，企业既有的文化定式是一副有色眼镜，这副眼镜无意识地在过滤它所看到的外部环境变化。企业文化的刚性会加深这种有色眼镜，而企业文化的弹性会弱化这种有色眼镜，让感知外部变化的员工能"站在庐山之外看庐山"。

对企业外部环境变化做出应对反应，更需要富有弹性的企业文化作为变革的基础：调整意味着改革，意味着组织、资源、流程的重整，意味着对昨天成功经验的反叛；而这一切都需要有富有弹性的企业文化多年铺垫才可能有支持变革的群众基础，变革的智慧往往来自面对客户的一线员工，来自日常处理各种问题和矛盾具体事务的管理者，来自能把客户要求与企业资源和能力联系起来看问题的管理者，来自能理性看待过去的成功和今天面临的问题的人。一个企业的文化如果缺乏包容性，有这些思维的人难以在企业中存活，平时对问题的真知灼见难以转变成企业进行内部资源优化的动力，这方面的人才也难以晋升到企业的决策层。当一个企业面临困境而不知所措时，企业管理者首先要反省的是"你在企业文化的弹性上做过什么？"

3. 培养企业文化的弹性

造就企业文化的弹性是企业一把手的工程。企业权力线是沿着权力金字塔自上而下逐级下行，这是企业执行力中的一个重要原则，但企业的信息线则需要一条自金字塔的低层向上行的路线和部门间横向交流的路线，特别是可以越级上行的路线。建立和维护企业信息线中上行路线和部门间横向交流的路线是企业文化弹性的重要基础。官僚汇报体系有个天然的弊病：逐级向上汇报本部门的工作，报喜不报忧（不让上级感到自己无能），向上汇报其他部门的协作时报忧不报喜（本部门的问题是由其他部门造成的），部门间的信息交流能不告诉你就不告诉你（不让外部门知道自己的底牌），这些信息的扭曲和失真会影响最高管理者对问题的认识和判断，使其制定的解决问题的办法往往不能从根源着手。在企业内部对本部门问题讲真话的人往往会被打击，这正是一个企业对内部问题存在久病不治的文化根源。所以，企业的一把手要推动建立企业内部的信息线自下而上的上行路线和部门间的交流路线，从管理体制上要去除影响信息充分有效沟通的屏障。

根据企业发展的不同阶段有意识地从企业外部引进不同专业和不同经营管理背景的人才，这是企业一把手激活企业内部差异性思维意识的手段，不同企业文化背景的人共处，不可避免地有文化冲突，只要能将这种冲突有效控制在一定程度内，就会逐步在企业内部培养出可以容忍以外部眼光看本企业的文化习惯，这对企业在面对危机时的自省很重要。

有意识地将企业内部部门主管对换岗位，以"屁股决定脑袋"的定律来促进管理者之间和部门之间的换位思考文化，培养以包容的心态来促进信息的横向沟通，打开部门之间的墙，让部门能从全流程绩效上来关注本部门的瓶颈，而不是仅仅从本部门的绩效来考虑。部门主管沿着核心业务流程的上游或下游的岗位流动也可以促进这样的思考。

企业 HR 部门对员工和管理者的考核要有促进员工之间、部门之间、上级与下属之间的平等沟通的要素。有的企业已经明确将其写进企业的员工手册；有的企业将其写进企业的员工道德守则；有的企业明确在员工手册中规定：对员工录用或辞退，对员工升级与降级，不得是因为员工的性别、民族、种族、外表等因素而进行；有的企业每两年做一次由专业的第三方公司通过网上做的员工意见匿名调查，并根据调查意见来推进各级管理者对部门间和上下级间的沟通改善。这些制度和措施都会在促进企业内部沟通上扮演积极正面的角色。而这些宽容文化的制度性的建设都需要企业一把手的推动和贡献。

企业要应对外部环境的变化而实行的内部调整，光有良好的内部沟通和宽容的文化仍然是不够的，内部调整的变革动力还需要有来自基层的驱动力。这个驱动力可以是来自一线的销售员工或客户服务的员工,可以是来自支持销售人员工作的产品技术应用工程师,可以是来自从事质量检验的员工或从事生产的员工,可以是财务部门的成本分析员工,可以是开发部门的员工。

来自基层的意见有多少转化为企业管理层的行动,有多少转化为企业流程、制度的调整,这是衡量一个企业应对外部环境变化能力的一个检验标准。在这个方面,企业一把手的作为起着关键作用。一个销售人员可能会抱怨,本企业的货期没有对手短,而货期又是个关键的竞争要素。如果情况属实,且是一个普遍的销售人员面临的问题,企业的一把手就需要推动从订单获得,到交货全流程的时间和效率瓶颈的诊断和分析。这个全流程跨越销售、合同管理、计划、生产、货运5个环节的两个大部门,跨越订单处理周期、计划排产周期、生产周期、送货周期4个子流程。如果订单是非标准产品,还会涉及非标设计周期。显然,缩短产品货期的流程变革的发起者是销售团队,但需要供应链和开发团队的协助和配合,这些都需要来自企业一把手的授权和支持。这种来自基层的要求改变现状的变革驱动,往往会暴露流程各环节上存在的问题而不仅仅是供应链的问题,也许这个问题的根源就是来自销售团队本身,如销售计划严重不准确,生产计划部门无法准确进行生产备料,产能可能准备不足等。当这个问题不是通过增加库存来解决时,就一定要从销售计划的源头开始来改变各环节的现状,以达成变革目标。

当一线的产品服务工程师反馈某个部件的现场维护、维修极其不便时,企业的一把手需要授权由服务部门来召集开发、制造的团队人员,来研究如何改善产品设计和生产工艺,使现场维护和维修快捷而有效。

当企业定价中心的员工预警某产品的GP达不到企业的财务目标时,企业一把手需要授权由定价中心分解降成本目标,推动开发、服务、供应链采取措施,降低各环节上的成本,以保证实现产品的GP目标。

一个企业如果没有日常运作中的这种基于基层的变革动力实践,就不可能有面对危机时的企业内部资源调整和变革。

4. 理解营销的新内涵

营销是什么?营销的含义是指将产品以一定的价格、一定的形式和一定的广告销售给一定区域客户的组织或行动。

其实，上述营销的定义，只是一种传统的定义，而现代的自由市场经济的营销实践已经超出了上述定义的范畴。很显然，传统营销的定义是企业以产品为中心的营销定义，目前的实践已经是企业以客户为中心的营销定义，这个定义已经不是局限于如何将公司现有产品卖给客户，而是增加了通过了解客户未满足的需求，来发展新产品满足客户需求的新内涵。

营销内涵的发展，导致企业三个方面的转变：（1）将一个企业从以产品为中心的营销转向以客户为中心的营销；（2）将一个企业从以产品为中心的行销转向以解决方案为中心的行销；（3）不仅仅是市场人员需要营销意识，而是需要企业全员有营销意识。

第一个转变，要求企业的组织管理架构，从纵向分工合作式职能管理架构向与以产品线的横向组织管理架构相交织的矩阵式管理架构转变。

以资源线为主导的矩阵式运营管理架构		资源部门						客户
		开发体系	供应体系	质量体系	服务体系	市场体系	销售体系	
业务单元	产品线1							
	产品线2							
	产品线3							
	产品线4							

以业务线为主导的矩阵式运营管理架构		资源部门						客户
		开发体系	供应体系	质量体系	服务体系	市场体系	销售体系	
业务单元	产品线1							
	产品线2							
	产品线3							
	产品线4							

图 5-1　以资源线或以业务线为主导的矩阵式运营管理

第二个转变，企业的开发部门和行销部门要从关注产品转向关注解决客户问题、转向关注围绕产品的客户应用的解决方案。

解决方案的概念彻底打破企业已经习惯了的所谓的标准产品的概念，围绕产品应用多样性的上下游产品配套开发和产品本身满足客户多样性选择的设计是第二种转变的核心。

第三种转变，要求企业内部从只有市场、销售部门关注产品竞争力、关注满足客户需求向企业所有部门都要关注产品竞争力、都要关注满足客户需求的转变。

　　企业的产品成本竞争力由三个部门决定：开发部门决定产品成本竞争力的DNA；供应链部门决定产品生产要素的采购和制造成本；服务部门决定产品的安装和维护成本。产品和解决方案的多样性能力也有三个部门合作解决：开发部门从设计和开发上解决，供应链从制造方式上和选择供应商上解决，服务部门从工程和维护方式上解决。

　　由以产品为中心的销售，向以解决方案为中心的销售转变，对营销方式也是一场革命。这个革命是由IBM起头的，IBM在全球最先以关注客户IT应用，而不是IT设备作为营销方式，开启了顾问式销售的先河，IBM永远都是以向客户推广IT应用，给客户带来效益和价值为先导，继而以帮助客户做业务流程重整为顾问式咨询，以IBM的"软件包驱动的革命"为载体，为客户提供IT的解决方案，将IBM的应用软件、服务器、存储器、IT机房的基础设施，甚至数据中心的建筑，以整体解决方案或数据中心总包的方式销售给客户。IBM的顾问式整体解决方案的销售大获成功，这种销售方式甚至混合了销售和服务的概念，以顾问式咨询服务为先导，实现了整体解决方案的销售；IBM的顾问式咨询服务是实行收费的，整体解决方案是一种总包式的交钥匙销售。IBM的成功引导了HP的跟随，2009年HP通过收购美国的EYP公司，开始从事与IBM一样的以顾问式咨询服务为先导的数据中心总包式的交钥匙销售。ORACLE公司通过收购SUN公司的方式也试图采用顾问式咨询服务的销售方式。INTEL虽然是IT芯片供应商，但也采用免费为客户提供顾问式咨询的方式，通过客户来绑定整体解决方案供应商使用INTEL的芯片。

　　从以产品为中心的销售向以解决方案为中心的销售转移，不仅对市场、销售和开发团队提出了更高的要求，而且还对营销组织的架构提出了新的要求。解决方案是为满足客户某个复杂需求而设立的，它可能是相互关联的系列产品的结合，也可能是产品硬件和软件的结合，还可能是咨询、规划、设计、集成、总包工程和服务的集合。对营销团队而言，他需要从客户的使用场景去研究客户的复合需求，要从一个核心产品去研究与它进行上下游配合使用的关联产品，最终为客户提供完整的解决方案；对销售团队而言，不仅需要有单产品应用知识和经验，还需要有更高层面的相互关联的多产品的知识和经验，其成员不仅仅要会讲单产品的故事，更要会讲解决方案的故事，不仅仅要面对中基层客户开展工作,更要面对最高层客户开展工作。解决方案的营销是顾问式营销。对开发团队而言,产品开发的平台要沿着核心产品向与其配套的上游或下游产品进行延伸,也就是所谓的产品线纵向整合。显然,一个企业要实现由销售产品向销售解决方案转移,需要相关团队做知识、技术、经验和开发平台的扩张;一个企业的运作要从以产品为中心向以客户为中心转移,其运作也需要由以销售为先导向以营销为先导转移,由"推销"向先顾问式咨询,再解决方案、再销售、再工程和服务的路线演进。

由销售产品向销售解决方案的转变,对一个企业而言,可以从这种方式中获得范围效应和差异化优势,它可以将一个销售机会的销售价值通过解决方案的客户价值而放大若干倍,它可以以解决方案的方式拉开与单一产品竞争厂商的竞争距离,它可以在核心产品不赚钱的情况下通过与其配套的产品赚钱(卖马不赚钱而卖的马鞍赚钱)。因为,为客户提供解决方案所要求的企业实力,要远远大于为客户提供产品所要求的企业实力。解决方案的定价一定是用整体大于个体之和的策略,因为,解决方案本身就具有新增的客户价值。好的竞争策略是先在市场价格透明的核心产品定价上打击对手,再从市场价格不透明的配套产品和系统集成上赢回利润。

企业营销意识的第三个转变是建立"全员营销意识"。这意味着,营销表层含义是将企业的产品或服务推销给客户,其深层含义是让企业的产品或服务,更符合客户的需求,更具有市场竞争力。营销表层含义是由市场和销售团队进行实践,而营销的深层含义则需要全员进行实践:营销团队、开发团队、服务团队要同时对企业提供给客户的产品和服务的需求满意度负责。除销售团队外,这三个团队要不断了解和发现客户未满足的需求,以推动企业的产品和服务业务的发展。

营销团队、开发团队、供应链团队要对产品的成本竞争力负责;营销团队要有明确的产品成本定位,以配合产品的市场拓展策略,开发团队要通过技术设计实现产品的成本特性,供应链团队要通过采购和制造实现营销和开发团队的所要求和设定的产品成本目标;财务团队通过企业的利润管理来直接发现成本问题,销售团队通过市场竞争中本企业价格竞争力问题间接反映产品竞争力问题,定价团队通过对产品市场价格和产品利润目标的压力来直接发现产品成本问题,并推动企业解决产品的成本竞争力。供应链团队、计划团队、销售团队、营销团队要对产品和服务的及时交付负责。

一般人认为，产品、服务的交付是供应链和服务团队的事，其实这只说对了一半。及时交付能力涉及产能、原料采购、备品备件的安排，而这种安排又受销售计划和销售预测的左右，销售计划与销售预测又受营销部门对市场变化和自身能力的预见左右。

可见，构成企业竞争力的产品（服务）的客户需求满足度、产品（服务）的成本竞争力、产品的盈利能力和产品的交付能力都需要得到全员营销意识的支撑。企业对外部环境的管理和响应能力，取决于企业内部的全员营销意识的拥有程度和强度。

5. 培养全员的营销意识

员工的营销意识在企业里不是天然产生的，需要企业主管和部门主管有意识培养。一般人以为，销售团队成员应该具有营销意识。其实不然，优秀的销售员一定具有强烈的营销意识，这些销售员走上管理岗位只是时间问题；但没有经过营销训练的销售员很难说会天然具有良好的营销意识。销售团队缺失营销意识的典型抱怨是：对手的产品最好，对手产品价格比我司低；最典型做法是：永远只向公司要对手的情况，从来不向公司反馈对手的情况；最典型的销售语言是：我司的产品功能齐全、性能好、价格便宜、交货快。

因此，对销售员必须做上岗前的营销培训：了解客户的具体需求，针对客户需求向客户有针对性地推荐产品；有针对地向客户介绍本企业产品的客户价值；有针对性地向客户阐释，与竞争对手相比本企业产品在满足客户需求上的差异或独到之处；有目标地向客户争取本企业的合理利益；努力发现客户未满足的需求，将相关信息反馈给营销和开发团队；努力发现友商产品在满足客户需求上的独到之处，将相关信息反馈给营销和开发团队等。

开发团队也不会天然具有营销意识。开发人员的天然特性是以产品技术为导向而不是以市场和客户需求为导向；开发人员会不自觉地以技术导向来考虑产品，而不是从客户立场来考虑产品。开发人员以把产品开发出来了为荣幸，而很少考虑开发出的产品在市场上的表现。因此，开发人员也需要得到营销的训练：开发产品并不一定是要用最好的技术、最好的器件、最好的工艺，来开发功能最完善、性能最好的产品；开发产品要围绕"客户如何从产品使用中得到价值，企业如何能从客户处得到价值"来考虑产品开发。开发人员对客户价值的认知和确定需要与营销和销售团队合作来完成；产品的可制造性和最优成本性需要供应链团队的参与；产品的可安装和可维护性需要服务团队的参与；产品的可竞争性需要营销和销售团队的参与；产品开发中器件、拓扑、结构件等平台共享需要相关开发平台部门的参与，等等。开发团队要充分认识"产品开发不仅仅是开发团队的事，而是需要营销、销售、服务、供应链，甚至其他开发团队密切参与和合作的事"。

服务团队的营销意识也不是天然具有的。服务团队面对客户的工作分为产品工程、产品维修、产品维护。没有受过营销训练的服务人员往往只把服务工作当作一项技术工作来对待，他们只反馈本企业产品质量和客户使用的问题，只关注到客户对服务的满意度；但对友商产品在客户使用中的出现的问题，对友商产品的质量问题缺乏收集并反馈给营销、销售和开发团队的意识，更没有意识通过与客户的维护工作的沟通去有意识地了解客户未满足的需求。而上述两方面的工作对改善企业产品的竞争力、对引导产品开发和产品竞争都是非常重要的。

此外，在充分竞争的市场中，服务工作本身就是销售的一个组成部分，甚至有的企业在弱小的时候把服务当作促进销售的手段，服务只是一种成本的概念而非营利的概念，只有做大了的企业才开始把服务本身当作一种产品来进行销售并盈利，大的企业可以把销售产品当作种树，通过后续的服务实现盈利来摘果。这是一种企业的整体盈利策略，需要企业有整体的营销思维。

供应链团队更不会自身产生营销意识。规模化、准确制造、按时交货、零库存、低成本规模化采购是供应链团队关注的核心问题。然而，如果要在零库存下实现按时交货，要使制造、配送方式匹配产品营销方式，要持续地实现规模化低成本采购，则供应链团队必须有很强的营销意识才能达成这个目标。要实现在零库存下实现按时交货的目标，其前端需要销售团队有很强的销售预测计划和发货计划，但销售预测往往是不准确的，并有一定的波动性，而采购需要一定的周期，而且不同器件和部件的采购周期是不一致的。因此，供应链需要其供应商必须在其工厂周边若干小时的车程之内，通过其供应商为本企业做一些安全库存来解决应对计划波动的问题。销售预测是滚动的，采购计划也必须随之滚动，其供应商给本企业的安全库存也要随之滚动。只有这样，才能实现最优成本下的按时交货。企业的制造和配送方式要适应企业的产品营销方式。标准化规模制造固然可以实现企业的最优成本制造，但这个成本降低未必能转化成企业的盈利增加：在产品同质化的今天，价格战是必然的事，标准化制造带来的成本降低都转化成了市场降价。因此，产品的客户化就成了企业销售中抵御市场价格竞争的一种有效手段，但这种客户化产品销售需要企业有低成本的客户化制造能力来支撑，如果客户化产品带来的价格提升抵消不了客户化产品的成本提升，就不能给企业带来盈利增加。实践证明，标准化制造的低成本能力和客户化制造的低成本能力不是一个层面的概念，由标准化制造向客户化制造的转变，涉及开发的 BOM 体系的改变、计划体系的概念改变、ERP 系统的改变、产品配置方式的改变、定价和报价体系的改变等。这个目标需要企业全员都具有营销意识才能达成，否则，其中任何一项变革和调整都会遇到很强的抵制。

持续的规模化低成本采购目标实现，光靠供应链团队是很难实现的。需要与开发团队、营销团队、销售团队密切合作才能实现。销售和营销团队对产品成本的市场竞争力是最早感知的团队，在销售目标和市场份额目标的压力下，该团队会把产品的成本压力向开发和供应链团队传递。当企业的产品缺乏市场竞争力时往往从两个部门采取措施：开发团队采用优化设计和器件替代的方式来降低产品的成本；供应链团队采用降低采购成本和制造成本的方式来降低成本。

企业财务团队的成本管理也需要有营销意识，这一点对多产品线的企业尤为重要。成本在各产品线之间的分摊直接关系各产品线的盈利状况，错误分摊成本很可能把本来盈利的产品线在财务报表上做成少盈利或不盈利，把不盈利的产品线在财务报表上表现成盈利。这两种结果都会误导企业的经营决策。因此，对产品成本的管理不只是财务团队的专利，开发团队、营销团队、服务团队都需要介入对产品成本的业务监管中。

营销部门在培养企业全员营销意识中扮演重要角色。营销部门对外不仅要感知市场和客户需求的变化，还要准确地判断本企业在市场中的位置；对内不仅需要把竞争力改进的信息通过一定的流程，传递到开发、服务、供应链、销售团队，还要把满足未来客户需求的产品推入企业的开发流程。企业成本问题、毛利问题、产品的市场竞争力问题，以及客户未满足需求问题等的解决，都需要营销团队把企业的开发、供应链、服务、销售等部门协同起来共同出力来解决。营销的使命就是向前要推动销售团队，把产品卖进目标市场，并取得市场地位；向后要把客户需要解决的问题和企业竞争力需要解决的问题反馈并推动开发、供应链和服务部门去解决；向未来要研究分析既有市场的需求变化和行业的兴衰，给企业进入或退出某个行业提供决策根据和建议；向客户要通过技术交流、产品和解决方案推广、技术投标等活动助力销售团队赢得定单；向行业要参与和影响行业技术标准和规范的制定，以使其有利于本企业。

6. 一把手要挑战内部权威

企业为了有效率，分化出了不同的职能部门，如开发、生产、销售、市场、服务、财务和HR，等等。这些职能部门有人员、预算和业务实施的权力。每个职能部门都有自己的考核目标和业绩指标，久而久之，这些职能部门就成了有独立意识的部门，唯我独尊，听不得其他部门的意见，部门间互相指责，沟通越来越困难，部门间的墙越来越厚，跨部门的问题越来越难解决，对来自客户的诉求越来越麻木。

一般而言，企业内部有三大部门最容易形成部门权威，这些部门是销售部门、开发部门和供应链部门。所谓部门权威，是指解决问题不是基于企业的利益，而是基于本部门的利益，是要求其他部门改变来适应本部门，而不是要求本部门的改变来适应其他部门从而提高流程效率。这种状况是企业应对外部环境变化的大敌。企业一把手要培养企业内部的富有弹性的变革文化，就必须在体制上对这些有独立意识的大部门山头开刀，要从基础上挑战这些大部门的权威。

开发部门权威的典型是：开发部门开发什么产品，销售部门就只能销售什么产品，开发部门不理会销售和市场部门对产品开发的意见，开发部门开发什么产品的权威不容其他部门挑战。如果这个部门的权威在企业中得以建立，这个企业就只能是以产品为导向来运营公司，而不是以市场和客户为导向来运营公司。这种导向的企业在面对快速变化的环境时，先天地缺乏应对弹性，一旦外部需求的变化超出本企业的开发技术平台，该企业就会彻底丧失应对能力。

生产部门权威的典型是：生产资料的采购方式、产品的制造方式、产品的库存量、产品仓储和运输方式不容其他部门挑战。如果这个部门的权威得以在企业确立，就会出现销售计划要服从于供应链的零库存或少库存的要求，就会出现客户要求的货期要服从于供应链的生产和配送周期的状况，就会出现销售、开发团队对生产资料采购成本的降低只能抱怨而无权参与的状况，就会产生采购和外协制造业务中的腐败。这种状况使得企业僵硬，即使在常态的外部环境下，企业也缺乏应对弹性。

销售部门权威的典型是：我要卖什么产品，开发部门就要开发什么产品；开发部门不能提供的，供应链部门就要去找能提供这种产品的供应商；我要求什么样的产品价格，开发和供应链部门就要提供相应的成本能力；我要求什么样的货期，供应链部门就要满足这种货期。销售部门不容许其他部门对销售部门的渠道政策、价格控制、销售政策、合同管理等参与意见。销售部门为求销售业绩的短期导向和灵活性，就决定了如果这种部门的权威得以在企业内部确立，就会出现整个企业是以短期的销售行为来驱动企业内部资源调整，使整个企业始终处于"销售点点头，后端大摆动"的状态，如果以销售为将帅，后端为三军的话，这种权威不仅会累死三军，同时还会使后端成本大幅增加。销售部门会因为一个项目要求开发一个产品，而不管这个产品的适用面有多广，其产品有无开发效益；会因为一个局部市场，而要求引进新的企业供应商，甚至引进一个员工；会因为以货期为竞争策略，而承诺超过企业能力的货期，使企业不得不通过增加库存方式来兑现对客户的承诺；会因为竞争而放松货款回收条件，带来呆死账；会因为竞争以赠送服务来获取份额而减少未来服务收益；会因为要进入某个区域或细分市场，而允许渠道商以自己的品牌 OEM 本企业有竞争力的产品。销售部门的有关政策制定和执行如果对其他部门是封闭的，其最严重的后果是滋生大面积的与渠道勾结和客户勾结的内部腐败。

显然，上述企业内部的部门权威，会严重削弱企业对外部环境变化的整体应对能力，它使部门间的争斗不断，使企业资源内耗，使寻常可以解决的问题解决起来不寻常。企业的一把手需要从体制上防范和消除这种企业内部的部门权威。在现代市场竞争中，企业的可持续发展需要以客户为中心的企业运作和管理机制，但这不等于是以销售部门为马首是瞻。企业的可持续发展需要有坚实的开发平台支持来应对外部环境变化的产品，但这不等于是以开发部门为马首是瞻。企业的可持续发展需要有坚实而快速的供应链平台支撑；但这不等于以供应链马首是瞻。企业调整内部资源改善对外部环境的应对能力，需要铲除资源部门之间的墙，以财务指标为准绳、以营销意识为灵魂来掌握企业航船之舵。

营销的核心含义是企业要围绕企业的市场竞争力改善和提升开展一系列的调整和变革，这种改善和变革可能只涉及企业的某个部门，也可能要涉及多个企业，甚至涉及所有部门。无论是个别部门，还是多个部门，或所有部门的调整和变革，从某种程度上说都是一种或多或少的创新。涉及的部门越多，这种创新的难度和风险就越大。在企业实践中，从来就没有过四平八稳没有风险的改革，或大或小、或多或少都带有风险，所有的改革都带有试错性质。因此，企业的一把手要适度容忍企业改革中的有限度的失败，使团队有改革的勇气和组织氛围，只有这样，企业才能始终保持活力和弹性，才能真正地形成有利于调整和变革的文化氛围，而这个使命和职责只有企业的CEO才能承担。

第六章 营销团队在企业核心竞争力建设中的角色

营销的角色是个发展中的概念。起初,人们把从事产品宣传包装的工作叫作营销,其典型的工作是为产品或服务编写宣传彩页、销售目录、广告、海报等。后来,人们叠加了促销活动称为营销。营销的使命是沟通价值、建立认知,解决用户的痛点。这涉及发现或发掘消费者的需求,让客户了解产品进而购买产品的过程。营销不仅仅是一种推销产品或服务的行为,更是一种考虑企业和客户需求的市场运营和策略。它涉及整个企业,包括产品设计、制造和销售等各个领域。营销的主要目标是扩大市场份额,吸引新客户并维持老客户,同时提高产品或服务的质量和商业价值。

营销是通过市场调查、广告、促销等手段,创造客户需求并通过研发生产和服务来满足客户需求,从而实现商业目标的活动。在这个过程中,营销需要像一个支点,改变强弱之间力量的对比,让强者不那么强,让弱者不那么弱。同时,营销也是一个系统,需要匠心精神来精细地运营,从差异化的产品概念的包装、面向市场的客户宣传推广,以及友商产品的实时关注等都要有营销的思维。营销的核心使命是管理企业在市场上的竞争力和引导企业的未来发展。

1. 找准市场定位和发展方向

企业每天一开门，就开始付出成本，付出成本的企业需要获得比付出的成本更多的收益来回报自己的投入。这种回报，不仅要全额弥补付出的成本，还需要有额外的收益，以使作为投资者的股东能得到投资回报。如果企业的收益只能弥补成本，员工的利益虽然得到了实现，但股东的利益没有得到实现。这就是为什么企业的销售收益在减去期间费用（SG&A）之后，不仅不能为零，而且还要高于银行同期的定期存款利息。如果企业的投资回报率低于银行同期的定期存款利息，股东就会宁愿将钱存入银行也不愿意向企业投钱。销售收益在减去期间费用（SG&A）后的利润是企业的运营利润（Operation Profit）；运营利润是股东收益的来源，运营利润越高，股东获得的回报就越高。企业实际上为运营利润率(OP率)和运营利润额(OP额)在奋斗。这是企业经营中的最简单的也是最重要的加减法。因此，营销第一个最重要的工作是回答"企业今天在哪里吃饭"的问题。营销要知己、知彼、知环境。

企业营销第一个核心职责是"知己"，即了解本企业的产品、技术、制造、服务、销售，了解本企业在市场竞争中所处的位置。前四个"知己"是对本企业竞争能力来源的了解，第五和第六个"知己"是对本企业竞争力的了解。企业在市场竞争中所处位置是衡量企业综合竞争力的唯一标准。企业的这种综合竞争能力不是由企业内那个最擅长的能力来源所决定的，往往是由企业内那个最不擅长的能力来源所决定的。这体现的是一种"木桶原理"：木桶的贮水高度最大只能贮到组成木桶的那个最短木板的高度。

因此，企业营销团队的第一个重要职能是判断本企业市场竞争地位，确立企业未来市场地位目标，并以此目标来反思和寻找本企业内部影响企业综合竞争力的短板在何处：是产品？是技术？是制造？是服务？是市场？还是销售？营销对企业竞争力改善的引导正是通过这种短板分析开始的。也许影响企业综合竞争能力的短板不止一个，但只有提高了这些短板才能改善企业的综合竞争能力。

企业营销第二个核心职责是"知彼"。"知彼"是指对企业竞争对手的了解。这种了解包括但不限于：竞争对手的市场地位、产品、技术、服务、市场、销售、供应链等。

竞争对手的市场地位反映了竞争对手的综合竞争能力，对企业的目标竞争对手，需要对其上述的能力及能力来源进行调查和研究。通过这种研究找出本企业与目标竞争对手的竞争力差距，并以此来引导本企业改善相应的竞争能力来源。

企业营销第三个核心职责是"知环境"。"知环境"是指对市场属性的理解和对客户需求的理解。企业面对的市场是充分竞争的市场、半垄断性市场、垄断性市场，还是寡头市场？是买方市场还是卖方市场？客户对产品需求的特性是什么？客户需求特性的重要性排序是什么？

显然，"知环境"必须与"知己""知彼"相结合，才能引导企业制订合适的企业综合竞争能力改善计划，才能制定出合适的市场竞争策略。对充分竞争的市场和买方市场而言，产品成本竞争力是最为关键的竞争力；对半垄断性和垄断性市场而言，渠道能力和技术能力是最为关键的竞争力；对寡头市场而言，对形成寡头的资源、行政、技术专利的权力拥有是最为关键的竞争力。市场特性不一样，处于市场的守势或攻势的地位不一样，其市场的竞争策略也就不一样。商场如战场，兵无常势、水无常形，企业综合竞争能力的改善和制定市场竞争策略一定是随着市场特性和企业市场竞争地位的变化而变化的。

2. 聚焦市场细分与产品定位

营销在了解和研究企业市场竞争位置的时候，不仅要看企业在整个市场上的地位，还要看在细分市场中的地位。衡量企业市场地位的指标是产品的市场份额。市场很少是单一属性的市场，对大部分市场而言是多属性的分层或分结构的市场。市场分层是指按客户需求分高端、中端和低端市场。所谓高端，是指客户对产品的技术、质量、品牌、服务能力有很高的要求。客户对符合要求的产品愿意付更高的价格去购买，这些产品就像汽车中的劳斯莱斯、奔驰、宝马；中端市场是指客户对产品技术、质量、品牌有一定的要求但没有高端客户严格，且客户的支付能力要比高端客户低的市场。低端市场是指客户对产品、技术、质量只有基本的要求，客户支付能力低的市场。显然，企业做高端市场的能力要求与做中端、低端市场的能力要求是不同的。越低端的市场对产品的低成本能力要求就越高，对技术和质量的能力要求就越低，越高端的市场对产品技术能力、质量、品牌、服务能力的要求就越高；而中端市场是介于两者之间。

市场属性的这种划分，让我们看到两种不同的金字塔图形：从产品需求个数来看，高端、中端、低端产品市场需求呈现正金字塔，越往低端产品需求量越多，反之产品需求量越少。各种产品市场个数需求所不同的是金字塔形状的高矮胖瘦的形状有差异而已。但从产品市场的货币值来看，就未必呈现正金字塔形状，它可能是中间大两头小的橄榄球形状，也可能是柱状，甚至可能是倒金字塔形状。

就单位产品的盈利能力来看，高端市场的盈利能力要高于中端市场，中端市场的盈利能力要高于低端市场。但从市场盈利总量来看则未必呈现上述趋势。如果盈利总量呈现倒金字塔，这说明，这个市场的壁垒很高（技术的、资源的或行政的），遭遇危机的是中端和低端市场的厂商，尤其是中端市场的厂商，高端市场厂商只要愿意只需在价格策略上做调整就可以击垮中端市场的厂商而进入中端市场，并以此来保卫高端市场、阻断低端市场厂商进入高端市场的路径。如果市场盈利总量呈现橄榄球形结构，处于高端市场的厂商一定会面临中端市场厂商进入高端市场的竞争；只要中端市场愿意投入资源提升技术和相关能力，就有可能进入高端市场，中端市场厂商在该市场积聚的财富实力与高端市场高盈利吸引力的结合，会推动中端市场的供应商进入高端市场。如果市场盈利总量呈现正金字塔结构，遭遇危机的将是中端和高端市场的厂商；在低端市场获得资源加上中端市场的盈利吸引力会推动低端市场的供应商进入中端市场，并以相对低的价格去分享原有中端市场的份额；而中端市场的供应商一般只有往高端市场突围，或者降低价格阻击低端市场供应商的进入，而后者一般都不成功；在中端市场需求不增大的情况下降价的阻击竞争行为是一种"杀敌八百自损一千"的两败俱伤的竞争，这种消耗战的结果对中端市场的供应商更为不利。

市场结构细分是指：虽然市场对产品的需求概念是相同的，但市场有不同的应用行业，每个应用行业对产品的应用特性有差别，如不同行业对产品的规格有不同的要求，对制式有不同的要求。就不间断电源（UPS）而言，从供电方式上分：有后备式、在线互动式、在线式；从供电制式上分：工频机、高频机；从应用方式上分：有 IT 应用、工业设备应用；从设备功率上分：有小 UPS（0.5kVA~20kVA）、中 UPS（20~120kVA）、大 UPS（200kVA 以上）等。这些产品分结构的市场就是细分市场，对细分市场的研究是很重要的研究，它可以帮助企业看清本企业的技术和产品与哪类的细分市场需求更具有亲和力、更适合于在哪类细分市场进行拓展和提升市场份额，它可以帮助企业了解要进入某个有价值的细分市场必须进行何种产品规格和技术的调整。

产品市场的分层和产品市场的分结构大部分是个交织的概念。在低端市场有亲和力的是一种技术和某种规格的产品、在中端或高端市场有亲和力的是另一种技术和规格的产品。细分市场研究就是解决基于现在的产品和能力，企业在哪个细分市场上要守？在哪个细分市场上要攻？要实现企业在产品市场的攻防策略，企业在产品、技术、供应链、服务、市场上要做何种调整和变革？

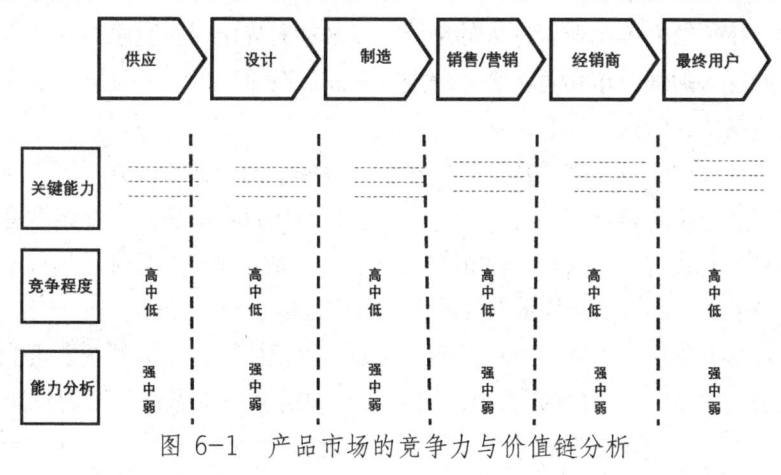

图 6-1 产品市场的竞争力与价值链分析

3. 聚焦行业竞争对手

聚焦竞争对手是企业生存发展的基础性工作。竞争对手分析不是孤立的工作，不是为分析而分析，而是要结合企业自身所处的市场的位置和所进入的细分市场来进行分析。

一般而言，除寡头垄断市场外，最常用的竞争对手分析是把市场上供应商依据其市场份额归类成第一集团、第二集团和第三集团。第一集团一般不超过三家，其所占的市场份额在 40%~70%；第二集团供应商数量一般比第一集团多，其所占的市场份额一般在 20%~50%。第三集团的供应商数量比前两类的总和还多，但其市场份额只有 10% 甚至更少。

将竞争对手分成三类是一种确定目标竞争对手，并对其进行聚焦的一种分析方法。如果本企业在所赖以生存的市场上是属于第一集团的，那么，你的目标竞争对手是同属于第一集团的另外两家供应商，外加虽然属于第二集团，但有可能进入第一集团的供应商。其他集团的供应商并不对你形成本质的竞争关系。如果你的企业属于第二集团供应商，你的目标竞争对手就是第二集团内的其他供应商，外加有可能由第三集团进入第二集团的供应商。

这种分类的方法可以帮助你从众多的供应商中筛选出你的目标竞争对手，从而大大减少竞争研究的对象，有利于对目标竞争对手进行聚焦。

但仅仅按大类来划分市场供应商，并以此来确定目标竞争对手的方法是不充分的，还须结合本企业所进入的细分市场来补充确定目标竞争对手。方法很简单，所进入的细分市场对本企业的生存和发展是重要的，其细分市场中的主要供应商就是目标竞争对手。

聚焦目标竞争对手需要从产品、技术、服务、制造、市场方式等方面进行聚焦。产品与技术是首要的聚焦内容，要认真对比目标竞争对手在亲和客户需求上的差异化优势（技术的、功能的、性能的、成本的），明白了与对手的差距就明确了本企业产品与技术上的改进方向和目标。

与目标竞争对手的服务对比是不可或缺的聚焦内容。不同的企业可能有不同的服务方式和不同的服务内容，同时有不同的客户满意度；了解竞争对手与本企业在客户满意度上的差异是最重要的聚焦对手的方法之一。在"服务是营销的一种方式"的今天，客户的满意度、忠诚度和重复购买欲望都与服务质量、服务内容、服务方式有极强的相关关系。找出本企业在服务上与对手的差距并改善，是聚焦对手研究必须做的事。

与目标竞争对手在供应链上的对比，也是找出竞争力差距的一种分析方法。按照企业利润的微笑曲线理论，产品开发与产品销售环节创造利润最高，而制造环节创造利润最低。所以，制造外包成了当今很时髦的做法。然而，这种做法的优势在大规模标准化的产品市场下是成立的，但在小规模客户化和解决方案化的市场下就不能成立了。采购平台的对比分析可以帮助企业了解采购成本能力差距，统一的全球采购平台显然要比分散的本土采购平台更有优势，相关技术平台的产品线统一器件的平台采购比分散的平台采购更有优势。因此，聚焦对手的制造要从上述的维度去着手，分析其对本企业是否有独到的优势，找出本企业的差距并弥补它。

市场方式的对比聚焦，也是重要的对目标竞争对手的分析聚焦方式。市场方式是指把企业和客户有效联系起来的方式。有的企业通过建立自己的销售办事处或销售代表处的方式来直接接触目标客户，推销企业的产品、服务，有的企业通过发展分销商的方式来间接地接触客户，有的企业通过发展中介代理人的方式来直接接触客户。这三种市场方式在联系客户的效用上各有利弊。自己建立销售队伍，对客户进行直销的方式在大客户市场或重复购买的市场上是最有效率的市场方式。其优点是，可以一张脸面对客户，持续地与客户面对面地沟通，持续的客户关系的建立与维护；直接的客户需求的了解和响应，直接的产品、服务提供，持续的对客户的品牌影响等。该市场方法的最大优点是供应商能够有效地掌握客户市场。但缺点是：当客户分布是分散的、当客户是非重复购买的或很少是重复购买时，这种市场方式是一种不经济的市场方法，这需要雇佣相当多的销售人员来覆盖区域和行业市场，使得市场固定成本庞大，当这个庞大的市场固定资产不能充分发挥作用时，企业的效率就会变得低下。然而，随着互联网技术的成熟和发展，供应商的网络直销则弥补了上述的缺点，供应商可以以少的销售团队通过互联网来覆盖广泛的市场。欧洲的捷易航空就是将客票的市场方式从分销的渠道方式改为网上的直销和预定方式，从而把原先给分销渠道的30%的利润收回，一部分作为让给客户的折扣来获得客票的市场价格竞争力，另一部分作为企业的利润。戴尔公司曾经也是借助电话销售来直接覆盖市场。

通过发展分销商来接触客户的市场方式在分散的市场最有效率：企业自身的分销机构简约，企业的市场固定成本相比直销方式要低，它依靠大规模的分销商接触和覆盖不同的行业市场，分销商的销售队伍是本企业的销售队伍的延伸，供应商让出一部分利润作为分销商买断产品再卖给客户的报酬，供应商可以解决现货现款问题，将客户拖欠货款的风险转移给分销商。但这种市场方法的缺点是：客户及客户关系控制在分销商手中，当分销商对供应商失去忠诚度时，供应商也就失去了这个代理商所管理的客户，因此，供应商的市场控制能力弱；当渠道商成为垄断时，对供应商就是一个灾难。这方面典型的案例是中国家电渠道商苏宁和国美。这两家在全国的城市都有连锁的大卖场，家电企业的产品要想进大卖场，不仅要付昂贵的入场费和场租，而且还要接受不付货款由供应商提供销售产品在大卖场的条款、大卖场决定面对客户的销售价格的条款、所销售的货款要压在大卖场一段时间后才付给供应商的条款，大卖场按照事先谈好的比例收取供应商的销售额提成的入场要求。当然，如果供应商在客户端的品牌足够强大，供应商可以通过客户对品牌的忠诚度来控制分销渠道商。因此，现代企业的分销一定是少不了直接面对客户的品牌推广和技术推广的工作。在互联网时代，中小企业通过第三方的网络交易平台进行直销的方式在消费品市场已经是一种有效的市场方法；这种第三方的网络交易平台最典型的是亚马逊和淘宝。网上交易的价格比大卖场、超市、专卖店和厂家直销的价格都要便宜；在中低端消费市场，这种网络销售和网购的市场方式已呈现成长性的市场特征。

通过发展代理商的方式覆盖客户市场是一种能够结合直销和分销方式优点的市场方法：供应商有自己的销售团队，但主要做营销和产品技术支持工作，由代理商负责客户端工作。在这种方式中，代理商实际上做的是不在供应商名册的销售员的工作（有人将其称为"关系代理"），而客户直接与供应商签采购合同，代理商居间从供应商那获得佣金作为代理成果的报酬。这种方式是把供应商的营销和代理商销售的工作有机结合的一种市场方式，这种方式是结合了直销和分销的两种市场方式的优点。这种方式在工业品市场应用较为普遍。

因此，聚焦目标竞争对手，不仅要聚焦对手的产品、技术、制造、供应和服务方式，还要聚焦其市场方式。竞争对手的产品、技术和供应方式是竞争对手竞争力的来源和构成要素。竞争对手的市场方式，是呈现其竞争力将企业为客户创造的价值传递给客户的方式，也是目标竞争对手的核心竞争力要素。通过对目标竞争对手的聚焦，企业可以针对自身在技术、产品、制造、供应、服务和市场方式上的弱势环节，进行有效的调整和改革，以改善和提升本企业在目标市场上的综合竞争能力。企业将自身有竞争力的市场方式与技术、产品、供应、服务有效结合，把企业为客户创造的价值有效地传递到目标市场，在目标市场向客户呈现本企业的竞争力。这是企业营销组织的一项核心使命。

4. 聚焦未满足的需求

只有那些能够满足目标客户需求的产品才有市场竞争力。客户需求存在多样性：客户对产品和解决方案有功能上的需求、有性能上的要求、有规格上的要求、有使用和维护上的要求、有技术上的要求、有采购成本上的要求等。对这些多维度的要求，不同客户对其重要性的排序可能不同：有的客户以功能、性能、技术为最重要的前三位的需求点，有的客户以价格、功能、规格为前三位的需求点。这样，一个产品很难能够同时满足不同客户的需求。这就需要按照客户对产品的关注点的重要性排序来将市场细分，将相同排序的客户定义为一个细分市场，同时开发出能够满足这类客户需求的产品。这样，针对不同的细分市场就需要发展不同重要性排序的产品去满足。有的企业只针对部分细分市场开发产品去满足这部分市场的客户需求。例如，有的企业只针对高端市场开发产品、只做高端市场，有的企业只针对低端市场开发产品、只做低端市场。以某些细分市场作为目标市场的企业占了市场的大多数。但是，也有少数企业针对所有的细分市场开发产品、做所有的细分市场。这方面的典型例子是中国的通信制造商华为和中兴。这两家企业几乎开发了通信和IT领域里所有以硬件为主的产品：有线的、无线的、数据的、骨干网的、汇聚网的、接入网的、终端的等。这种大小通吃的企业一般都是从低端市场发展起来的，其特点是：从低端市场积累起低成本的优势和市场认知度，再将低成本优势通过技术提升逐步进入中端和高端市场。华为和中兴就是从低端的有线接入网产品开始逐步进入中高端通信市场，以中国市场的成功逐步进入国际市场的。

以产品和解决方案满足客户需求的方式有两种：一种是以企业现有产品和解决方案去满足客户需求，另一种是根据客户需求优化甚至再开发新产品和新解决方案来满足客户需求。相对应的有两种营销方式，即以产品为中心的营销方式和以客户为中心的营销方式。以客户为中心的营销方式与以产品为中心的营销方式的根本区别在于：后者是让客户接受供应商定型的产品，销售人员是以"推"的方式进行销售，不关注客户对产品的差异化需求，即以"牵引客户需求"的方式进行销售；而前者是在向客户"推"本企业产品的时候，关注客户对产品的差异化需求，既关注本企业产品不满足客户在产品功能、性能、技术要求、价格等方面的差异化的需求，又以未满足的客户需求来"反推"和指引本企业的市场细分、产品细分和产品开发。这种"反推"是建构和保持产品竞争力的动力源泉，是引导企业进入不同细分市场的动力源泉。

5. 聚焦行业的需求变化与发展

营销团队同时还要关注企业明天、后天的"吃饭"问题。任何企业在今天的市场地位都是暂时的，企业的市场地位会随着竞争对手的变化和市场需求的变化而变化。从竞争维度看，企业既面临着现有供应商的竞争，同时也面临着潜在进入者和替代产品供应商的竞争。从需求维度看，随着技术成熟度的提高，客户对供应商的选择面变宽，客户会变得更挑剔，对降低成本的要求会更高；随着替代技术的逐步成熟，客户对产品技术的选择趋向也会随着发生改变；随着为之服务的核心产品技术的改变，客户对为之配套的产品需求也要随之改变。这些变化，就要要求企业的营销部门不间断地跟踪、了解和把握这种技术、市场和客户需求的变化，为企业规划明天、后天用来应对市场和满足客户需求的产品，驱动企业做应对未来市场的技术准备和产品预备性研究。以能源行业为例，进入21世纪后，碳排放的温室气体效应所引起全球气候变暖，南北两极冰层逐步融化，气候灾害和海平面上升对人类的生存发展带来负面影响。为此，新能源行业逐步兴起、基于化石能源的从发电到使用中的节能行业逐步兴起。前者就有了核能、风能、太阳能、生物能技术和产业的发展，后者就有了电动汽车、高压驱动、超高压输电、无功补偿等智能电网技术和产业的发展。这些技术都是一种替代技术，对生存在被替代技术行业的企业而言，要敏锐地感知、跟踪这种替代技术，适时引导企业通过自身的技术发展或资本的方式掌握这种替代技术，进入新的领域。

6. 聚焦技术对产业发展变化后果的研究

在产业兴衰中，需求和新技术变化是两个基本的驱动力。在这两个基本驱动力中，是需求驱动了新技术发展，还是新技术驱动了需求的发展，是一个"先有鸡还是先有蛋"的哲学论题。在几千年的人类文明发展史中，我们既可以找到需求驱动新技术发展的例证（如人类对取暖的需求驱动了人类对制造火的技术的发明），也可以找到新技术驱动需求发展的例证（如人类养蚕、缫丝和丝织业技术发展驱动人类对丝绸需求的发展）。需求和新技术又是两个相互驱动的动力源泉。这里只讨论新技术对需求的驱动作用，而这个命题，用供应商的典型表述是："牵引和挖掘客户需求"。

新技术一般是以替代技术的角色出现。在 PC 机出现以前，打字机占据办公市场，PC 机出现后，电脑和打字软件技术的发展逐步改变了打字行业市场需求，PC 机取代了打字机占据办公市场，打字机成为历史文物进了工业博物馆。在数码影像技术出现之前，机械感光照相机和感光胶卷技术占据摄影市场，数码影像技术成熟之后，数码相机和存储芯片成功占据摄影市场，机械感光照相机和感光胶卷作为历史文物进了工业博物馆。而发生在眼前的是：随着世界能源危机和温室气体危机的发展，以风能、太阳能、生物能技术为代表的可再生能源技术开始进入市场，正试图逐步替代化石能源技术。

企业营销管理者虽然不是科学发展史的专家，但科学发展史所揭示的新技术对行业需求发展的影响是必修的课程。新的技术作为替代技术在发展初期，无非是从两个方向对被替代技术产生竞争压力：一种替代技术是从低成本方向对被替代技术产生竞争压力，这种技术在发展初期其性能或功能上弱于被替代技术，但成本具有优势（如 PC 机打字技术），凭着成本优势，该技术初期分割出一部分细分市场，随着该种替代技术繁荣，并逐步成熟，该技术越来越多地占据市场，直至成为主流技术，实现彻底的替代；另一种替代技术是在性能、功能或特性上对被替代技术产生压力，但成本比被替代技术要高，随着替代技术成熟和成本不断地降低，起初是在一些高端市场或有政府补贴的市场获得应用，当其成本降低到与被替代技术基本接近时，该替代技术的应用呈现高速增长，甚至成为主流技术。

营销部门聚焦替代技术对行业市场的变化的影响就是要密切关注替代技术在什么时间点、在什么方向上对现有技术会产生毁灭性打击（是成本的还是性能、功能或特性上的），以便在发生这种毁灭性打击之前驱动企业及时跟进或掌握替代技术，及时实现企业的技术变更，使企业有资格和条件参与新一轮的市场竞争。

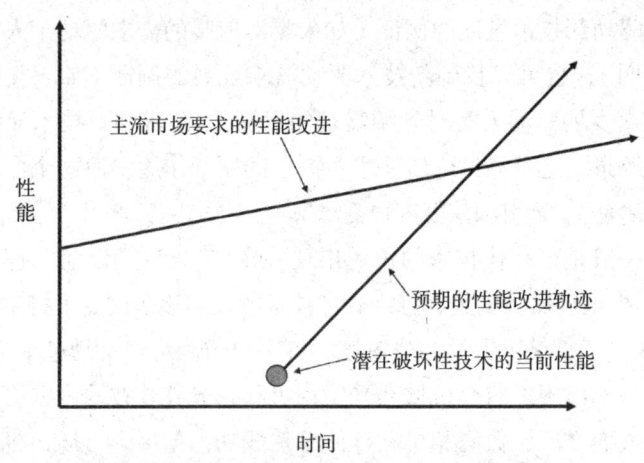

图 6-2　替代技术的成长过程

7. 早3年预知危机，早5年预测新兴市场

　　营销的核心使命已不仅是做市场细分、给产品定位、做产品包装和给产品定价，而且还要根据市场的技术变化走向和需求变化走向，给企业指出行业市场发生危机的时段和企业可能的突围方向。

　　对企业发展危机的判断依赖于竞争强度"7"力模型的分析，这种危机可能来自"7"力模型中的任何一种力量的变化。

　　从产业链的上游来看，企业供应商未来数量和质量的变化将会影响企业在产业链中的价值创造和价值获取的能力。当上游的供应商数量减少而与本企业处于相同产业链位置的企业增多时，上游企业在产业链中的获利能力会增强，而其下游企业的获利能力会减弱。当处于产业链下游的本企业在其他方面的竞争力弱于其他企业时，其危机就不可避免了。当处于下游的客户变得越来越少，同时又越来越大时，处于供应商地位的本企业如果在技术或成本特性上契合客户需求度弱于与其竞争的对手，本企业的危机也就到来了。如果产业链中的企业供应商和企业的客户都比企业在价格上有话语权，那么处于该产业链位置的企业盈利能力最弱。如果一个处于该产业链相同位置上的企业在成本管理能力上弱于其他竞争对手，该企业陷入危机将是必然的。如果其他条件相同，而企业在技术、成本或两者上都弱于竞争对手，企业陷入危机也是必然的。如果替代技术变得越来越具有竞争力和被市场接受，拥有被替代技术的企业陷入危机也是必然的。总之一句话，一个企业陷入危机绝非是一朝一夕之事，企业在陷入危机前一定能从产业链发展的竞争强度"7"力模型中找出引发危机的根源。

因此，企业营销必须每隔一段时间就要对竞争强度"7"力模型的各要素的力量变化进行评估分析，找出可能引发企业危机的根源，努力探索和寻找企业的战略调整之路。如果一个企业的营销仅仅从事市场细分、产品定位、产品包装和产品定价这种"低头拉车"之事，而不从事对企业所处的产业链进行"7"力模型变化研究这种"抬头看路"之事，这个企业营销就没有履行完整的营销职能。从某种程度上说，营销的抬头看路的职能要比低头拉车的职能更重要。但现实中的企业恰恰相反，企业更注重营销的低头拉车的职责，而忽视了营销的抬头看路的职责。凡面临危机的企业都要从企业营销职能上寻找危机根源。

一般来说，非替代技术因素所导致"7"力模型的变化给一个企业带来的危机，需要3年左右的时间才能逐步表现出来。当市场的需求空间没有变化，而企业的市场份额发生下降时，就已经意味着这个企业的市场竞争力在减弱。由于市场需求空间的大小变化信息的不透明，企业往往将其归结为需求下降导致的销售下降，而不会归结为竞争力下降导致的销售额下降。当连续3年销售额下降，企业开始意识到自己的问题时就为时已晚，市场已没有允许企业改错的机会，即便企业做出解救危机的调整，也很难重返原先的市场地位。因此，企业营销对企业危机要早3年知道，给企业一定的改善竞争力的时间。为此，企业必须每年研究市场需求的变化和企业市场份额的变化，以此作为预警指标来驱动产业链竞争强度"7"力模型的变化研究。为避免企业在市场需求研究和市场份额研究上的运动员与裁判员的角色冲突，请有权威的第三方咨询公司做市场需求空间和市场份额变化的研究是一种理智的方法。

替代性技术引发型的产业链竞争强度"7"力模型变化给企业带来的危机一般需要5年的时间。作为替代技术，在发展初期，或者是成本有优势但技术不成熟，或者是技术有优势但成本无竞争力，无论是哪种类型，替代技术要获得真正的主流地位，一般需要5~8年的时间。因此，作为企业，需要密切关注和跟踪替代技术的发展，要在替代技术主流化的前5年获得清醒的对替代技术未来发展的认知，使企业有适当的时间去参与替代技术的研究、去获得替代技术的能力，或者使企业有充分的时间寻找有替代技术的优秀企业去收购。这类研究，理想的方法是请有资格的第三方咨询公司去做。

对汽车产业链而言，目前该行业处于电动汽车替代技术切入燃油汽车市场的起始期。在节能减排的社会责任目标的压力下，所有的燃油汽车企业都要投入电动汽车技术研究，而目前制约电动汽车替代技术成为汽车市场主流技术的瓶颈是作为汽车动力的储能技术，而车用储能技术的成熟和商用化还需要5年左右甚至更长的时间。而采用氢燃料电池的电动车技术成熟还需要8~10年以上的时间。显然，燃油汽车的企业如果到今天还不进行电动汽车的研究，当电动汽车技术成为汽车市场的主流时，该类企业就会被市场无情地淘汰掉。

8. 营销在企业管理层要有话语权

企业在多变的市场上要想始终能够跟上市场变化步伐，营销团队在企业的管理层就必须有话语权。企业管理层要把企业3年、5年、10年的业务发展和企业调整的走向，作为正式的战略规划课题，而且不仅要下大力气去做，还要每两年刷新一次。中国有句俗语："人无远虑必有近忧"，企业也是这样，企业今天面临的危机是3~5年前的当做而没有做的事情造成的。人的本性是喜欢做紧急或紧急又重要的事情，而很少去做重要但不紧急的事情。正是这种思维定式使得企业在对待营销的角色上，主要关注低头拉车的角色（紧急而又重要），而极少关注抬头看路的角色（重要但不紧急的事情）。要避免这种角色定位的盲区，企业需要在组织架构和运营管理方式上做出制度性安排。营销团队在企业中要处于不低于销售和开发团队的组织地位，其团队的领导者要参与企业级运营管理会议，其团队成员要参与到企业全流程业务的管理环节中去。而这一切都需要企业一把手做出制度性安排。这种制度性安排可以保持企业管理层能够及时听到市场环境变化的声音，听到企业竞争力变化的声音，听到产业链变化的声音，从而使企业始终处于清醒之中，使企业能够在解决今天吃饭问题的同时，安排资源做解决未来吃饭之事。营销就是一个企业的晨钟暮鼓，它要不断地告诉企业管理者要为未来做什么。

第七章
企业战略管理

　　战略管理本质上是对战略进行调整的管理，也是对战略决策的管理。战略调整和战略决策是企业经营管理中的灵魂管理。这个管理决定企业在市场环境发生变化时的兴衰与生死。然而，并不是所有的企业都有战略及其战略管理的。那些跟着感觉走的企业既没有战略，更谈不上战略管理，那些在取得成功以后总结出的战略和战略管理也不是真正的战略和战略管理，因为这个所谓的战略是通过试错归纳出的，是一种"瞎猫逮着死耗子式"的运气，而不是一种具有前瞻性指导企业进行调整的理性智慧。运气是不会长存的，最多只能光顾一次；而指导企业进行有目标的调整的理性智慧是可以用来保证企业在每个市场弯道上做出正确的决策。

　　企业首先要有战略，其次才会有战略管理。战略从哪里来？战略是为解决企业问题而来。战略来自企业的营销，来自营销团队对行业的深刻理解和深邃的市场洞察。战略往往会在企业发展放缓或有更高的企业目标时出现，指引企业进入某一个新的行业，抑或是退出某一个红海市场。虽然战略的雏形来自营销，但战略管理不是营销团队的事情，是公司管理层的集体行为，需要得到企业各部门的全力支持和贯彻执行。

1. 战略的是与非

战略最早来源于希腊语中的军事将领和地方行政长官，后用来专指战争的智慧谋略，现代则将战略的概念引申到政治和经济领域，用来表述那些决定全局的统领性的制胜谋略、方案与对策。当代经济和政治领域则将某项改革或业务领域行动的顶层设计或架构设计称为战略。

在企业经营发展上，战略有两个层面：公司层面的战略和业务层面的战略。公司层面的战略解决的是面临变化的市场，企业退出哪些领域，坚守哪些领域，进入哪些领域，战略的核心是：决定企业在哪个领域盈利以及在哪个市场作战。企业业务层面的战略主要解决的是在需要获得盈利的目标领域，如何通过竞争取得胜利。从逻辑关系上说，公司的业务战略要服从和服务于公司战略，要与公司的相对优势能力匹配，要与公司的竞争定位匹配。

战略与战术的区别就在于，战术是操作性、短期的、可逆转的，是用于解决如何竞争的策略性问题。而战略是方向性的、宏观的、长期的、不可逆转的、承诺性的，是要解决在哪个领域竞争，在哪个战场作战的大局问题。

本章只在公司层面讨论企业的战略管理，而业务战略的内容已分别在前面各章中阐述了。

2. 企业可选的三种基本战略

哈佛大学的波特（porter）教授提出三条通用性的竞争战略供企业作战略决策选择：即成本领先战略、差异化战略和聚焦战略。他认为企业的战略抉择只能从这三种中选择一种作为企业的主导战略。由于实施上述三种战略对企业的能力基础和资源基础要求相差很大，所以企业只能从中选择一种贴近本企业现有能力基础或资源基础的战略进行实施。

差异化战略是企业通过向客户提供不同于对手的产品或服务的方式与竞

争对手进行非同质竞争的一种竞争战略。这种产品或服务的差异点不是从企业角度自认为的，而是从客户角度对所关注的价值点能被识别和体会得到的。

实施差异化竞争策略对企业而言无疑可以避免或减弱同质性的价格竞争，可以黏住需求差异化的客户，可以相对提高现有客户的忠诚度，可以有助于为新进入市场者设立进入壁垒。但差异化的战略对企业的能力基础和资源基础提出了较高的要求：企业要有较强的开发、生产、质量控制、营销和渠道能力，要有好的完整的开发人才、开发平台和制造平台资源。采用差异化策略的企业需要防止的是过度差异化。因为差异化是需要提高成本的，过度差异化就意味着产品的成本有可能超出了客户的心理承受力。此外，成功的差异化永远都是暂时的，采用成本领先战略的企业，会不断跟随采用差异化战略的企业在产品开发上的步伐来进行拷贝，并进行低成本的竞争。所以，采用差异化竞争战略的企业要不断地发展新的差异化，以摆脱成本领先企业的追逐。

采用差异化战略获得成功的企业当数苹果公司（Apple）。在 PC 机领域，苹果公司坚持针对图文和多媒体设计应用这一细分的小众市场来开发 PC 机，坚持使用独特的操作系统，有效地与 IBM、DELL、HP 形成 PC 机的差异化。当 IBM、DELL、HP 的 PC 机进行同质化的价格大战时，唯有苹果的 PC 机我行我素袖手旁观。

聚焦战略是企业采用集中关注某个细分产品，拓展某个细分市场、某个区域或某个行业并获得高份额的战略。聚焦战略也是一种亲和客户的战略，即客户定制的战略。该类战略的企业一般服务的都是小众市场，如军事工业、石油钻探、核能发电等企业大都采用的是聚焦战略。企业采用这个战略的前提是有特定类型的客户对产品有超出常规要求的性能，有特定的使用环境要求或使用方式和维护方式要求，从而对产品和服务有超出常规的特定要求。采用聚焦战略的企业必须具备从事客户定制的开发、生产和服务的资源及能力，必须具有对客户定制细分市场的较深的理解和经验。采用聚焦战略的企业可以以此给新进入者设置市场进入的壁垒，可以以此获得较好的盈利能力，可以通过亲和客户的定制，增强对客户的黏性和客户忠诚度。但要注意的是，采用聚焦战略的企业要时刻关注目标客户的需求变化，要让聚焦战略能够随着目标客户的需求变化而调整亲和性，要追踪目标客户的更加客户化或去客户化的需求变化趋势来及时调整聚焦度，要持续地关注客户定制的成本降低工作，以抵御新竞争者进入客户定制市场。

聚焦战略成功应用的典型是 IBM 公司。IBM 花了 6 年的时间实行企业战略转移，它成功地实现了从以 PC 为主的制造企业向 IT 服务商转型：IBM 2006 年出售 PC 业务给联想，2011 年以 60 亿美元收购云计算商 CAST IRON SYSTEM，收购了业务流程管理软件和服务提供商 LOMBARDI，收购了智能网络自动化软件商 INTELLIDEN，收购了供应链和 B2B 协作软件公司 STERLING COMMERCE\EMPTORIS 等。这一系列的调整，使得 IBM 成为聚焦在智能化服务业中的领先企业，2012 年 IBM 的市值首次超过微软。

成本领先战略采用的是以最优的全产品成本优势进行市场竞争的一种企业战略。这种战略是企业通过一系列降低成本的措施来保证。

质量、功能、性能差距不远的情况下以明显的价格优势与对手竞争。成本领先的优势可以来自单个或多个方面的，如低成本的设计、低成本的制造、低成本的服务，或上述兼而有之。采用成本领先战略的企业服务的一定是大众化市场：产品是标准化的，产品与业界基本同质，客户的需求同质，客户对产品的使用方式同质，客户转换供应商的成本很低，行业的供应商很多，甚至客户的议价能力很强。采用成本领先战略的企业必须具备低成本的快速开发能力，开发的产品要具备易制造性，有稳定的低成本供应平台，有低成本的规模制造和质量控制平台，有广覆盖的市场渠道和物流平台。

采用成本领先战略的企业要防止杀敌八百自损一千式的过度低成本竞争，在以制造规模追求低成本时要关注边际利润与边际成本之间的关系变化。当边际利润等于边际成本时就意味着这已经不能再通过增加制造规模来进一步降低成本了。要关注技术发展对现有低成本供应平台和制造平台的影响，及由此带来的沉没成本。

中国的华为公司是典型的以成本领先战略获得成功的典范，该公司在技术上采用跟随世界标杆企业，在成本上明显优于世界标杆企业的战略在不到 25 年的时间里成为世界 500 强企业（华为技术 2012 年《财务年报》），但也就是这么成功的企业由于其过度使用价格竞争，在 2011 年面临绩效危机：销售增长 12%，运营利润下降 53%，现金流减少 43%（华为 2011 年年报）。

波特的三种基本竞争策略是不能随意转换的，它需要企业自身的能力和资源条件相配合才有可能实现竞争战略的转换。当需要转换竞争战略而企业又缺乏与之相匹配的能力和资源条件时，有实力的企业大都采用收购目标企业的方式实现能力与资源的匹配。

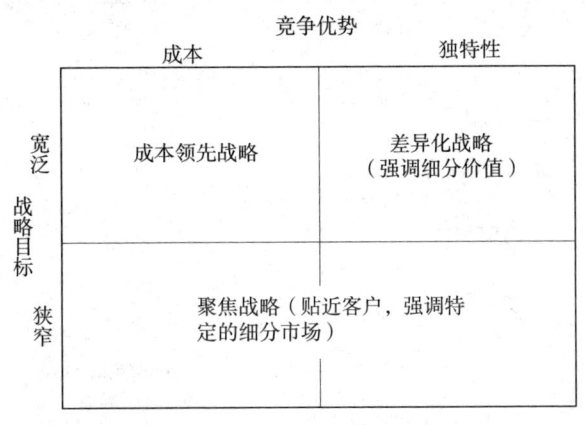

```
                        竞争优势
                  成本            独特性
         ┌──────────────┬──────────────┐
    宽   │              │              │
    泛   │  成本领先战略 │  差异化战略   │
         │              │ （强调细分价值）│
    战   │              │              │
    略   ├──────────────┴──────────────┤
    目   │                             │
    标   │   聚焦战略（贴近客户，强调特 │
    狭   │   定的细分市场）             │
    窄   │                             │
         └─────────────────────────────┘
```

图 7-1 波特的三种基本竞争策略

需要强调的是，在选择企业战略上，要避免出现夹在三种基本竞争战略中间的"三不像"又"三不靠"的战略。即避免选择那种非成本领先，非差异化，非聚焦的模糊不清的竞争战略。由于竞争战略选择不清，使得企业在成本、差异化、聚焦的任何一个维度上都缺乏足够的竞争力，既做不了价格敏感的市场，也做不了专业化市场，更做不了高利润市场，只能做一些夹缝市场。这类企业最多是个二流企业，甚至只能成为三流企业。这类企业缺乏一致的文化、组织结构和激励机制。

难道在波特的三个战略理论之外就没有第四条道路？已有研究表明，对老市场，企业只要从波特的三个竞争战略中选择一个作为领先的战略，而在其他两项上尽可能地与业界持平，就一定能够胜出。对新市场，企业可以尝试从波特的三个竞争战略中选择两个保持领先，但不一定能够胜出，因为这对企业的能力和资源的要求太高，企业很难做到。

IMD 商学院的 Xavier·Gibert 和 Jacques·Bouvard 在波特的三个基本战略之外提出了一个理想战略，即绩效卓越战略。这个战略的核心是以高感知价值和低交付成本进行竞争的战略。这个战略的玄妙之处在于高感知价值（HPV）不一定是真实的价值，但这个价值是客户可以认知的（如宝马车），低交付成本（LCD）一定是基于一定规模的相对低的成本。高感知价值与低交付成本之间就创造出可观的利润空间和盈利能力。有学者指出，企业选择卓越绩效战略会很危险，因为只有极少的企业有能力和资源条件去匹配这个战略。

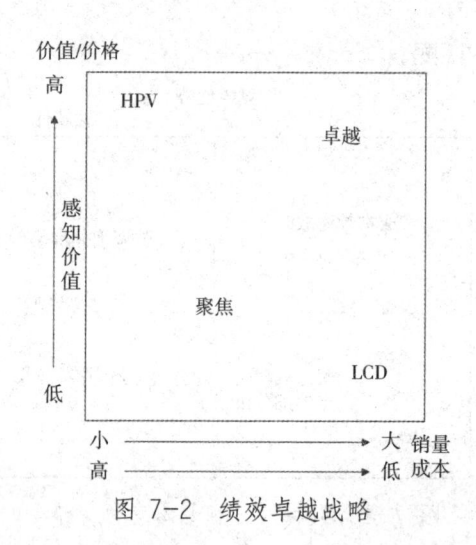

```
价值/价格
高
         ┌─────────────────────┐
         │  HPV                │
         │              卓越   │
感知      │                     │
知价      │                     │
值        │      聚焦           │
         │              LCD    │
低        └─────────────────────┘
         小 ─────────────→ 大  销量
         高                 低  成本
```

图 7-2　绩效卓越战略

3. 决定企业进入和退出市场的决策策略

　　对决策进入某个市场而言，企业需要分析行业的盈利能力及产业链的竞争强度才能理性决策是进入还是不进入某个市场；如果进入，还要决策是进入产业链哪个环节的市场。如果企业在所服务的市场因过度竞争而无利可图，如果企业即便通过扩大产能增加销售也不能盈利，那企业就要考虑退出这个市场了，在此情况下也许退出市场对企业而言是损失最小的一种决策。

　　决定行业盈利能力的首要机制是行业市场的供需关系，当供需平衡时，所有的供应企业获得的是行业的平均利润；当需求大于供给时，供应的企业就可以获得超额利润（短缺溢价）；当供应大于需求时，供应的企业只能获得比平均利润低的利润，甚至只能获得边际利润（靠扩产降低产品成本获得的利润）。在市场实践中，供需平衡只是理论上的概念，现实中很少能达到这个理想的境界。供应商与客户能够取得双赢的市场就是供需平衡的市场。现实中的市场大都是供需不平衡的市场；当需大于供时，供应商获得超额利润，会吸引新供应商进入；当新供应商进入超过一定数量后，开始出现供需平衡，当再有新供应商进入或现有的供应商扩大产能时，就开始出现供大于需的状况，为保持产能及规模，各供应商通过降价来促进销售，企业利润一直降低到边际利润等于边际成本时才会停止进一步的降价促销；在此状况下，开始有成本管理不善的企业退出市场，供应减少，在需求依旧的情况下价格回升，供需关系又向平衡方向发展。

在需求不变而供给发生变化导致的供需不平衡，可以引发行业利润的变化；同样，在供给不变，而需求发生变化也会引发行业利润的变化。在现实生活中，绝大部分都是供需同时发生变化。只是，当供需往同方向调整时对行业利润的影响相对较小；当供需呈反方向变化时，对行业利润的影响就很大。

参与者之间的竞争强度除供需关系之外，还取决于各竞争企业对市场份额与利润的预期；如果相互竞争的企业能默契地以分份额的方式瓜分市场，竞争就会减弱，行业利润相对要好；如果有1~2家企业希望不断扩大份额，竞争就会剧烈，行业利润会快速恶化。参与竞争的企业究竟以什么样的心态与预期进入市场，主要取决于这些企业在行业内获得"租金"的能力。获得"租金"能力强的企业会应用经济学的价格弹性原理（通过降价挤压客户对竞争对手产品的需求）来提高企业份额，但这既不会扩大刚性市场需求，又不会扩大工业品市场需求；它唯一的后果就是拉低了整个行业的利润水平。

产业价值链的力量分布也影响行业的盈利能力。当上游供应商少而又缺乏替代时，其上游供应商的议价能力强，其盈利能力也就强；当下游客户大而少时，下游客户的议价能力强，其盈利能力也强；如果一个企业在产业链中的上游供应商和下游客户都具有很强的议价能力时，则处于该位置企业的议价能力和盈利能力则会很弱。

如果企业还面临替代技术或互补品及其价值链的竞争，那处于该位置企业的议价和盈利能力会进一步地减弱。要阻止或延缓新进入者或替代技术供应商的加入竞争的最有效方法是设立进入壁垒。规模经济要求、高资本投入要求、专利技术、品牌标识、技术标准、市场许可、经验曲线效应等，都可以成为阻碍新进入者或替代技术供应商参与竞争的壁垒。

在行政垄断性市场，政府通过发放许可证的方式限制供应商的进入，如中国的电力市场、通信市场、民航市场、铁路市场，这类市场有的只是寡头间的有限竞争，有的完全是垄断，这类企业的进入和退出市场主要是通过由政府发放或吊销执照方式进行干预。

在自然垄断性市场（主要是资源性），由于资源的稀缺性造成垄断，企业极难进入该市场，企业也会随着所拥有的资源枯竭而退出市场。如果自然垄断与行政垄断合一，就是一个绝对垄断的市场。垄断市场具有垄断利润，该利润来源于垄断的定价权。在自由竞争市场中形成的垄断基本来源于拥有核心技术的技术垄断，无论是单寡头、双寡头，还是多寡头垄断都逃不过这个规律。业界一般以市场份额的集中程度或分散程度来衡量市场的自由竞争度和垄断度：如果一个企业的市场份额超过30%，且其他单个企业的市场份额不超过10%且企业数超过10个，这个市场就是单寡头垄断的市场；如果两个企业的市场份额总计超过50%，而其他单个企业的市场份额不超过10%且企业数超过5个，这个市场就是双寡头垄断的市场；如果三个企业的市场份额超过70%，其他超过3个企业的累计市场份额不超过30%，这个市场就是多寡头垄断的市场。如果单个企业市场份额最多不超过10%，且企业数超过10个，则这个市场就是充分竞争的市场，企业数越多其市场的分散度越大，其市场竞争的程度就越激烈。市场竞争越充分，企业利润就越低，企业的成本能力就越成为竞争胜败的关键。

实战中，退出市场的决策一般不会做错，但进入一个新市场的决策却不一定都正确。中国的TCL公司通过收购法国汤姆逊公司试图进入电视机产业链的价值高点，却没有考虑到等离子和液晶的替代技术对显像管技术的威胁而失败；中国的华为技术公司在做通信网产品上很成功，但该公司进入与通信网配套产品市场却并不成功；中国的BYD公司从电池制造商向配套电池的诸多新领域拓展基本是以失败而告终，如BYD为了推销它生产的铁锂电池进入不间断电源（UPS）领域，进入通信电源领域，进入电动汽车领域，由于上述三个领域都是以电力电子技术为平台的领域，BYD还进入IGBT这一电子功率器件设计和制造领域。结果，无一成功，除股神巴菲特投资该企业只在股票市场掀起高潮后，股价一路下跌；BYD不得不关闭UPS、通信电源和IGBT业务，仍在苦苦支撑的汽车业务也一而再，再而三地裁员，而2012年6月发生在深圳滨海大道上发生的BYD电动出租车被撞起火，一周内BYD的股票价格急速下跌，市值蒸发超过50亿元。这个意外的交通事故既打击了BYD的铁锂电池，也打击了BYD的汽车。最近网上甚至传出要被国家收购或者申请破产的传言。

4. 由使命到结果的企业战略调整过程

使命是企业存在的目的和理由。战略是为了完成和实施企业的使命而做的决策和为之采取的一系列相互关联的行动。对企业而言，战略不是一种选择，而是有多种选择。然而企业在战略决策中决定做什么和不做什么，则是由企业的价值观决定的。通用电气的总裁杰夫威尔奇所制定的企业价值观就是只做行业第一的业务，不做行业第二的业务。美国第44任总统奥巴马所制定的美国国家战略的价值观就是美国只做世界老大，绝不做世界老二。企业通过战略调整在未来最终想成为什么，则是企业的愿景（MISSION）。所以，企业战略决策和调整的过程也是一个从履行企业使命到追求实现企业愿景这一结果的过程。这一过程可以用战略管理"七"步金字塔的图形来展示和表达。

```
                    使命
                  我们为什么存在
                   价值观
                 我们相信什么
                    愿景
                我们想成为什么
                    战略
                  我们的计划
                  平衡计分卡
              实施和确定优先秩序
                   战略计划
                我们必须做什么
                   个人目标
                我们必须做什么
```

| 股东满意 | 客户满意 | 流程有效 | 员工胜任工作，并充满积极性 |

图7-3　战略管理"七"步金字塔

企业在制订战略计划前需要花很长时间界定和明确企业的使命、价值观和愿景。企业的使命决定企业在哪个领域生存发展，企业的价值观决定企业在该领域做什么和不做什么，企业愿景决定企业最终要达成的目标。企业只有明确了上述三个问题才能为制订战略计划奠定坚实的基础。战略计划的制订与调整也是需要相当长的时间，迄今为止，企业界还没有出现过能在短期内实现战略转型的企业。战略制定的核心是界定清楚所要从事的核心业务，以及与其匹配的能力、技术、资源和人才要求。平衡计分卡就是要确定战略计划实施步骤中的优先顺序，就是要为部门和个人设立一系列指标作为落实战略计划的指导方针；这些指标涉及个人的、流程的、客户反映问题的和财务的。例如，如果企业的核心业务被界定为是为客户提供某某高品质的产品和服务，为有效经营这项业务，用平衡计分卡方式，就需要设立个人资质要求指标（如需要多少比例的员工接受质量控制与管理的培训）；就需要设立质量控制的流程（如从产品及服务从开发到交付给客户的过程中有无质量控制环节？有多少？）；就需要设立客户质量投诉的监管指标（如因质量问题导致的客户退货率等）；就需要设立财务的质量成本管理指标（如故障率指标、质量维护成本指标等）。

战略计划就是明确为实现企业战略企业各部门必须做的一系列的有序行动。个人目标是指个人在实施战略计划中必须做的事情，及其所要达到的结果。企业的战略制定及其实施经过上述七个步骤的有序展开，最终达到企业的战略目标（结果）：员工胜任工作，流程有效，客户满意，股东满意。最后，还要能使员工满意。因为员工满意是使客户和股东能够持续满意的基础。

5. 企业面对危机时的形势判定思维流

实践表明，凡是业务发展顺利的企业几乎都不会去思考战略问题；企业只要今天生活在艳阳天就不会去理睬明天的暴风雪。绝大部分的企业只有遇到了成长的极限或面临危机时才会去思考企业的战略问题。这些思考呈现的是典型的三段式问题：我们在哪里？我们从何而来？我们要向何处去？而要正确地回答这三段式问题则需要借助SWOT分析工具。

S（内部优势）：	W（内部劣势）：
O（外部机会）：	T（外部威胁）：

图7-4　企业处境SWOT分析

由管理学中的资源派学者提出的 SWOT 分析其实是一种分析框架，这个框架用来帮助分析企业当下面临的处境。S 指企业所具有的优势（Strong），W 指企业的劣势（Weak），O 指经济环境对企业所呈现的机会（Opportunity），T 指经济环境对企业所呈现的威胁（Threat）。这个处境分析提示企业，需要采取措施弥补企业内部的能力短板（劣势）来抵御外部的威胁，并设法消除或减弱外部威胁对企业的负面影响（防御战略）；需要企业用其擅长的能力（优势）去捕捉外部的市场机会（最理想的扩张战略）。用企业擅长的能力去减弱外部环境的威胁对企业的负面影响（防御战略）。从实践中看，企业的劣势是无法去抓住外部机会的，充其量只是一种对企业的提示：需要调整企业内部的能力与资源去捕捉外部的机会。

对企业的处境诊断需要询问和回答很多问题。如企业擅长什么？不擅长什么？掌握什么技术？不掌握什么技术？能做什么别人做不到的，不能做别人能做的是什么？和别人有何不同？别人有何比我们强的？能满足什么客户需求？不能满足什么客户需求？客户为何而来？客户为何而去？为何而成功？为何而失败？企业对上述问题的回答就判定了企业的优势和劣势。

如果需要了解外部环境的变化对企业的影响，则需要企业了解和回答：市场有何变化？有无适合我司的机会？出现了什么技术？对手是否已掌握新技术？我司是否可以学会或掌握新技术？可以提供什么新的产品和服务？是否可以吸引新客户？客户需求是否在发生变化？我司产品能否满足这种变化了的需求？政治经济的走势对我司有利还是不利？我司生存的市场是在扩大还是在萎缩？对上述问题的回答就构成了企业对外部环境中的机会与威胁的判定。

然而，从企业的处境判定到战略决策的制定的过程，还需要充分考虑到社会的公允价值和企业董事会的价值观，这个价值观的加入对企业的战略选择做出约制。这种价值观决定企业在选定的战场上做什么和不做什么，决定企业的战略行动的优先顺序。

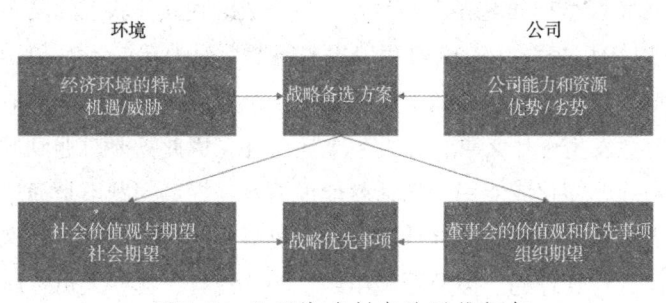

图7-5　公司战略制定的思维框架

6. 企业问题发现与解决的逻辑模型

企业战略调整总是由企业经营中遇到的问题所引发的。战略调整的过程也是一个从问题确定开始到问题解决结束的一个闭环管理的过程。对这一管理过程，Tessseract 管理信用有限公司的 Mike Clargo 提出了一个 PROM-LEM 模型。

P	概况：（Profile）	界定问题
R	根源（Root）：评价（Review）:c	有哪些可能的原因？这个机会为什么有吸引力？
O	被选方案：（Option）	可以采用哪些创新性方案？
B	平衡：（Balance）	哪些解决方案看上去最好？如何实施这些解决方案？
L	启动：（Launch）	如何管理解决方案的部署？
E	评估：（Evaluate）	用什么衡量指标来确保问题得到解决？
M	维持：（Maintain）	有哪些新的组织、流程和规定来确保问题得到彻底解决？

图7-6　解决问题的PROB-LEM模型

PROB-LEM 模型把问题界定和问题解决分成既独立又联系的两个过程，即 PROB 过程和 LEM 过程。PROB 过程以提出问题概况为起点（Profile），如企业出现销售下滑、成本上升、利润下滑的状况，企业决策者在决策采取补救措施前需要了解究竟发生了什么事，才发生上述状况，因此需要对遇到的问题进行界定，需要把问题简化成能用一句话就能说清楚。界定问题不是简单地作问题判断，而是需要考虑一系列的具体问题：需要解决的核心问题是什么？这些问题此前是如何进行管理的？涉及哪些组织、哪些流程、哪些人员？解决这个核心问题有哪些预期收益？用来评估解决问题的方案的标准是什么？显然，从问题概况中界定出需要解决的核心问题是关键。在上述概况中可以界定出"经营业绩下降"这一需要解决的核心问题的描述。

在界定清楚需要解决的核心问题后，找出导致问题的根源就成为关键的工作。导致问题的原因可能是一个，可能是多个，也可能是多个相关因素共同作用的结果。为此，有学者提出"问题树"的根源搜寻法。该根源搜寻法的原理是：从核心问题出发，逆向推出可能导致核心问题的所有因素，并对每个因素逆推其次级因数，这样最多经过五个"为什么"的询问就一定能够找出导致核心问题的根源。

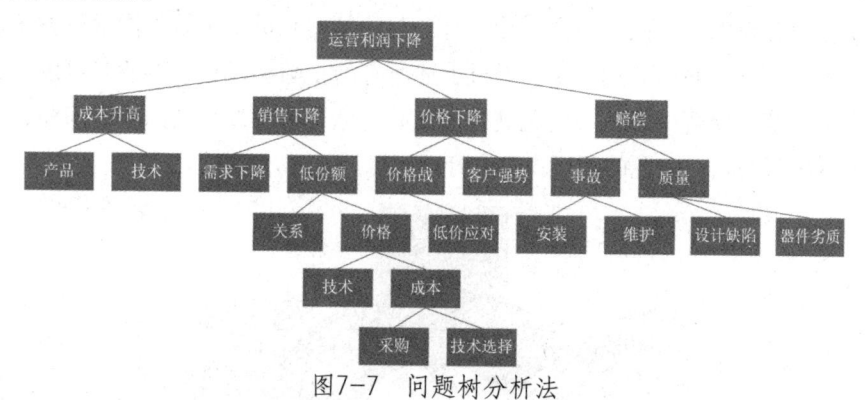

图7-7 问题树分析法

在界定清楚需要解决的核心问题后，就要从解决核心问题着手，针对每个问题提出若干备选的解决方案，针对每种解决方案确定一个标杆来检验问题解决的效果，并把解决方案分解成行动的步骤，阶段性目标按优先顺序以甘特图的方式呈现行动计划，确定每项行动的责任人，每项行动的起点时间和终点时间等。

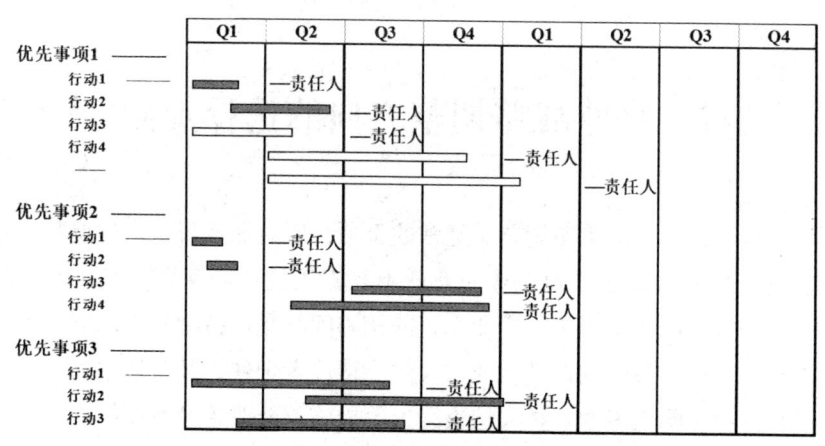

图7-8 任务计划甘特图

LEM阶段分启动（Launch）、评估（Evaluate）、维护（Maintain）三个步骤。

启动是正式推动行动计划的实施,是在行动过程中向各任务实施的责任人明确其任务使命,是监督每个任务的推进速度,是监管任务责任人在最后期限到来之前按质量要求的完成所实施的任务。评估是在每项任务完成后对其有无达成任务计划进行评价,是根据任务计划达成情况适时引进新的绩效标准,为进一步的行动提供计划和方案指引。维护是确保为解决核心问题而设计的解决方案和任务都能够在组织中得以贯彻实施,让所有相关的组织和个人都能及时了解这些任务各自的和共同的使命,让所有参与的部门和员工了解不同解决方案之间、不同人物之间的联动关系。经过上述所有的步骤和过程,企业就可以形成一个从发现需要解决的核心问题到解决核心问题,再到发现新的核心问题,最后到解决新的核心问题的闭环式自愈管理逻辑。

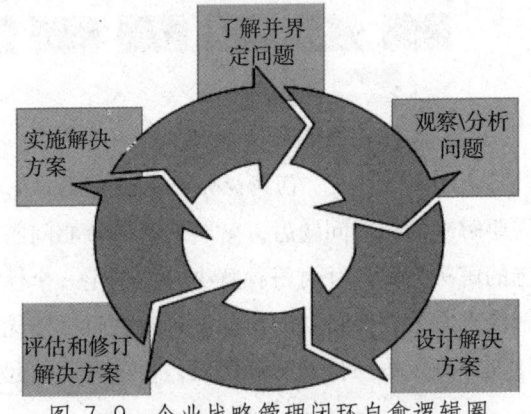

图 7-9 企业战略管理闭环自愈逻辑圈

7. 企业战略调整方向的选择原则

企业在运营方面的策略调整是经常的事情,所有那些可以通过调整运营策略就能解决的核心问题,对企业而言就不是真正的核心问题,其企业的战略决策也不是真正的战略决策。企业真正的核心问题是可持续发展问题,而这个问题不是通过运营策略的调整就能解决的。请读者记住,凡是能够通过扩大产能、提高份额、降低成本、扩大销售渠道等措施就能改善经营业绩的问题都不是企业可持续发展的问题。只有那些解决企业突围、解决企业未来 5~10 年以上在哪个领域发展,解决企业要关闭某个或新建某个产品线,解决退出或进入某个市场的问题才是企业真正的核心问题。

因此,企业战略管理的首要任务是持续关注企业赖以生存的市场需求变化,特别是在企业的业绩不断创下历史新高的时候要格外地关注市场是否会出现,以及大约什么时候出现需求拐点,这个拐点问题是关系企业长期兴衰的核心问题。成熟的企业一定有扮演企业航向瞭望者的角色,这个角色的扮演者理所当然的是企业的高层营销员。试想一下,当年被认为是永不会沉没的泰坦尼克号的瞭望者如果能够多看远几海里,也可能就避免了船撞冰山而沉没的悲剧。

对退出某个市场的决策而言,其行动策略相当简单:收缩业务资源,放弃无价值的客户销售,解决好应收应付账款,寻找业务的买家出售业务等。但要解决进入某个市场的决策则是相当困难的。进入某个行业和市场的决策不能仅仅依靠有足够的资本和决策层有胆略、有信心就可以做的。要进入某个新领域、新市场,资本与管理层决心只是充分条件,并不是必要条件。老企业进入某个新领域、新市场需要考虑的是企业内部有哪些优势平台可以契合外部的新机会?需要考虑,企业现有的客户平台、渠道网络、技术平台、供应链平台、企业的文化、企业的人才有多少可以帮助企业进入新领域和新市场?如果决策进入的新领域和新市场缺乏现有平台的支撑或借助,其进入后成功的概率就会很小。因此,世界500强企业大都不是通过自己建立新的资源平台和技术平台的方式进入新领域和新市场,而是通过收购成功的企业的方式进入新领域和新市场,收购成功的企业可以完整地承接已在新领域和新市场有所作为的技术、供应、渠道、人才和客户资源。即便如此,国际上企业收购历史表明,企业收购后成功的概率也不超过15%,也就是说,85%的企业收购后的经营是失败的。失败的原因可能多种多样,但有一点是共同的:母公司不能有效地管理被收购的公司,母公司或者是缺乏能够平稳整合被收购企业业务的管理人才,或者是被收购企业的文化与母公司的文化相去甚远难以融合。因此,即便是通过收购企业进入新领域和新市场,对被收购企业的文化考量,对收购后如何整合、如何留住核心员工和如何管理,也是一项在做出收购决策前必须完成的功课。

第八章
企业品牌管理

　　企业的品牌是企业的名片。客户对企业品牌的感知和认可代表的是这个企业的市场地位。因此，企业的品牌是无形的价值资产，它是客户基于客观实际对企业的主观评价。一个企业的品牌打造需要经历品牌的创立、成长和维护等阶段，在每个不同的阶段有明确的品牌管理工作。企业品牌的背后折射出来的是这个企业的客户价值，诸如诚信、高端、可靠、廉价、节能、低端、山寨等。另外，企业的品牌是集体的口碑，需要每一位员工精心的呵护。

　　做企业如做人。做人，有善恶之分；有诚信虚伪之别。做企业，有阳春白雪，也有下里巴人；有百年老店，也有昙花一现。做人有口碑，做企业有品牌。品牌是企业最直接的营销成果。企业的营销活动苦心经营的是企业品牌。企业建立赢得客户认可的品牌非一日之功，但臭名昭著的品牌往往是毁于一旦。企业品牌的维护是企业全体成员的共同责任，任何一个人的负面新闻或事件都会给企业品牌造成影响或添上污点。因此，企业品牌需要管理，既要通过营销扩大品牌影响力，也要防范有损品牌形象的事件发生。如果发生了不良事件，要本着诚信担当的精神去化解不良事件的品牌影响，赢得客户的理解和支持，以维护企业的品牌地位。

1. 品牌的本质

品牌是企业的象征，是企业在目标消费者和市场中具有的独特性的符号，它不是企业自己标榜的符号，而是消费者对提供产品或服务的供应商的一种基于客观的主观评价。这种评价对客户的购买选择和消费偏好起着暗示和引导作用。因此，品牌的本质是：它是企业最宝贵的无形资产，既基于又超越了企业的有形资产之上的附加的可再生的无形资产。这种无形资产与专利这一无形资产一样，是可以单独上市交易的（品牌溢价）。

品牌之所以能够定价，是因为企业在创造、发展和维护品牌过程中付出了直接和间接的成本，如广告、展览会、推广会、新闻发布会、软性宣传文章、媒体发布、产品服务等。此外，品牌能够给企业带来收益，这个收益主要体现在通过影响客户的购买偏好和忠诚度，提高企业的市场份额和品牌产品的溢价（超出市场同类产品平均价格之上的差价）。

经验表明，一个成功企业在品牌创立、发展和维护中付出的成本往往会超出产品开发所付出的成本。以中国的酒业来看，能够在中央电视台做产品广告的企业，广告费往往占其每年销售盈利的 60%~80% 以上，工业品参加一次专业产品展览会，其付出的费用都在几百万元甚至上千万元以上。如 2002 年华为公司参加国际电信联合会在香港举办的 ITU 展览中的总费用支出超过 2 亿元。

由于品牌是一个企业在消费者心目中的历史沉淀，它代表着这个企业在消费者中的形象、代表着企业的客户价值、代表着企业所提供产品和服务的质量、诚信、价位、技术特性等的综合印象。企业所有的这些综合性的形象通过历史的沉淀会凝聚在作为企业品牌标识的 LOGO 上，消费者只要看到 LOGO 就会同时联想到支撑该 LOGO 背后的东西。竞争对手可以拷贝另一个企业的产品，但无法拷贝另一个企业的品牌。因此，品牌竞争就成为现代商战的核心，品牌管理也成为企业超越生产、产品和所有有形资产以外的一种价值管理。

品牌管理的好与坏直接关系到企业从品牌中是受益还是受损，直接关系到客户对企业的满意度和忠诚度。客户忠诚度与客户的重复购买企业产品（服务）的行为有强的相关关系。企业保护品牌必须像保护自己的眼睛一样去小心地呵护品牌。

2. 品牌管理的是与非

由于品牌体现的是企业对消费者的价值，是消费者对企业基于客观的一种主观评价；而企业则试图通过对品牌的管理来设法提高客户的忠诚度，从而提高重复购买本企业产品的客户数量，以此不断扩大购买本企业产品的消费者群体。这样就有了两种不同的品牌观：一种是消费者心目中的品牌印象，另一种是企业试图提供给消费者的品牌形象。品牌印象是消费者深切体会得到的，品牌形象是企业刻意包装和提供给消费者的。

在现实市场上，这两种品牌观，常常是不一致的，这种不一致有两个极端：一种是消费者对某企业的品牌印象远远好于企业包装的品牌形象，另一种是企业包装和提供给消费者的品牌形象远远高于消费者感受到的该企业的品牌印象。对企业而言，前者是品牌包装不足，后者是品牌包装过度；对消费者而言，前者是品牌的口碑好，后者是品牌的口碑不好。

正因为存在消费者和企业两个角度的品牌观，品牌就不是一个仅仅有正向维度的概念，而是也有负向维度的概念。对企业而言，品牌管理最重要的还不是品牌的知名度，而是品牌的美誉度（品牌受客户赞许的程度）。

品牌的知名度是可以通过各种手段制造出来的。例如，广告，特别是电视广告，企业可以通过广告的市场覆盖度和广告密度来"地毯式轰炸"目标市场，这在短时间之内就可以大大提高知名度。为了达到这个目的，不少制造消费品的企业选择知名的公众人物作为企业品牌的代言人，如用演艺界的明星、体育明星、著名的节目主持人做品牌形象大使，以快速提高企业在目标消费市场的品牌知名度。但是，品牌的知名度是把"双刃剑"，它对企业的贡献是正向的还是负向的取决于品牌的美誉度。当品牌的美誉度是正向时，品牌知名度对企业的贡献就是正向的，当品牌的美誉度是负向时，其品牌的知名度对企业的贡献就是负向的。

单纯追求品牌知名度而不注重品牌美誉度的企业走向失败的案例很多。这个方面最典型的例证就是2009年发生在中国的三鹿奶粉事件。河北三鹿集团股份有限公司已是当时中国最大的婴儿奶粉制品厂，其生产的三鹿牌奶粉因其价格便宜而占据中国婴儿奶粉的主要市场。因三鹿集团是中国最早推广牛奶下乡和牛奶进城口号的企业，其品牌知名度在中国是家喻户晓。当其生产的奶粉中三聚氰胺含量严重超出国家安全标准，当食用三鹿奶粉的婴儿患肾结石的真相被曝光以后，该企业迅速走向倒闭。三鹿品牌的高知名度加速了三鹿集团股份有限公司的死亡，在不到6个月的时间内年产值超过130亿元，其品牌价值为149亿元的三鹿集团股份有限公司宣告破产。

只追求品牌知名度不追求品牌美誉度而使企业走向失败的例证比比皆是，典型案例是在中国中央电视台追逐每晚新闻联播黄金时间广告播放权的酒业企业。由于中央电视一台每晚新闻联播时间段的观众收视率最高，其广告费也是最高的，想在这个时段打广告的企业需要通过竞价由价高者获得该时段的广告播放权，业界经过若干年的跟踪发现，新品牌在这个黄金时间段做酒业广告的标王者，其企业的存活率不高。

这个典型案例充分揭示了品牌知名度对企业的影响，也充分说明了品牌知名度是企业品牌管理的核心。然而，与品牌知名度不同的是在品牌美誉度上企业必须在产品、服务上为消费者做实实在在的投入，在品牌的若干组成要素中，只有品牌的美誉度要素直接关联客户的重复购买行为。

企业品牌美誉度的建立需要花费巨大的成本来改进产品、服务的质量，需要花费巨大的成本来改进企业产品的性能、功能，需要不断优化产品、服务的成本，需要不断改进产品、服务的交付周期，使客户更容易接触到企业的资讯等，所有这些影响企业美誉度的要素，需要企业在整体上有合适的组织和流程机制来保障，需要企业全员参与其中，建立和维护品牌美誉度的工作费时、费力而又费心。在消费品市场，企业常常通过设立客户体验中心来增强品牌的美誉度，如服饰企业在大型商场表演服装秀，苹果公司在各大家用电器商场设立iPhone等电子产品的体验商场，玩具企业在综合型大商场中建立"反斗城"。在工业品市场，企业常常通过给具有行业影响力的客户建立设备使用的样板店的方式，来增强客户对企业产品的美誉度。

3. 企业品牌与产品品牌

在小型企业，由于产品单一，其产品品牌与企业品牌合二为一，客户对产品品牌的认知，同时也是对企业品牌的认知。在中型企业，开始出现产品品牌与企业品牌分化的现象，一个企业品牌下同时经营着几条产品线，其中有支撑企业品牌的产品线，也有新兴的产品线。在大型企业，尤其是在跨国企业，企业品牌与产品品牌之间的差异更加明显。这种差异通常来自大企业对新业务的收购，这些被收购的业务品牌原先就是被收购企业的企业品牌，在被收购之后就被降格为产品品牌。这种现象，消费者可以从产品上所标注的 LOGO 上看出来，凡打双 LOGO 的产品，就是一个同时存在企业品牌和产品品牌的产品。

选择将企业品牌和产品品牌并存策略的企业，一定是产品品牌在某个行业或某个细分市场的品牌影响度超过企业品牌的影响度，否则，企业就会毫不犹豫地用企业品牌覆盖产品品牌。当一个企业收购另一个企业时，如果它看重的是被收购企业的技术加市场的能力，而这个能力与收购企业形成互补时，收购企业就将会被收购企业的品牌作为产品品牌保留下来，使其能够在原来的市场上继续发挥品牌的影响力，并赋予这个产品品牌新的企业品牌的要素；当收购企业看中的是被收购企业的市场而不是技术，或者被收购企业在技术和市场上基本与被收购企业重叠时，收购企业就会毫不犹豫地用本企业的企业品牌或产品品牌覆盖被收购企业的品牌。在这方面的典型案例是美国的艾默生电气公司，该公司在 1954 年以前还是一个年营业额仅有 5000 亿美元的美国本土企业，该企业在 50 年里通过 200 次成功的收购将企业成功发展成位居世界 500 强的跨国企业。艾默生公司沿着工业电气领域进行全球性系统收购，基于家电和工具领域进入过程控制、工业自动化、环境调节、网络能源领域。经过 50 多年的收购，在其旗下汇集了 8 大业务品牌和几十个产品品牌，每个产品品牌在其所属的产品市场都是知名品牌，这些产品品牌都拥有核心技术，都有忠诚的客户群。但艾默生公司也在收购中取消了一些企业的品牌，被取消的品牌或者是原先没有完整的品牌，或者是被收购的企业品牌与艾默生现有的品牌有冲突。例如，因为爱立信电源只是爱立信旗下的一个业务，艾默生公司在 2000 年只收购了爱立信电源而不是收购爱立信公司，所以艾默生在收购了爱立信电源业务后就将其更名为艾默生能源系统，将其归属在艾默生网络能源业务品牌下；2002 年艾默生收购了中国华为旗下的安圣电气（原华为电气），由于安圣电气的业务与艾默生网络能源的业务重叠，收购后艾默生直接将其更名为艾默生网络能源。

当然，也有的企业为了同时做同一产品的高端、中端和低端市场，会对同一个产品业务做高端品牌、中端品牌和低端品牌的区分，以避免带给客户混乱的品牌印象。例如，德国宝马公司对宝马轿车品牌从2系列到8系列地细分出宝马系列的高端、中端品牌。其出口欧盟以外市场的是高端品牌，其在欧盟销售的是高端和中端品牌，其在德国本土销售的是高端、中档和低端兼有的全系列产品品牌，宝马低端品牌是德国出租车行业的主要车型。又如，法国施耐德电气公司同时收购了UPS行业相互竞争的高中端两个品牌MGE和APC，在小UPS市场形成了MGE系列的高端品牌和APC系列的中端品牌组合成的施耐德品牌系列。

4. 品牌的初创

品牌的初创有两个层面，对新建企业而言，企业的品牌初创对企业获得成功和相应的市场地位是最困难，同时又是最关键的任务。在这个层面上，品牌就是企业的代名词，就是企业的象征符号，就是企业可用以交换的价值。品牌的初创，就是将一个新生的不为市场和客户所知晓的企业在某个产品或服务的概念下经过有策划的包装和渠道推向市场和客户，并获得市场一定程度的认知和接纳的过程。从可操作性的概念看，品牌初创就是一个从对企业所提供的产品或服务进行概念包装，到所包装的概念获得一部分的市场和客户的认知，以及客观接受的过程。这个过程最短2~3年、最长4~5年；也就是说，一个新的企业在2~5年之内不能实现品牌的初创就意味着这个新生企业的死亡。世界各国的工商实践表明：创业型企业活过第一年的不足50%，活过3年的不足80%，活过5年的不足5%。一个新生企业只有在市场上获得一定市场份额，且具有进一步的成长性，才能说这个新生企业完成了品牌的初创。

现代咨询业为这种来自第三方的品牌判断提供了可能。如果新生企业名字能够出现在2家以上的相关业界的咨询公司年度市场研究报告中，就意味着这个新生的企业完成了品牌初创。因为只有在业界具有一定市场地位的企业名字才会被独立列出其所占据的市场份额，没有地位的企业通常被咨询公司归在"其他"类里。

品牌的知名度是主观的，而代表该品牌的市场份额是客观的。只有得到市场份额支撑的品牌知名度才能够延续。企业在品牌初创期的关键工作，就是要通过一系列的营销工作将最初的增加企业知名度的工作，转化为企业获得市场份额能力的工作。其中在营销指导下的销售工作是关键，没有销售成果的品牌知名度只是无源之水、无本之木，它不会长久。读者可以查看一下，从2000年到2005年那些在中国中央电视台的黄金时段用高价夺得年度广告播放权的初创品牌企业，到2010年的时候还有多少还存活着。上述实践的结果就可以帮助读者理解上述的品牌管理命题。

构建品牌知名度是企业建立品牌影响力的基础。这方面的典型是互联网企业。在互联网时代，互联网公司在创立初期大都通过免费给客户使用网络平台的方式，来发展用户并获得品牌的知名度。互联网企业只要获得了一定规模的用户，就有了利用网络平台做广告的价值，因此互联网企业也就有了广告收益。随着网络用户规模的进一步扩大，当该企业的网络平台成为客户的沟通平台的时候，该企业就有了增值业务和销售收入，该类企业提供给客户的平台是免费的，但使用的内容服务是收费的。这方面的例子数不胜数，谷歌、MSN、QQ、阿里巴巴、百度、360等无不如此，通过提供免费的网络沟通平台获得品牌的知名度。

可见，企业如何建立品牌知名度没有固定模式，需要依据企业所生存的市场特性、企业自身的能力和实力以及外部能够提供的宣传渠道和平台来定。

5. 品牌的成长

只有那些占据了一定的市场份额，且具有一定成长性的企业才能够进入品牌的成长期。这个阶段外部判断的客观起点是第三方咨询公司开始将该企业的市场份额独立标识出来。这个阶段内部判断的客观起点是在外部判断确立后该企业的年度销售额、市场份额和利润额开始实现同步增长。

如果说品牌初创期是企业谋求生存期，品牌成长期就是企业实现腾飞的阶段。如果将目标市场从事同业竞争的企业按四个竞争集团来划分，在这个阶段，有的企业通过扩大市场份额由第三竞争集团进入第二竞争集团，最优秀的企业则通过扩大市场份额成功进入第一竞争集团。这个阶段，企业不断进入新的客户市场，销售额不断增多，市场份额不断扩大，品牌知名度不断提高，TOP级的竞争对手越来越关注该企业的成长，并将其纳入目标竞争对手，甚至制定专门针对的竞争策略和产品策略,同时该企业的品牌在客户中越来越具有鲜明的个性。具备了上述特征的企业就是已经进入品牌成长期的企业。

当然,不是所有的企业都能够成为参与第一集团竞争的供应商,对大部分企业而言,他们的品牌成长只能进入第三集团,能进入第二集团的为数很少,能够进入第一集团的就更是凤毛麟角。市场品牌集中度越高通过品牌成长进入第二和第一竞争集团的可能性就越小。

6. 品牌的维护

当一个企业的市场份额成长进入停滞期后,该企业在客观上就进入了品牌维护期。进入品牌维护期的企业面临两个前途;其一是通过进一步的创新推进市场份额的进一步增长,其二是被新进入的品牌蚕食自己的市场份额。前者需要企业有大的革新和作为,而后者是企业对品牌维护无为。而大部分企业则采用维护自己既有市场地位的策略,这种采用的是两面作战的策略:对上要防止第一竞争集团的企业扩展市场份额,对下要防止新进入的品牌蚕食自己的市场份额。然而,通过采用这种策略取得成功的企业不多。市场竞争如同逆水行舟,不进则退。所以,几乎所有的企业都把进入第一竞争集团作为企业的品牌维护期的目标,即便是实现这个目标所要求的实力和能力远远超过企业自身现有实力和能力,企业对此也在所不惜。正因此,大部分企业提升品牌的惯用策略就是瞄准第一竞争集团的跟随策略:模仿第一集团的技术但以更低的成本来实现。采用这种策略而取得成功的典型例证是中国的两家通信制造企业、中兴通讯和华为技术。这两家企业就是在20年左右的时间内采用跟随上游目标对手的方法,而从一个创业型企业成长为中国通信市场的前4位供应商,其中华为进入了全球通信市场的前2位供应商。跟随策略对后来者之所以有效,就在于跟随现有技术的成本要远远低于创新一个技术的成本,当创新企业不能够有效地将创新技术转化为市场份额时,它就给后来者拷贝其技术以更低的成本来超越自己的机会。

采用创新技术获得品牌超越策略最新成功案例是苹果公司的iPhone。苹果公司原先在PC机和随身听终端领域属于TOP级品牌,但在手机通信领域没有品牌地位,苹果公司通过把PC机、iPOD和手机三类终端技术的整合和融合,推出的 iPhone 手机迅速在手机终端市场获得 TOP 级品牌地位与诺基亚共处第一竞争集团进行同台竞争，尽管 iPhone 的市场份额还低于诺基亚，但苹果公司 iPhone 手机的品牌地位已超越诺基亚，只要 iPhone 的成本能够接近诺基亚，iPhone 市场份额超越诺基亚只是时间问题。而后面两家公司的发展已经说明了问题。

7. 品牌管理的终极目标

品牌不是企业追求的终极目标，品牌只是企业在追求自身发展的过程中为获取成长而需要借助的腾飞的翅膀。企业的营销也不是为品牌管理而进行品牌管理，品牌管理不是目的而是实现企业获得成长的手段。

企业品牌管理需要关注几个平衡。首先要把握好品牌知名度与品牌美誉度之间的平衡：知名度是把"双刃剑"，好事和坏事都会被市场扩散。品牌管理要在管理品牌的美誉度的基础上提升品牌知名度；美誉度是正面的品牌形象，企业营销的工作就是要努力提高品牌的美誉度，让美誉度的品牌广为目标市场的客户所了解，就是要采取一切必要的手段努力杜绝和消除企业的负面新闻以维护企业品牌的美誉度。

对中大型企业而言，维护企业品牌美誉度的工作比维护企业品牌知名度的工作更重要。中国有句俗语：好事不出门，坏事传千里。这意味着在同样品牌知名度下，企业的负面新闻要远比品牌美誉在市场上的传播来得快、来得广，负面的美誉度更容易被市场聚焦。这是"品牌传播的非对称原理"。

"品牌传播的非对称性"在新闻自由和互联网时代有进一步扩大的趋势。其典型的案例是：一向以品质和精细管理著称的日本丰田公司，因一则汽车刹车设计缺陷的新闻，在一夜之间被美国媒体聚焦、被美国政府质询，丰田公司被迫大规模地召回几百万量级的有质量问题的汽车。由此，丰田公司的股价连续暴跌，丰田公司在美国汽车市场的份额迅速地被从第一位置上拉了下来。

品牌传播的非对称性，使业界衍生出一个新职业：公关公司。公关公司是一种帮助企业应对公众媒体和危机公关的专业化公司。企业雇用专业的公关公司每天监视公共媒体和互联网，协助企业消除媒体与互联网上的负面消息和负面新闻。企业为应对公关危机制定专门的处理流程并设立专门的职能部门或专门的岗位来处理公关危机。依附于公关公司而生的是删帖公司，这类公司专门受托有偿地为客户提供删帖服务，它们通过各种渠道接触到各类网站的后台管理部门，代理客户与这些网站后台管理部门打交道删除负面新闻。伴随这类业务发展的还有流氓网站，这类网站大都提供的是 BBS 服务。BBS 往往是负面新闻的滋生地，公众网站上的许多负面新闻都是转载于这些 BBS。这些流氓网站往往依托于发布负面新闻的个体，不断地对那些在乎自己形象的上市公司、大公司和公众人物登载负面新闻的帖子，删帖公司则受托有偿删帖，这样围绕企业品牌形象就生成了一个小的产业生态链。可见，对品牌形象管理而言，危机公关虽然必要，但终究是一种扬汤止沸的"事后诸葛亮"，真正的品牌管理是要着力于事先的企业行为管理。

品牌管理其次是要处理好包装宣传和为客户做实方面的平衡关系。企业的品牌宣传做得再好也不能形成客户的口碑，只有向客户提供产品或服务才能形成客户的口碑。品牌的美誉度主要不是来自企业的宣传而是来自客户的感受。已经有越来越多的企业开始寻求新的营销方法来制造口碑，在工业品市场领域的典型做法是建立客户应用产品或服务的"样板点"，当新客户参观"样板点"时，往往由使用产品或服务的客户来介绍产品使用的情况或所得到的服务。企业为获得这种"口碑"，往往在每个细分应用行业都会建立"样板点"。有的企业甚至每年花钱用第三方调查"客户满意度"的方式来营造"广泛的口碑"。

品牌的真正口碑是来自客户对企业产品和服务，在使用过程中的体验。稳定和可靠的产品质量是获得客户口碑的最重要的基础，服务是排在第二位的口碑要素。企业在产品质量和投入上有个平衡点选择问题。一般而言，采用注重产品利润策略的企业，将成本更多地投到了产品质量上，产品价格相对定得较高，在服务的投入上相对要少，企业以产品销售作为主要的利润来源；相对应地，客户在购买高质量的产品时需要付出更多的成本（采购支出 CAPEX），但在使用维护上可以少投入运行维护成本（运营支出 OPEX）。采用注重服务利润的企业则减少在产品质量上的投资，更多地将投资转向服务，这类企业的产品定价相对较低，但服务定价相对较高，其企业盈利的策略是通过低价、低利润卖产品，来提升市场份额（种树），以提供及时的售后服务和服务销售来获得利润（摘果）；相对应地，客户在购买产品的成本上相对要低（CAPEX），但在运行维护上投入的成本相对较高（OPEX）。企业在盈利模式上是采用产品利润高服务利润低的策略，还是采用产品利润低服务利润高的策略，对客户而言，其产品生命周期成本上的总付出是相同的，但在财务概念上是不同的：前者是客户在固定资产的投资上高，在运行维护的费用上投入低，后者是客户在固定资产投入上低，在运行维护费用上投入要高。这种盈利模式的游戏实际上是一种"朝四暮三"和"朝三暮四"之间的游戏。客户在购买产品和服务上没有免费午餐。因此，现在的聪明客户开始从产品生命周期的成本（TCO）投入上来选择供应商，以寻求以真正的相对低的成本来购买产品和服务。

对品牌维护而言，企业无论采用何种盈利模式，为客户提供恰如所需的售后服务是获得客户好口碑的关键点。大部分企业开始努力将服务提供点靠近客户，开始以建立有效的服务网络来提高对客户服务需求的响应速度，开始建立400或800呼叫中心，并与服务网络配合起来有效地受理客户的服务需求和快速调度服务资源。

品牌管理最后是要处理好品牌知名度与品牌获益之间的平衡关系。品牌管理从来就不是为管理而管理，而是一种追求品牌增值的管理。这种增值是可以通过市场价格来衡量的。企业品牌作为无形资产的价值独立于企业专利这种无形资产的价值；这两种无形资产是可以分别独立出售的。例如，通过收费方式允许其他企业使用某种专利技术，美国的高通就是这样的公司，高通拥有无线通信上的CDMA专利技术，但它自己不生产CDMA通信设备，而是通过收取专利使用费的方式，从全世界生产CDMA通信设备的制造商处获得专利使用收益。但企业是不会允许其他企业通过付费的方式来使用自己的品牌的，除非对方全价收购企业品牌，因为企业品牌如果使用不当会贬值。试想一下，你允许一家在技术、质量、服务等方面都弱于你的企业贴你企业的品牌进入市场，你企业的品牌在市场上的口碑就会下降，这种下降会直接体现在你企业的产品的市场份额的下降和利润的下降上，与此相伴的是你企业的品牌价值的下降。所以，企业不会出售企业品牌的使用权，但可以出售企业品牌。有好的品牌价值的企业往往借助品牌价值来发展OEM或ODM业务，这种业务的价值是具有好品牌价值的企业无须开发所有的产品，对非主需求的产品只需从市场上找到和筛选出符合本企业固有标准的产品企业，将其作为自己供应商，其产品贴上自己的品牌作为自己企业的产品推向市场。

企业品牌的价值增值管理是企业营销管理的终极目的，这种管理始于客户需求和市场变化的研究，终于推动企业的产品线的延长或缩短、产品线的增加或减少，也终于推动企业的规模效益和范围效益的增长，从而使企业品牌价值增长。品牌管理的全过程贯穿着品牌形象的建立、维护和提升的各个发展阶段。企业品牌管理如同一个魔方，需要多维度、全方位、有步骤、协同化地动态管理。

第九章
客户需求管理

　　客户需求管理是营销职责的灵魂，也是企业在竞争中超越对手的法宝。在企业经营者的头脑里务必要把"满足客户需求的产品"和给客户提供"最好的产品"区别开来。在商品市场上，客户形式上买的是产品，本质上买的满足其需求的功能。"最好的产品"是供应商角度的观点，"最好的产品"不一定能够满足客户需求。市场需要的是"满足客户需求的产品"，它是消费者端的观点。消费者的感受是评价产品的唯一标准。

　　上述市场定律解释了为什么在欧洲非常受消费者欢迎的标致汽车，在中国却受到消费者的冷落。法国雪铁龙公司所设计制造的标致车，在法国和欧洲被认为是最受消费者欢迎的产品，但中国消费者对此车却是相反的评价。因为该车的后座是为儿童和宠物设计的（欧洲人的习惯），而中国的后座是给尊贵的人设计的。此外，在欧洲大受欢迎的两厢车在中国却受到冷落，中国消费者喜欢的是三厢车，喜欢汽车的后箱能够装载物品。

　　可见，客户需求管理在企业经营管理中是一项事关企业竞争力的基础管理工作。客户需求管理做好了，企业的经营将是事半功倍的事情，客户需求管理做不好，就会把企业拖进泥潭。

1. 谁来研究客户需求

为做好客户需求管理工作，有规模的企业一般会设立专门的部门从事该项工作。有的企业是在开发部门设立产品管理部从事这项工作；有的企业则是在市场部门设立产品管理部从事这项工作；还有的企业是在开发、市场、销售以外设立企业战略规划部门，来做客户需求的研究工作。无论企业将从事客户需求研究的部门设在企业中哪个体系内，其职能是同样的：就是为企业的新产品开发和老产品优化指路；就是为企业的未来发展进行方向性研究。这个部门的核心职责是保障开发部门"做正确的开发"，是保障企业所开发的产品具有市场竞争力并具有盈利性。

从成功企业的经验看，将从事客户需求研究的部门设在市场体系内的效果要优于设在开发体系内，更要优于设在市场和开发体系之外。独立于市场和开发的战略研究部门由于脱离了企业现有的业务，在企业中没有业务根基，业务根基的缺乏导致这个部门很难获得其他部门的资源支持，尤其是很难获得市场和技术部门的支持，其研究成果也很难获得市场和开发团队的认可，这就导致其研究成果很难转化成企业的行动，最终会因为体现不出部门的价值而被合并到市场部或开发部门（在投资公司，企业的战略研究和规划部门的作用是至关重要的）。

将客户需求研究部门设在销售部门也不合适。尽管销售团队在客户需求研究上具有先天优势（有足够的机会接触客户和竞争对手，容易了解所服务的客户的想法），但销售团队在客户需求管理上的劣势也更加明显：被销售项目牵引的短期观点，"见树木不见森林"的片面观点，将客户个别需求普遍化的天然冲动（为了某个客户的特别要求，而驱动企业去开发一个新产品等）。

将客户需求研究部门设在开发部门也不利于对未来的新兴市场的研究。开发部门具有天然的技术导向性，但缺乏市场导向性；开发团队天然地具有沿着企业的现有技术路线去研究未来的客户需求，而不是沿着市场的兴衰来研究未来的客户需求变化的倾向。

将客户需求研究部门设在市场部门是比较理想的组织设计。市场部门同时承担关注当下销售和关注未来销售的职责。对当下销售，市场团队要指导和帮助销售团队扩大市场份额和销售额；对未来销售，市场团队要引导企业进入更广阔的市场；当企业现有技术所服务的市场出现萎缩时，市场团队要寻找和引导企业采用或发展新技术进入新的具有增长潜力的市场。

2. 客户需求的甄别

客户需求的甄别是客户需求管理中的最重要的环节。客户嘴上说需要的和他实际付钱要买的往往是不一致的。这种不一致主要来自客户的购买力制约。在消费品市场，从供应商角度看，所销售的商品是"一等价钱一等货"，同一类商品可能分有高端、中端和低端等不同等级商品，商品的等级不同，其对应的商品价格也分成了高、中、低的不等。从消费者立场看，购买者在购买商品之前绝大部分人对所要购买的商品都有一个心理价位；当商品价位明显高于其心理价位时，购买者会向下一等级寻找所需要的商品。但上述定理有两种例外：一是该商品有出乎购买者意料的额外的有用价值，客户才会向上一等级付更多的钱买同一类商品；二是豪华奢侈品，购买者往往只求最贵不求最好（中国式奢侈品消费心态）。

在工业设备市场，客户往往实行集体决策采购的方式。购买单位在进行工业品采购决策时有四类角色影响决策过程：设备的实际使用者、设备技术标准选择者、采购执行者、采购决策者。

对同一种设备，影响采购决策的每一个角色对设备需求的关注点是不同的：设备使用者主要关注设备的功能满足性、性能可靠性、设备可操作和可维护性等；设备选型的技术角色主要关注设备技术竞争力特性、功能相符特性、指标竞争力特性、安全规范相符特性等；设备的采购角色主要关注设备的价格竞争力特性；采购决策者主要关注设备的采购成本特性、运行维护成本特性、设备使用的投资回报特性等。当购买单位内部这4个影响购买决策的角色不能协调一致时，其所提出的需求特性就有可能误导供应商。例如，设备操作维护者把设备可靠性放在第一购买要素上，把设备可操作维护性放在第二购买要素上，把功能相符性放在第三购买要素上，把价格放在第四购买要素上。因为上述的购买要素排序最符合设备操作维护者自身的利益：省心、省力、保证设备运行的连续性。而设备技术选型者则把设备的技术先进性放在第一购买要素上，把标准和功能相符性放在第二购买要素上，把可靠性放在第三购买要素上，把购买成本放在第四购买要素上。上述的购买要素排序最符合设备技术选型者自身的价值：选出了一个技术领先、性能功能相符、可靠的设备。设备采购者往往把价格作为第一购买要素，把可靠性作为第二购买要素，把功能相符性放在第三购买要素。上述购买要素的排序最符合设备采购者的价值：花最少的钱买到好东西。设备采购的决策者往往会在设备采购者的购买要素上除考虑价格因素外，还把运行维护成本作为购买要素，把快速维护能力作为购买要素。这个购买要素的排序最能体现企业经营者的价值诉求：设备的全生命周期成本最低、投资回报最大。

显然，对供应商来说是不可能在一款产品上，同时满足上述四类影响购买决策的不同角色所提出的需求的。采购工业品的客户，其内部影响购买决策的不同角色之间对购买要素的价值排序会有个调和的过程。至于这种调和度是倾向技术选型者？还是倾向操作维护者？还是倾向采购者？还是倾向购买决策者？这就要看客户在采购决策链中各类角色的说服力、专业话语权、采购的传统和企业的购买力。

正是由于有这种采购决策要素的差异，市场就有了细分，就有了对同一产品的高端、中端和低端功能的需求。企业为了赢得市场就不得不针对目标市场来细分产品开发。显然，对低端产品的购买者而言，购买成本为第一购买要素；中端产品是性能价格比为最重要的购买要素；而高端产品的性能、功能和技术是其最重要的购买要素。只要存在细分市场，产品就会出现规格差异化，有的企业选择高端市场发展产品，其特性是高品质、高性能、高价格，该类产品满足的是金字塔顶部的市场需求。有的企业选择中端市场发展产品，其特性是质量、性能、价格适中，性能价格比高，该类产品满足的是中端需求的市场。更多的企业是选择低端市场发展产品，以基本的质量、性能和低的价格满足金字塔底端的市场需求。也有的企业同时选择做高端和中端或同时选择做中端和低端产品。这类企业实施的是产品组合策略，其目的是阻击低等级的供应商进入高等级的市场；同样地，也有的企业同时选择做中端和高端产品，其策略与上述例子相同，是为了阻击目标中的中端市场的供应商进入高端市场进行竞争。这个策略就是军事理论的应用："最好的防守就是进攻"。保卫高端市场最好的方法是进入中端市场，保卫中端市场最好的方法就是进入低端市场。实践中几乎见不到同时做高端、中端和低端市场的企业。因为，做高端产品所要求的技术平台、供应链平台、人才、市场竞争的方法、品牌要求方面都与做低端市场的要求完全不同。经济法则使得在同一个企业内无法同时并存两种技术平台和供应链平台。

3. 研究客户需求的三个维度

客户需求在转换成产品之前只是一个笼统而又模糊的概念，企业在把客户需求的概念转化成产品之前要通过市场调查、研究把客户需求分成三个维度：性能与功能需求维度，功能性能重要性排序维度，成本要求维度。

性能与功能需求是形成产品概念的一个重要的需求研究方面，它决定产品开发的基本框架，也是评估企业技术平台能否完全支持所要开发产品的基本维度。对已存在的产品市场而言，客户需求的研究捷径是调查竞争对手的产品功能与性能，同时调查竞争对手产品对客户需求的未满足项。这种研究相对简单而又经济。业界通常的做法是通过第三方购买目标竞争对手的产品，对该产品进行结构和功能的解剖分析，对其性能和功能进行测试，对其成本进行评估，对其可能涉及的专利进行检索。对满足未来市场需求的调查和研究相对要困难，因为它不是现在已有的明确需求，其客户需求在现阶段是模糊而又虚拟的，调查和研究者很难从被调查者那里得到充分肯定和明确的要求。对未满足的客户需求研究，需要营销人员具有很高的市场、技术和产品三个维度的知识、经验和见识，才有可能从朦胧的客户需求调查中提炼归纳出客户具有共性的性能和功能需求。在这个方面，不少的企业所犯的共性错误是：让学市场调查研究方法的人去做产品开发的需求调查，或让产品开发人员去做需求调查，而不是让产品应用人员去做该项工作。学调查研究方法的人的长处是懂得需求调查的程序和方法，短处是缺乏对技术、产品、客户的理解。开发人员的长处是懂得产品的技术，短处是缺乏对使用产品的客户的理解、缺乏需求调查和研究的程序和方法。产品应用人员的长处是懂得技术、产品和使用产品的客户，短处是缺乏调查研究的程序和方法。因此，最合适的客户需求研究应该是组合了产品应用人员和有调查研究训练背景人员的组合。

对形成满足客户需求的产品概念而言，如果调查研究的假设前提错了，即使你所用的调查研究方法是正确的，你的调查研究结论也是错误的，这就是仅用有调查研究方法经验的人去做客户需求研究，容易得出错误的产品概念的原因所在。

此外，如果客户需求调查研究的假设前提是正确的，而调查研究的程序和方法是错误的，其调查研究的结论也不会是正确的，这就是仅用开发人员或仅派产品应用人员去做客户需求研究时容易犯错误的原因所在。如果仅派懂得开发技术的人去从事需求调查，他只会从技术角度看客户需求，而不会从客户角度去看需求，其调查研究结论可能是错误的。这是开发人员从事需求调查的共性弱点。

因此，对企业而言，最有效的方法是对产品应用的人员进行调查研究方法的专业训练，使其同时具备技术、产品、客户、调查研究方法的专业知识。使用这种人员从事需求调查研究，其所犯错误的概率最小。

需求研究的第二个维度是客户对性能和功能要素的排序，这个排序是决定需求细分和产品细分的基础。性能有高、中、低之分，对产品的使用寿命有长、中、短之分，对产品的功能有多少和首要、次要之分。如果客户需求在性能和功能要求上是同质的，那么只需要开发出一个规格的产品就可能覆盖市场，满足客户需求，如果客户对产品在性能和功能要素的要求上是异质的，那就意味着需要开发若干规格的产品来满足不同性能、功能要素要求的客户需求。

企业最易犯的错误是用一个规格的产品去满足所有不同性能、不同功能要求的客户。企业一旦以这样的理念开发产品，就会发现客户会说你的产品很好，但大部分的客户不会购买你的产品。因为对大部分客户而言，你的产品太贵，尽管你的产品有冗余的性能和功能。这就告诉我们，产品开发一定要有成本约制，这就是需求调查研究的第三个维度：产品开发要以什么水平的成本来满足客户对产品的性能、功能要素导向上的需求。客户需求细分和产品细分对客户而言没有价值，只要企业愿意将高端产品以不同的价格将同一产品卖给不同价格要求的客户就可以了。但对企业而言，客户需求细分和产品细分是最重要的盈利策略：以不同的成本开发出不同性能和功能要素导向的产品，在不同细分市场满足不同的客户需求，从而使企业在该产品市场获得成功。

需求研究的成本维度，不仅要考量购买者的购买力，而且要考量竞争对手的产品成本水平。对具有同等购买力的客户而言，更愿意购买同一档次但价格更低的产品。竞争中的企业了解竞争对手产品成本最常用的方法是通过中间渠道购买对手的产品进行成本解剖，再以自己的采购平台来评估对手产品的成本水平。

4. 客户需求的行业细分与取舍

对工业品而言，客户需求不仅有高、中、低端的需求差别，还有行业应用的需求差别。例如，电气开关对发电和输电行业而言，开关是对高压甚至是超高压开关的需求，对工业企业用户而言是对中压和低压开关的需求，对民用市场而言是对低压开关的需求。通过需求调查，使企业选择进入哪个行业，是企业营销团队的一项重要的职责。企业选择进入哪个行业主要参考下列因素：企业现有的技术平台和市场渠道平台，希望进入的行业的市场成长性，希望进入的行业的技术壁垒和市场壁垒，行业内的竞争对手的强弱性，希望进入行业的上游供应商在产业链中的话语权和客户市场的话语权，本企业进入该行业市场的比较优势等。这就是所谓的考察市场的竞争强度分享"7"力模型。

这种对同类产品不同行业的需求是需要不同的技术平台来满足的。企业对客户的需求研究，既要站在本企业具有的技术平台上来看，能满足什么样的客户需求和不能满足什么样的客户需求，同时也要站在同一个客户的立场上来看，本企业能满足什么不能满足什么，是否可以考虑通过技术平台的扩张来满足同一客户的不同需求。这种需求研究就为企业给同一行业的客户提供了解决方案，甚至是整体解决方案提供了可能。所谓实行横向一体化战略的企业就是基于行业客户发展技术平台来满足同一行业的客户的相互关联的不同的需求。如今，在工业电气领域的国际巨头基本采用的就是这种战略。艾默生电气在网络能源领域发展出服务于数据中心和通信机房（站）的整体解决方案。而在中高压开关、变压领域的施耐德电气通过收购低压领域的网络能源企业也进入数据中心领域，提供整体解决方案。

在工业品市场，对同一客户的需求调查，不仅需要关注性能和功能要素的排序，而且还要关注客户采购决策链中不同环节人的不同价值导向。处于产品使用和维护者的客户往往把产品的稳定可靠和可操作可维护性放在前面，把成本要求放在后面；而技术选型者的客户往往把产品的技术特性、性能特性、功能特性放在前面，把成本放在中间，把可操作可维护性放在后面；企业主管层往往是把成本、性能，服务特性放在最前面，把其他特性放在后面。工业品采购的特性决定了供应商的营销人员，在进行需求调查研究得出产品概念和产品规格时，要妥善解决好同一类客户的采购决策链中不同层面人员的价值关注导向的差异性，使你的产品能够针对决策链中不同层面的人，能够让其找到他所关注的重点。这种对决策链中不同层面人员的关注点满足不一定是100%的，但要基本满足，特别是要满足决策层和技术层的关注点。这一点对企业能否开发出有竞争力的产品至关重要。

企业从事客户需求研究的营销人员需要从调查中区分出客户对产品性能、功能、成本的需求哪些是刚性的？哪些是弹性的？刚性需求是必须满足客户的，这种需求很少受客户的成本制约；弹性需求是客户可要可不要的，它要受客户的成本制约。对刚性的需求，企业在产品设计中必须将其作为基本规格设计进产品，对弹性的需求可以作为选件进行开发，使客户可以依据预算的状况对选件进行加或减的选配。对客户的刚性需求和弹性需求，不同的企业有不同的解决方法：有的企业是用软件、硬件的模块化来解决，将刚性需求作为一个整体的功能性单元，将弹性需求设计成不同的单一功能性单元，不同功能性单元可以叠加组合成统一的产品；有的企业则是将其细分为不同功能规格的细分产品。究竟采用哪种方式，取决于企业的技术平台，取决于企业对产品的投资回报要求。

客户需求调查研究的最后落脚点就是要做出一个产品决策：满足什么样的刚性需求？满足什么样的弹性需求？满足到什么程度？不去满足什么需求？营销团队对这四个问题的回答，就决定了产品的概念、产品的系列、产品的规格、产品的成本和产品的形态。

满足什么样的刚性需求就决定了企业进入什么样的行业或领域市场。开发制造高压开关就意味着进入发电和输电行业市场，开发制造中压低压开关就意味着进入工业、企业和商业楼宇市场，开发制造低压开关的就意味着进入商业楼宇和民用市场。满足什么样的弹性需求，就决定了企业能够进入多少细分市场，如高端、中端和低端市场或不同消费者人群的市场。满足这些需求到什么程度，就决定了企业在产品市场上的定位：是技术领先？是成本领先？还是性价比领先？不满足什么需求就决定该企业不进入某个行业、不进入某个领域或不进入某个细分市场。

第十章
产品开发方向管理

　　以制造业为本业的企业，其产品开发是推动企业可持续发展的动力机制。在所谓的企业创新中，只有开发创新才是技术创新，只有开发创新才可以申请知识产权。知识产权是企业无形资产中的重要组成部分。

　　然而，企业是一艘夜航的船，这艘船光有动力是无法保证企业到达目标彼岸的，这艘船需要舵来引导动力向目标彼岸前进。需要瞭望者引导企业这艘船避开暗礁和浅滩。因此，产品开发绝不仅仅是开发部门的职责，同时也是营销部门的事情。那么问题来了，产品开发是技术优先还是客户需求优先呢？开发人员与销售人员都会基于本位主义提出产品开发的原则。通常开发人员和销售人员对同一产品销路不好的抱怨是截然相反的，他们的对话是在完全相反的两个频道。营销人员作为开发人员和销售人员的连接桥梁，使矛盾双方握手。在营销的指引下，产品开发的基本原则是用合适的技术满足客户需求。产品开发首先要满足客户需求，只有满足客户需求的产品才能卖得出去。其次要用合适的技术进行产品开发，领先的技术虽然会增强产品卖点，但不一定匹配客户需求，还有可能增加开发成本，让最终的产品销路变得很窄。

1. 产品开发的理念之争

制造业以开发和销售产品为生。市场竞争使得客户需求和产品的制造成本不断发生变化，为保证企业的盈利，企业需要不断开发新产品来满足客户变化的需求，需要不断降低产品的成本来满足市场竞争的要求，需要通过技术创新和产品创新来摆脱市场上的同质竞争。

制造性的企业如果没有产品开发这个发动机，就会堕入代工企业地位，企业就会堕入产业链盈利能力的最底端。因为产品开发是企业的利润源泉，所以企业对开发的业务管理必须是以利润为中心的管理。

然而，在主导产品开发的理念上有以技术为导向和以客户需求为导向之争。技术派的观点认为，企业既然是以产品开发为动力，就应该以技术为主导来引领产品开发，企业开发出什么产品，企业的销售部门就应该努力去推广销售这个产品。客户需求派的观点认为，企业是依靠市场和客户而活着，市场和客户关注是企业能够提供产品的功能、性能、成本和服务，并不关心企业采用的是什么技术来实现这些功能、性能、成本和服务，因此企业不能以技术为导向来主导开发，而应该以客户需求为导向来主导开发，企业的技术要随着客户需求的变化进行调整。

笔者认为，上述观点之争各有所取。企业向市场和客户提供产品一定是基于某种企业自认为拥有相对竞争优势的技术。这个已拥有的技术平台就是企业的技术能力所在。向客户提供产品和服务不能脱离这个技术平台。实践中，只有纯贸易型的代理公司不需要自己拥有固定的技术平台，来向客户提供产品和服务。另外，企业基于自己的技术平台向市场和客户提供的产品和服务，是要接受客户的检验和认可的，技术好的产品不一定就能获得市场和客户的普遍认可，技术相对弱的产品不一定就不能获得市场和客户的认可。因为市场和客户在检验和接受产品时有自己的需求定位，诸如成本的、功能的、性能的、心理满足的等。不同的客户群对上述的需求重要性的排序是有差别的。这种排序差别就构成了市场细分。正因为存在市场细分，企业不可能以一款产品满足全部市场的客户需求。这样，在产品开发上就有了一个与企业的市场定位相匹配的产品开发定位的问题。而这个定位要与企业市场能力相匹配，因为做高端市场、做中端市场和做低端市场的所要求的市场能力和营销方法是有很大差异的。只有开发能力与市场及销售能力努力方向一致，企业才能在市场竞争中获得成功。

所以，以技术主导产品开发的观点要加入以满足目标客户市场需求为标准，来甄别和选用技术的内容；以满足客户需求为导向主导产品开发的观点要加入以现有的技术平台为基础的内容。只有将这两种观点糅合，才能构成统一的能真正提升企业竞争力的开发主导理念。

上述观点之争，反映到企业内部的是开发与市场及销售部门，在产品开发中的话语权之争。这个矛盾可以通过建立跨开发、市场、服务、供应链部门的开发项目评审团队的方式来解决。开发立项阶段，主要是开发与市场营销部门的互动，重点解决的是是否需要满足这类客户需求的问题；在产品开发阶段是开发与市场、服务、制造团队的互动，重点解决的是，开发的技术规格书是否满足需求规格书，低成本可制造性、低成本可安装维护性和可进行服务销售的问题。

2. 营销部门要成为产品开发的导航者

营销团队既是连接开发与销售的中间团队，又是直接面对客户和渠道商进行产品推广和行销的团队。营销团队与销售团队的关系是狼与狈之间的关系，销售团队为狼，它要从市场上收割粮食，营销团队为狈，它要协同销售团队制定收割粮食的区域或行业的目标，需要协同销售团队制定粮食收割的策略，并协同狼群收割粮食的行动。营销团队在企业运营架构中的承前启后的作用，最有条件能够成为开发团队的导航者和引路人。

营销团队作为企业开发的导航者或引路人的角色有三项基本的职能要求：对在售产品竞争力的优化需求规格书的制定与提出；对计划退市产品的替代产品开发的需求规格书的制定与提出；对进入具有长期增长潜力市场的新产品需求规格的提出或收购目标企业的提出。

对企业在售产品的优化主要围绕改善产品的成本竞争力，或改善产品的性能竞争力，或改善产品的功能竞争力，或综合上述两个以上的竞争力要求进行的。由于成熟产品的市场竞争所导致的价格战，往往严重消耗参与其中的企业盈利能力，企业为不丢失市场份额同时又要改善产品的盈利能力的唯一做法就是通过产品的开发来优化产品的制造成本。企业营销团队由于其直接面对客户、渠道进行推广，在投标中直接与对手进行竞争，因此他们对产品优化最有发言权，营销团队能够较准确地提出产品的成本目标，可以指出产品在功能与性能上的冗余（客户不关注的功能与性能）。

当产品的竞争力不足以通过产品优化来实现时，替代产品的开发就是必要的选择了。原则上，只要老产品的盈利能力即便是通过优化开发，也不能达成目标时，重新选择开发技术平台，开发替代产品就是一个必需的选择。在替代产品的开发上，对开发团队的挑战要远大于对营销团队的挑战。对营销团队而言，只要市场需求仍然是持续的，该团队就可以通过市场需求的研究提出明确的有竞争力的产品开发需求规格书，该规格书可以明确目标细分市场、目标竞争对手、产品的目标功能、目标性能和目标成本、目标价格与产品的目标生命周期。但对开发团队而言，从事替代性的产品更新开发需要寻找新的技术拓扑、新的元器件、新的制造工艺和新的设计理念等。

至于企业进入新领域的新产品开发，则有两条截然不同的路可以走：基于企业现有技术平台通过技术能力的扩展来发展产品进入新领域市场；基于需求可长期增长的市场，收购新的技术平台、制造平台和市场平台，来发展新产品进入新领域市场。对企业的开发团队而言，更倾向于基于现有技术平台适度扩展技术平台，来开发新产品进入新领域市场，对市场和销售团队而言，更倾向于目标导向：上述两条路径中哪个能更快、更有效地进入新领域市场就采用哪条路径。普遍的实践经验表明：通过收购进入新领域市场比在现有技术平台上通过改进技术能力开发新产品进入新领域市场的风险更小。

3. 产品开发的全过程

产品开发本质上是企业的投资行为，凡投资都需要有回报，为提高投资的回报率，企业需要谨慎地选择投资的目标项目，所以筛选开发项目是一件费时费力而又考验营销智慧的事：从研究所服务的市场未满足的需求，到为满足可能的这些需求的不同产品概念，到形成市场可行性报告，到基于产品概念的产品需求规格书,到市场可行性报告与需求规格书通过企业高层批准开发立项的这一过程,贯穿着清晰的客户需求;贯穿着评估需求量和需求量的可持续性的判断;贯穿着目标客户的确定和目标竞争对手的确定;贯穿着满足哪些客户需求,不满足哪些客户需求的竞争力的判断,并由此确定满足客户需求的规格书;贯穿着入市价格的预期与判断;贯穿着新产品入市的时间确定与退市时间的评估;贯穿着对在预算约制条件下的不同开发项目的边际成本与边际收益的比较;贯穿着对立项开发产品的销售预测、价格预测、份额预测及投资回报预测等。其中还贯穿着对开发立项的产品是属于战略性产品,还是战术性产品的性质判断。战略性的新产品一定是能给企业带来销售和利润增长的产品,而战术性的产品则是替换即将丧失竞争力的产品,或是阻击竞争对手侵蚀市场份额的产品。

从事这个阶段研究工作的营销人员不仅需要掌握市场调查研究的理论和方法,而且还需要对所进入的市场和目标对手有深入的了解和理解,更需要产品的技术功底。在开发立项前的大喇叭口研究阶段,营销人员差之毫厘,则会导致开发产品失之千里。许多企业的产品开发入市失败,主要错误不是发生在开发阶段,而是发生在开发立项前的研究阶段,DNA 没有设计好,开发出的就是畸形儿,畸形儿在目标市场扮演不了正常的竞争角色。

所以在集成产品开发的主流程中,可行性分析是一个最重要的效益评估关口,此前研究工作的职业化程度和深度,对产品开发立项的质量是不可或缺的专业要求。业界普遍存在的问题是,从事该阶段研究工作的营销人员,只懂调查研究方法不懂产品技术和市场,或者只懂产品技术和市场不懂市场调查研究方法。笔者职业经验是选择懂得产品技术和市场的营销人员,并训练他们市场调查研究方法和基本财务知识。

产品需求规格书就是产品开发的 DNA,产品入市后的竞争力与盈利性表现都基于产品需求规格书。产品需求规格书的制定是为了实现产品概念:哪些客户需求是重要的?哪些是不重要的?客户需求的重要性排序是什么?产品满足哪些客户需求?不满足哪些客户需求?满足客户需求的差异化点或竞争力的点在哪里?

与此相对应的宣传包装点是什么?给客户带来的价值点是什么?因此合适的产品概念决定合适的产品需求规格书,合适的产品需求规格书引导合适的产品开发技术规格书。产品开发技术规格书是产品需求规格书中的产品竞争力和盈利性 DNA 的展开和逻辑呈现。

4. 产品成功的检验标准与技术前瞻性

产品开发结束并进入市场发布并不是检验产品是否开发成功的标准，而只是检验产品开发是否成功的开始。检验产品开发是否成功有三个检验阶段，即新产品市场导入检验阶段、新产品试用检验阶段和新产品开发是否成功的检验阶段。

第一个检验阶段是新产品市场导入阶段，检验的是产品包装的概念或卖点是否得到目标客户、目标市场的认可和接受。为达成这个目标，企业往往将很大的投入放在新闻发布会、展览会、广告，路演等新产品的宣传推广上。这个阶段的作用就是检验新产品是否是"说得好"。当目标客户或市场有兴趣试用新产品时，新产品就通过了第一阶段的检验，并向成功迈出了第一步。

第二个检验阶段是新产品试用阶段。当目标客户或市场开始小规模试用新产品时，企业的销售和营销团队密切跟踪客户的反馈意见，则是不可或缺的工作。客户在试用新产品的过程中会检验新产品是否具有所宣传的概念，会检验新产品是否具有不同的又是客户关注的使用价值，会检验新产品是否满足了以前未满足的需求，会检验新产品的价格是否在客户的心理承受范围内，会检验新产品的质量是否达到客户的预期。如果试用新产品的客户对上述的回答都是肯定或正面的，则新产品就通过了第二阶段的检验，并向成功迈出了第二步。如果在这个阶段，试用新产品的客户对上述的答案是部分肯定、部分否定，营销团队就需要针对试用客户的否定项进行研究，并反馈开发共同讨论新产品的优化方案，改进不满足项。并进一步扩大试点，收集更广泛的客户意见。

第三个检验阶段是新产品开发是否成功的阶段，也是终极检验阶段考察新产品是否达到盈利性的要求：新产品销售量的增长速度是否达到预期？新产品对目标市场覆盖范围和覆盖深度是否达到预期？新产品对目标对手的竞争性是否达到预期？新产品入市是否引起目标竞争对手的紧张？新产品的市场价格是否在新产品市场可行性研究报告的预期之内？新产品的成本是否在新产品需求规格书的要求之内？新产品是帮助企业守住了市场，还是帮助企业渗透了进竞争对手的市场？等等。如果对上述问题的回答是肯定的或是正面的，则新产品的开发就是成功的。而检验新产品是否开发成功的终极检验标准是新产品的盈利能力是否达到预期。超过预期是优秀，达到预期是合格，有盈利能力但低于预期则只能算基本成功。如果新产品只是概念成功而盈利不成功，则新产品开发就是失败的。美国的 APC 公司在 IT 市场推出的大英飞系列和小英飞系列产品的概念获得了市场的普遍认可，但由于价格超过了大部分客户的心理承受范围，新产品销售增长速度和销售量远达不到预期，结果新产品概念虽然成功但新产品的财务却失败。由于 APC 在新产品上投入太大而回报太低，APC 的公司的财务指标持续恶化，最终被法国的施耐德公司并购。

为适应不断变化的市场，企业的经营不可能一成不变，在"活着是硬道理"的指引下，企业在中长期的时间里有可能进行企业的战略调整。而这种调整能否成功，首先取决于支撑企业发展的技术平台能否同方向地调整成功。

企业的技术平台是企业产品发展的基础资源，这个基础资源在帮助企业成功上起着最重要的支撑作用。这个技术平台可以是开发的技术平台，也可以是制造的技术平台，或者是两者都有的技术平台。开发技术平台和供应链的技术平台决定企业在目标市场的竞争实力，这两个平台的重要性如同现代战争中的后勤保障系统，战场上的一切战力表现都取决于后勤保障系统能多快多有效地向前线输送武器弹药。

当企业从标准化、大规模制造向亲和客户的定制化制造，或向以快速开发实现比较差异化制造转变时，开发平台能否快速响应客户的新需求，能否快速响应营销团队提出的改进产品竞争力的诉求，能否有效地将技术平台上的不同专业合成化地组织起来支持跨产品线的解决方案的发展，能否在多产品线的技术平台上最大限度地实现器件、物料和技术共享，这些都是支撑企业战略调整所必需的技术平台的调整。快速、弹性、协同、共享是开发技术平台调整的成功关键。

供应链技术平台是与开发技术平台和企业战略相匹配的技术平台。以标准化、大规模和比较成本优势来推广业务的企业和以非标准化的、客户定制化来推广业务的企业，其中对供应链的技术平台的要求是不同的。前者要求采购系统不仅要有稳定且质量可靠的供应商群，严格的供应商认证系统和来料质量检验系统，而且还要有合格的备份供应商储备。对需要由外协制造的，供应链技术平台还必须储备制造资源，并且要在器件供应商、外协制造供应商、本企业制造厂和仓储系统之间建立完整的计划分配系统、质量控制系统、突发事件应急响应系统。这个供应链技术平台建设的标准是：确保企业的供应链体系能够按时、大规模按量地、按质地向客户交付产品。

采用非标化和定制化进行商业运作的企业，虽然在供应链的架构体系上与标准化、大规模进行商业运作的企业基本一致，但在供应商选择的多样性和弹性上，在制造规模和制造弹性上，在外协制造资源的选择标准上，在供应体系管理上都有明显的差异。计划弹性、制造弹性、采购弹性（非标准多样化采购）和供应弹性是对这种供应链技术平台的建设要求。只有富有弹性并且是质量可控的供应链技术平台才能满足小批量、多频次、多种类，按时、按质交付产品的要求。

当从事标准化大规模低成本经营的企业要向亲和客户的定制化经营转变，或向快速开发的技术差异化经营转变时，企业的开发技术平台和供应链技术平台都必须随之进行匹配性调整，以支撑企业的经营战略变化要求。为解决好支持战略变化的两类技术平台同步调整问题，有的企业开始采用以业务单元（BUSINESS UNIT）进行纵向管理的方式来解决同步调整问题，即由业务单元的负责人对开发与供应链进行统一管理。

当然，这两种技术平台的匹配性变化不可能一蹴而就，一定是一个渐变的过程，因此企业的经营战略调整也是一个逐步变化的过程。企业的营销团队要以新业务模式尝试的方式，来引导企业逐步随着新业务模式的成功和逐步随着新业务模式成为企业的业务主流时，渐进地完成这种转变。

第十一章
产品生命周期管理

营销在企业中的核心使命可以概括为：指导企业发布或退市产品、进入或退出市场、以合适的商业模式进行市场运作、保持合适的盈利水平和市场地位。营销的意识作为企业发展意识需要企业全员拥有，但作为企业的专业性管理则需要专门的营销团队来履行职责。

一般情况下，营销的载体是产品，企业所有的营销活动都围绕着产品展开，包括立项、开发、定价、发布、推广、销售和服务。客户需要什么样的产品？企业要开发什么样的产品？如果这两个产品对等，说明了企业营销的成功和产品开发的成功，也说明了企业与客户做到了成功握手。一个产品的诞生要经历客户需求调研、产品立项、产品开发、产品发布、产品运营和产品退市等过程，是一个全生命周期过程。产品的生命周期有长有短。长生命周期的产品代表着客户需求的旺盛和行业发展的主流；短生命周期的产品有可能是非标定制的产品，也有可能是市场发展的瞬息万变下的产物。无论怎么样，评价一个产品是不是成功的产品，不在于生命周期的长短，而在于它是不是补足了企业产品家族的短板，是不是提升了企业的整体竞争力，最终是不是为企业带来了盈利？

1. 产品生命周期

产品是企业与市场交换资源的一个媒介，企业的竞争力和盈利性最终依靠产品的市场表现来经受客户的检验。因此，企业对产品的管理就是对企业的竞争力管理和企业的盈利性管理。企业产品管理（PM）的理念就是：以营销为灵魂，以财务为准绳的一种管理。营销要解决的是企业竞争力问题，为此它要解决两个战略问题：如何把企业从红海市场引入蓝海，如何引导企业在红海市场比对手获得更多的份额和利润；帮助企业解决下列财务问题，如何保证企业的盈利性，如何使企业的业务给投资者带来更多的利益，如何使企业以更低的成本实现业务目标。企业的产品管理就是围绕上述两个管理理念展开的。企业的产品管理过程就是企业的产品生命周期管理过程。产品管理的最终准绳就是产品盈利性。

新产品会因为具有更高竞争力和盈利性而上市，老产品会因为缺乏竞争力和盈利性而退市。广义的产品生命周期管理是从客户需求研究开始到该产品的退市后管理结束为止的完整的过程。狭义的产品生命周期管理是从新产品发布上市到该产品退市和退市后管理的过程。

从广义的产品生命周期管理的过程看，客户需求调查、产品概念形成、产品需求规格规划、产品开发立项、产品技术规格设计、产品开发、产品测试与产品终试、产品上市发布、产品竞争力评估、产品优化与升级、产品退市，这些环节都是产品生命周期管理的最重要的管理节点。

客户需求研究是产品管理的起点。这个起点解决的不是企业今天卖的产品的问题，而是解决企业未来所要销售的产品的问题。一般来说，从客户需求研究开始，到新产品概念形成和新产品的开发立项，再到开发出可以上市的可供销售的产品的过程，是产品管理的最为重要的过程。未来该产品上市后的销售量、盈利性问题完全依靠本阶段的营销工作。这就好比营销团队在这个阶段就要根据未来的土地、气候状况选好种子，以便让这个种子在选定的未来的土壤和气候条件下能够高产、抗病虫害。这个阶段正是营销团队为未来的产品设计竞争力和盈利性 DNA 的阶段。产品上市后的一切竞争力和盈利表现都不是靠产品包装出来的，而是靠在产品概念形成和需求规格设计阶段规划出来的。因此，从客户需求研究到产品上市这个阶段的产品管理过程，呈现的是一个喇叭口形状的不断收窄的管道化过程：起初有若干需求研究，通过营销会放弃一些没有价值的或企业没有能力应对的需求，只对企业可以应对的需求进行产品概念的研究。

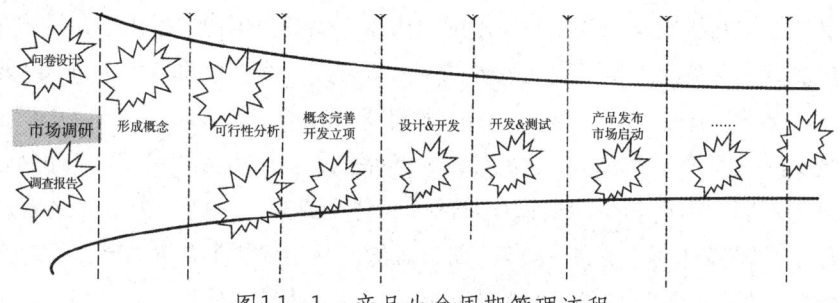

图11-1　产品生命周期管理流程

基于客户需求研究的产品概念的研究，既可以是沿着本企业的技术路线进行，也可以沿着本企业的渠道和客户线进行。这涉及企业进行新产品开发的风险管理。一般来说，新产品的开发至少要能够借助本企业现有的资源平台进行，要么借助本企业的技术平台，要么借助本企业现有的市场平台，最好能够同时借助这两个平台。新产品开发借助本企业的平台越多，其上市后面临的风险就相对越小，反之风险就越大。

经过筛选，由需求研究到产品概念阶段的项目逐步减少，再到产品需求规格设计阶段的项目就会进一步减少，最后到产品开发立项阶段的项目就更少。即便是进入实际开发阶段的新产品，也会因为技术或其他因素而终止开发这也是常见的事。真正能够发布上市的新产品与最初的需求调查的项目相比要少得多，这就呈现为一个喇叭形的管道，通过这个喇叭形的流程管道，企业的营销团队为企业选好了产品种子，企业就指望这个新产品的种子为企业的未来带来丰收。

当然，如果所研究的需求在未来非常之大，但这个需求既没有落在企业的技术平台上，也没有落在企业的市场平台上，营销团队则不应该以新产品开发驱动企业进入该领域，而应该建议企业决策者通过收购或合资合作的方式进入该领域。企业完全可以使用资本的力量通过收购或控股的方式，来获得企业的新技术能力及新市场的能力。这种方式也是跨国公司，特别是世界500强企业扩张的惯用方法。美国的艾默生电气公司从1950年开始通过200次的成功收购，使这家在1950年时还只有5000万美元的美国本土公司到2000年时，发展成了150亿美元的世界500强企业。

　　企业生存发展所依赖的载体是产品和服务，产品、服务是为满足客户需求而设计和发展的，它帮助企业在市场上实现与客户手中的货币进行交换，使企业获得保持和扩大再生产所需要的资源。由于客户需求是变化和发展的、由于产品的技术路线也是在变化和发展的、由于产品的供应商在推出满足客户需求的产品方式和概念上也是变化发展的，所以任何一个产品都有一个进入市场和退出市场的规律性周期。这个产品生命周期（自产品入市发布到产品停产退出市场）的时间长度因需求变化的特性、产品技术变化的特性和市场竞争特性的不同而不同，但产品生命周期变化的总趋势是越来越短的。2000年之前是10年以上，2000年以后是4—8年。而最短的产品生命周期是芯片产品。摩尔定律揭示：芯片发展每18个月的性能就提高一倍，而成本降低一半。

2. 产品入市管理

　　产品入市是保证企业成功的最重要的活动。产品入市成功的标志是：在企业设定的时间内，客户和市场不仅认可和接受该企业的产品，而且其产品的财务指标基本达到企业的预期。为使产品成功入市，企业会有策划地举办产品发布活动，如新产品发布会、产品展示会、产品推广会、产品广告等。这些活动的目的是使新产品的信息迅速到达目标客户。然而，目标客户知道企业新产品的信息是一回事，是否认可企业在产品发布中宣传的新产品的客户价值是另一回事，而要使客户愿意购买该公司的产品就更是另一回事。在产品市场上，这三点未必是一致和统一的。客户知道企业新产品的信息不一定认可该企业宣称的新产品的客户价值，客户认可了该企业宣称的新产品的客户价值不一定愿意付那么多钱去购买这个新产品。

　　产品入市是否成功不仅仅取决于企业的产品发布活动，更重要的是取决于企业在产品发布前的产品路标规划和产品发展行为。大部分企业在产品开发上存在的误区是把产品开发仅仅定义为开发团队的事情，而不是将产品开发定义为营销团队和开发团队共同的事情。一个企业如果将产品开发仅仅定义为开发的事情，这个企业一定是以产品为导向，而不是以客户需求为导向的企业。开发团队开发出什么产品，营销团队就包装和推广什么产品，销售团队就销售什么产品，这种企业的市场走向往往被技术团队左右，其产品的客户接受程度和市场竞争力也为技术团队的偏好所左右。

开发人员天然地具有用最新的技术最好的器件和拓扑开发出最好的产品的偏好，这种偏好对实验室产品或创新的概念产品是必要的，但对开发出商业化产品则是不足取的，商业化产品需要的不是"最好的产品"而是"最合适的产品"。"最好的产品"同时也意味着是最贵的产品，其销售前景受到客户预算的制约，正所谓"阳春白雪和者必寡"。在市场竞争中，"最好的产品"往往不敌"最合适的产品"。所谓"最合适的产品"是指针对明确的目标市场开发的在技术、功能、性能和成本要素上，具有选择性的突出的契合客户价值的产品。对价格敏感的细分市场而言，成本是客户最关注的价值；对高端的细分市场而言，品质、性能、功能可能是客户最关注的价值；对中端细分市场而言，综合性的性能价格比可能是客户最关注的价值。最契合细分市场客户价值的产品就是"最合适的产品"。开发出"最合适的产品"是企业成功最为关键的一环。

开发"最合适的产品"不能闭门造车，需要企业不断了解与研究客户细分和客户需求。这个使命在企业中最有资格担任的角色既不是销售人员，也不是开发人员，而是营销人员。销售人员在业绩考核的驱动下，天然地具有短期行为的偏好。销售人员的思维和行动始终围绕从客户那拿回合同进行，其在企业中的使命和视野决定了销售人员不可能从市场细分角度来考虑企业的产品开发，只可能从单个的销售项目的竞争出发，对产品开发提出要求。因此，以销售团队来指引开发"最合适的产品"有天然的局限性。开发人员从事的是办公室的工作，开发团队在企业中的职责决定了其很少有机会接触客户，加之前面阐述的开发人员的天然偏好，这就决定了开发团队也不适合扮演指导开发"最合适产品"的角色。

企业中的营销团队具有扮演指导开发"最合适产品"的角色的条件。营销在企业中的基础使命是：理解本企业的技术和产品，参考竞争对手的产品卖点，针对目标市场客户关注的价值点包装本企业的产品；将本企业产品宣传、推介给目标市场客户；指导销售人员以合适的方式将本企业的产品销售给客户。营销人员，对外直接与客户沟通，参与销售项目的竞争，了解竞争对手的出牌，与本企业的销售人员结成"狼狈"行动小组，协同争取获得客户的订单；对内协同开发团队并代表客户对产品优化和改善产品竞争力提出意见和要求。

营销团队的基础职责决定了营销团队能够成为以关注当前产品竞争力为基础来进一步关注企业中长期业务发展为使命的团队。

3. 产品诞生与发布

处于集成产品开发和产品生命周期的管道图中的前端是营销团队。营销团队扮演客户需求调查和分析、提出满足客户需求的产品概念、制定产品市场可行性报告、制定产品需求规格书的角色。这个角色扮演的步骤和过程是产品竞争力的 DNA 设计过程。当营销团队提出的市场需求和产品概念得到企业跨部门的产品开发决策团队（通常由营销、销售和开发团队负责人组成）批准立项后，新产品就正式进入开发流程。

事实上，从客户和市场需求调查研究开始的新产品概念创立，到能够得到批准开发立项的过程是一个大喇叭口的收敛过程。

营销团队首先对目标市场客户未满足需求进行扫描性研究，从中筛选出可能需要开发的新产品，形成产品概念，分析本企业的技术平台是否能够支持该新产品的开发，分析本企业开发该新产品是否能够比其他企业更具有竞争力，分析在本企业资源约制的前提下的新产品的开发顺序。实践证明，只有那些对本企业未来业务增长或转型有重要贡献的产品，只有那些能够得到本企业的具有比较优势的技术平台支持的新产品开发立项，才能得到批准。

新产品一旦得到批准开发，开发团队就开始主导新产品开发过程。由于每个产品线有多个产品需要开发，为规划和安排开发资源的投入，开发团队需要建立一个产品发展的路标规划来安排开发资源、监督产品的开发进度和各产品的开发顺序。对具体的新产品开发而言，开发团队会针对营销团队制定的新产品需求规格书设计相应的技术规格书，并就技术规格书能否满足和实现需求规格书的要求与营销团队进行讨论。一般的原则是，只有技术能力无法达到需求规格书的要求时，才会放宽一些技术规格标准，但需求规格是不会调整的，因为需求规格代表的是企业产品的市场竞争力。

实践表明，新产品的功能目标、性能目标，新产品的成本目标，新产品市场发布的时间目标，是四个重要的目标，需要开发团队尽最大努力来实现营销团队在四项目标上的要求。当开发路标规划的进度或技术规格书达不到营销团队的要求时，开发团队就需要与营销团队共同讨论一个双方可以接受的方案。技术规格书与需求规格书之间经常会出现差异的是成本，当技术规格书中的成本达不到需求规格书要求时，营销团队应在技术指标上放宽要求，或者是在功能上做一些调整，以帮助开发团队能够实现成本目标，或者是开发团队采用新的技术平台来实现需求规格书中对新产品的成本要求。如果这几种方法都找不到，就可能取消该新产品的开发。因为，产品的成本目标是决定新产品能否顺利进入目标市场的一个刚性目标。此外，新产品的功能目标、性能目标和发布时间也是营销团队不能轻易妥协的目标：如果新产品属于市场先导性的产品，营销团队在市场可行性报告中所要求的新产品发布时间就是一个100%的刚性要求，新产品发布时间不能妥协，一定要在竞争对手的前面发布和推广新产品，以争取本企业新产品的先发市场地位优势，为企业取得未来的市场份额奠定基础。如果市场先导型产品发布落后于竞争对手，那就意味着企业将要花费更长的时间，投入更多的费用和给客户更低的价格才能抵消处于先发优势企业的产品影响力，从而获取目标份额。如果新产品是属于跟随型的或替换本企业旧产品的，对于此类新产品发布期，营销团队可以根据市场竞争和本企业的资源情况做适度妥协。因为在这种情况下，企业可以以降低现有产品价格，以牺牲利润的方式来维持新产品延迟发布期间的应对竞争。

新产品发布不是一个简单地告诉客户"我有新产品"的消息发布，而是一个在产品开发之前就已经通过客户需求调查研究后制定的一整套的决策和行动。这就好比新生儿在母亲肚子里的十月怀胎，DNA决定了胚胎的性别和新生儿出生后的生理生长特性（身高、肤色等）。市场可行性报告决定了新产品的目标市场、市场地位定位、目标份额、目标销售额、目标成本、目标价格、目标毛利、目标投资回报率、产品入市时间、产品目标退市时间、产品与竞争对手的差异化和卖点等。

产品需求规格书是一份基于市场可行性研究报告，对产品入市竞争所需要满足的需求属性进行的需求规格描述：功能要求、性能要求、可制造性要求、可操作性要求、可维护性要求、成本要求、入市时间要求等。产品需求规格书中的前五项要求对产品的成本有重要的影响力，因此好的产品需求规格书是要在各种需求规格要求中寻找一种平衡。检验需求规格平衡性的方法就是要检验需求规格书与市场可行性报告中所规划目标的匹配性。

可见，市场可行性报告和产品需求规格书决定了新产品市场竞争力的

DNA，产品开发技术规格书是把这种 DNA 转化成技术要求，当产品按照技术规格书开发出来后，产品测试部门要以产品技术规格书为标准来检测开发出的产品能否达到目标要求。如果达到技术规格书的要求，只证明开发团队完成了新产品开发任务，还不能证明新产品开发成功。只有在新产品入市后实现了市场可行性报告中设立的那些目标后，新产品才算开发成功。

企业新产品的发布需要一个流程和一套发布策略。新产品发布流程是一个解决企业内部如市场、销售、服务、开发、计划、采购、制造等跨部门的流程，这个流程把新产品发布纳入企业主业务流程进行管理。营销团队要事先依据市场可行性报告中的规划编写和制定《新产品入市通知》、《新产品销售指导书》、《新产品宣传彩页》、《新产品目录价格》和《新产品培训资料》等，以指导销售团队、渠道商进行新产品销售。开发团队则要编写《新产品技术手册》《新产品配置手册》，以指导营销团队对产品的技术包装和选配产品，以指导客户对产品的使用。服务团队要编写《新产品操作与维护手册》和《新产品安装手册》，以指导用户和渠道商对产品的安装与维护工作。

对具体的新产品发布而言，需要营销团队首先发起新产品发布流程，将上述的发布文件进行跨部门会签，在内部的一切发布准备工作完成后，由营销团队向市场发布。开发团队要把新产品的 BOM 清单和指导生产的文件正式传递给供应链部门，供应链团队要依据新产品的 BOM 清单落实器件供应商、协作制造商，并安排生产线；供应链的计划团队要依据市场团队的销售计划制订物料计划，以指导器件采购和安排产能。开发团队需要对服务团队进行新产品的内部培训。服务团队不仅要准备承接产品工程或服务业务，有的甚至要进行服务的组织调整来支撑新产品的业务发展。

在做新产品发布前的内部准备工作推动的同时，营销团队要与销售团队联合制定新产品市场发布的活动策划。新产品发布的活动策划要回答下列问题：向谁发布（新产品的目标客户群是谁）？通过什么渠道发布（对目标客户群有广覆盖和影响的媒体）？是否需要举办新产品新闻发布会？是否需要做行业的区域的巡展或新产品培训？

根据上述的回答，营销与销售团队制订一份新产品发布的行动计划，并建立联合的行动小组来实现该计划。对消费品的新产品发布，一般通过广告媒体或专业展览会进行；对工业品和贵重消费品而言，一般要通过新产品新闻发布会配合广告媒体进行，有的同时还要通过专业展览会进行。对重要的新工业品发布而言，如果是通过分销渠道销售的，还需要进行一系列区域的新产品发布的路演。有的企业在新产品新闻发布会和新产品路演之后，还要通过对分销渠道的培训来扩大和加深分销渠道对新产品的认识和理解，以加速新产品进入市场的步伐。

新产品发布的活动类型有多种。采用何种发布形式不仅取决于发布的产品是消费品还是工业品，还取决于该产品的目标销售量和利润水平带来的发布预算。销售量巨大，利润水平丰厚的新产品发布活动，其投入大，新产品发布的形式就会多样化；反之，投入少其发布形式就简单。消费类新产品发布的典型，在中国是酒类企业，一些企业用新产品预期利润的70%以上的预算，来在主流电视媒体上打广告。工业品新产品的发布典型在中国是通信和IT企业，该类企业的新产品发布不仅举办新产品新闻发布会，参加专业的通信和IT展览，企业自己还组织新产品发布的区域性路演，有的还通过开设新产品应用的样板店来组织目标客户进行实地应用场地的参观。这类企业通常通过在企业本部建立专门的产品展示厅，来对到访的客户进行新产品宣传。有的企业甚至建立专门的车载式新产品展厅支持新产品的路演，将产品推广和产品展示与可移动的车载展览厅结合起来加强新产品发布对客户的影响力。

"我有新产品"的消息告知只是新产品生命周期的开始，新产品能否成长为企业的现金流产品，取决于产品的竞争性和盈利性管理。

企业的产品发布好比一个家庭新生儿的诞生，前期的客户需求研究、产品概念形成、产品需求规格书设计、产品开发和测试验证都是一个十月怀胎的过程。新产品的发布有着企业内部发布和向市场发布的两个过程。

新产品在企业内部进行发布的主要功能是让企业所有的部门做好支持新产品的推广、销售、制造、工程、服务和财务计量的准备。新产品在企业内部发布涉及除HR外的所有部门，它通常由负责产品发布的营销部门起草发布文件，该文件要求除HR以外的所有部门的主管签字，确认同意该新产品的发布，该会签文件同时也扮演了责任通知书的功能，签字的部门主管对新产品的运作负有责任：财务部门要给该新产品确定财务编码；开发部门要完成和归档新产品的所有设计文件、生产BOM和生产工艺文件；服务部门要做好新产品工程、服务交付的人员准备及技术准备；供应链部门要做好新产品物料供应商准备、生产线准备和产能准备；销售部门要开始做好渠道准备和市场宣传准备；营销部门要做好产品宣传、概念包装、产品宣传手册、产品推广胶片、产品培训资料、产品广告设计与媒体投放计划、新产品展览计划、产品发布路演计划、产品销售指导书、产品定价与价格授权体系制定，等等。

在启动新产品内部发布流程前，原则上要求新产品的开发部门在新产品进入最终验证性测试后就对营销团队、工程团队、服务团队进行新产品培训。在新产品发布前，还要对新产品进行消费者试用或开展工业用户的新产品应用实验，以对新产品的概念、客户价值、价位、产品性能、功能进行验证。这个过程同时也是一种新产品上市前的"倾听客户声音"（VOC）的过程。

无论这个公司的品牌多么知名，其新产品上市都有一个让其客户了解、理解、认可和愿意购买的过程。为了加快客户对新产品的认识和接受过程，大多数企业在产品进入原子机测试阶段就开始进行提前的市场宣传，这个新产品发布预热期可能是3个月到1年不等。提前的市场宣传期就是企业设计的使市场对新产品认可和接受有个过渡期。

当企业做好了产品批量供应的准备后，营销团队便可以进行正式的新产品市场发布。新产品一旦进行了市场发布，就意味着只要客户下订单，企业就能按合同交货，并能提供后续的服务。

新产品发布的形式随不同企业的不同产品而有不同的发布方式，没有固定的模式。企业无论采用什么新产品发布形式，其核心目的都是相同的：让目标客户和市场了解新产品是什么、对使用者有什么价值、有什么不同于同类产品的独特性、从哪里可以获得产品信息和产品等。

消费品的客户是大众性的，其新产品发布的渠道和形式大都借助于公众媒体。如果消费品仅适用于某类细分的客户市场，其发布的媒体选择上需要评估各种公众媒体对不同细分消费者影响的深度和广度。一般情况下，消费类新产品发布的形式大都采用平面广告、电视广告、现场体验会、新闻发布会等。工业品的客户具有明确的行业特性和技术特性，如大型飞机，对大型飞机有市场需求的只有各国的航空公司。因此，工业品的专业、行业和技术特性，就要求该类新产品的发布一般是借助于行业内的著名专业展览，这些专业展览会会自然地吸引行业内的客户来参观和到展台上交流。有的企业把参加展览会和新产品的新闻发布会结合起来，在展览会上举办新产品发布和技术交流会。有的企业甚至把邀请目标客户参观展览会、参观本公司的展台和参加本公司的新产品发布会作为最重要的营销活动。如果工业品市场缺乏有强影响力的展览会，企业一般要自己策划新产品发布的路演活动。为了扩大对目标客户的影响力，路演活动一般是选择与本企业有合作关系的大渠道商联合举办。有的不仅在一线城市进行路演，甚至还到二线城市做连续的新产品路演，同时配合性地在平面媒体上写软性文章进行宣传；有的路演是针对细分行业市场进行的。

对采用分销或代理销售的工业品企业来说，在对市场做正式发布前，需要对本企业的渠道和合作伙伴进行新产品的培训；在企业新产品发布路演之外，还需要渠道商和合作伙伴帮助企业做末端市场的新产品发布。对工业品的新产品发布而言，不仅需要企业做新产品的发布推广，还需要渠道商和合作伙伴做延续的新产品发布推广。

企业营销团队在新产品发布上所发布的新产品的概念、新产品的客户价值、与同类产品的独特性等这些包装性元素，绝不是在新产品开发出来以后总结概括出来的，而是在新产品的概念形成和需求规格书制定阶段就设计好的。新产品开发，就是把已转化成新产品的需求规格书和技术规格书中的内涵展示出来。在新产品的需求规格书中就已经规定了新产品的目标市场、目标客户、目标竞争对手、市场定位、成本要求、有重要性排序的功能与性能要求、新产品可制造性可安装性和可维护性的要求、新产品的上市时间要求、新产品的生命周期要求等。现在可能还要加上产品退市后的回收和废物再利用的要求。未来甚至还要提出新产品从制造到交付到客户手里这一全过程的目标足迹的要求。

大部分的企业把产品的开发工作与营销工作分割开来是错误的，这种分割的后果是：缺乏营销指引的产品开发不是以客户需求为中心，而是以企业产品为中心，这常常导致企业开发的产品没有确定的目标市场，无法给予合适的市场定位，产品规格不能很好地匹配客户需求。在新产品发布后的很长时间里，不能形成产品竞争力，到头来企业要两线作战：既要以现有产品去找客户，又要为找到的客户补充开发不同规格的产品。这既增加了企业的开发投入，耽误了产品整体上市的时间，又大大延迟了新产品投资回收期。在此情况下，新产品的毛利润额和净利润额水平很难达到产品规划设计时的目标要求。

艾默生在开发PLC产品上就吃了这个苦头。开发团队依据开发低压变频器的经验，依据对与之配套使用的PLC的理解，开发出一款64点PLC产品。产品开发出来后，销售团队不知道什么样的客户需要这种规格的产品。于是销售团队通过变频器的渠道找需要64点PLC的客户。但从渠道和客户处返回来的意见是：这种规格的产品应用场合很有限，能接触到的客户大都需要32点的

PLC；当艾默生开发出 32 点 PLC 以后，渠道和接触到的客户又反馈：新产品不成系列，客户需要多种规格的 PLC 产品与设备配合才能形成生产力。结果，由于前两个规格的产品开发不能在预期的时间里实现盈亏平衡，企业已不愿意再对这个产品开发进行投入，销售团队只能把产品卖到只需要 64 点和 32 点 PLC 的客户那里，从而在市场竞争中备受其他 PLC 品牌的欺压。结果，在经过 4 年的痛苦挣扎之后，于 2009 全球经济危机年，艾默生终于关掉了 PLC 产品业务，整个 PLC 业务团队解散。

营销团队对销售团队的指导，也是新产品成功上市的要素之一。营销团队在根据市场需求规划产品的规格时就要考虑产品的销售方式。工业品的新产品上市就更是要这样。如果你规划的产品目标市场是直接销售的，你可以在产品的复杂性和客户性方面多下功夫，因为你可以通过自己的技术人员面对面地与客户交流和演示，派自己的专业工程人员去为客户安装。如果你规划的产品完全是通过分销商销售的，你要把产品规划得简洁、少工程甚至无工程，使产品不需要求助专业技术人员，渠道商自己就可以解决安装和维护问题。只有这样，分销商在销售产品的过程中才能最大限度地减少附加的成本和技术上的麻烦，从而愿意多卖这种产品。少麻烦地赚钱与能多赚钱对分销商而言是同等重要的。

营销团队对销售团队和渠道商的新产品指导主要是新产品的卖点和特性培训，是对新产品满足的是什么样的客户需求，新产品的目标市场与细分市场，什么样的应用场合推荐什么样的产品，如何与目标对手竞争，新产品的市场定位与价格定位等方面的指导。

营销团队大多是通过编写"产品培训资料""产品考试题库""销售指导书"的方式来指导销售团队和渠道商。有的企业营销团队还为销售人员和渠道商设计出"产品配置器"，来帮助和指导他们根据客户需求，很方便的选配出客户所需求的产品，并报出价格。

网络版的产品配置器的使用，可以极大地优化企业的主业务流程，它的直接好处就是解决非标准品（SFA）的配置问题，它尽可能地把客户固定下来的需求，设计成不同的可选择但又是标准的产品选件，也就是把产品的功能设计做成可加可减的模块化选件。采用网络版产品配置器的好处是最大限度把不同的客户需求都用标准组件的方式来组合解决，使产品具有足够的弹性来应对客户差异化的需求，有利于大幅减少非标准产品的开发，有利于减少非标准品开发的成本和非标准件的采购和制造成本。以艾默生的机房精密空调而言，客户对该产品的选用，需要从制冷量、制冷方式、送风方式、加湿方式、控制方式、附加选件等7个维度几十种要素的交互匹配中进行选择，把这些选择要素排列组合起来有超过4000种不同配置的机型选择。从经济性角度，任何企业都不可能全部开发出这些独立的机型。对此有三种解决办法：第一，只设计固定的若干主要机型，对超出标准机型功能需求的，采用在标准机型上改设计的方法来满足客户。这种方法虽然可以应对市场，但非标准品需要临时改设计、需要临时采购器件、需要临时改生产文档，这就提高了产品的成本、延长了产品的交货期、减慢了响应客户需求的速度。第二，放弃满足客户对非标准品的需求，这会导致企业减少产品销售的机会，减低企业在市场上的份额，使企业在市场中处于不利的地位，竞争对手如果洞悉出企业的这个弱点就会在市场竞争中有意引导客户对非标准品的需求，使你的企业丧失参与竞争的机会。显然这种应对客户需求的方法不符合企业和投资者的利益。第三，采用产品配置器的方法，在基本机型的基础上以柔性配置的方式最大限度地满足客户差异化的需求。这种方式的好处是：较低成本、正常的供货期、最大限度地满足客户差异化的需求。艾默生最初是采用第一种方法满足客户差异化的需求，后来采用以第三种方法为主、第一种方法为辅的方法满足客户差异化的需求。

网络版产品配置器不仅改变了企业满足客户差异化需求的方式，同时也改变了企业的主业务流程。由于采用的是网络版，产品配置器与企业的 CRM 系统、MRP 系统或 ERP 系统相连，企业的销售员从形成产品配置到签订合同前的技术评审，再到合同的价格、付款、货期、工程条款的审批等，都是在网上进行，正式合同成立后的产品下单生产也无须人工输入到企业的 MRP 系统或 ERP 系统中，而是由配置器直接导入，实现输入的零差错，最大限度地实现了企业主业务流程中的无纸化办公。

网络版产品配置器也改进了企业生产计划的预测。企业要想在及时交货率和最低库存上同时获得高分是十分困难的。大多数企业在解决这两个很难同时最优的问题上，往往是放松对库存的指标要求来满足及时交货率的指标，因为及时交货率影响客户的满意度和忠诚度，最终影响客户对本企业产品的重复购买；而库存增大只是牺牲企业内部的财务指标（如资金周转率、资金占用率等），不会影响客户对企业的感觉。采用零库存理念的企业，要实现高的及时交货率，则必须通过要求销售团队做出十分准确的要货预测计划，通过要求所有供应商必须聚集在本企业周边不超过2~4小时汽车路程内，通过要求供应商做足库存的方式来解决。虽然这种做成功的企业不多，但日本的丰田公司做得很成功。

采用网络配置器对企业的另一个价值是可以同步定价。只要企业把组成产品和解决方案的成本信息与配置器关联，只要企业把基于成本的目录价制定的逻辑设计进产品配置器，就可以实现在销售人员从配置器中选配出产品的同时，该配置的目录价也会同步给出。如果企业再把市场的价格授权管理的原则和逻辑也设计进网络版产品配置器，销售人员就可以同时进行网上的折扣申请，价格管理者就可以在网上进行价格授权。

销售工具的变革将会推动企业主业务流程的变革：由订单到发货流程的电子化缩短了主业务流程、提高了效率、减少了流程中人为的差错率、减少了流程处理环节中的对人的要求，使合同处理、合同下单生产变成自动化，企业不再需要大量人工来将纷繁的合同信息导入和导出企业的ERP或MRP系统；合同的草拟一开始就是在网上进行的，整个流程把不同业务块的数据库关联起来，合同数据和信息的处理只是不同数据库之间的数据、信息进行交换和处理。这一变革将主业务流程中的各环节的岗位数量减到了最少。

4. 产品盈利性管理

从产品发布到产品成熟有一个相对较长的时期，客户了解和接受新产品需要一个过程，这个过程的长短既与新产品的竞争力有关，又与新产品的营销渠道有关。新产品上市在发布以后，在经历了新产品的市场推广期和客户教育期结束之后，营销团队需要做的第一件事情，就是要对照新产品开发立项时所写的市场可行性研究报告，对照其中所规划的目标市场、市场定位、销售预测、市场价格方面的信息来评估新产品发布后的市场表现，分析其与原规划的相符程度。

销售额和产品毛利（GP）是否符合预期，是新产品上市后最直接的两个评估点。一般情况下，只要产品销售额和GP符合新产品市场可行性报告中的预期，且销售额呈现逐步增长之势，则说明新产品上市成功。如果销售额和毛利（GP）有一个达不到新产品开发市场可行性报告中的预期，则说明新产品或者是产品成本达不到预期,或者是市场定位有问题,或者是新产品的目标市场确定有问题。如果新产品在销售额和 GP 两者上都达不到新产品开发市场可行性研究报告中的预期,则就有必要进行系统性、逆向性的原因寻找:先从客户处了解对新产品的意见,从这些意见中归纳出新产品的目标市场、市场定位和价格与新产品市场可行性报告中的预期是否一致;如果与预期不符合,则需反思是市场需求发生了变化,还是产品开发没有遵循新产品需求规格书的要求。如果都不是,就说明是市场可行性研究报告本身和需求规格书的制定出了问题。如果新产品发布时,市场需求就已经发生了变化,这对企业来说是最无奈的事情。造成该问题的原因可能是新产品推出的时间超出了原先的计划,而使企业错失了最好的上市机会;可能是企业在新产品开发中没有继续跟踪市场需求,从而使企业失去了在开发中修改产品需求规格书或停止新产品开发的机会,也有可能是市场可行性研究和需求规格书制定本身就有问题。目标市场的错位、市场定位的错误大都与上述的问题有关。

新产品上市遇到的成本竞争力问题,有可能来自新产品开发的技术规格书没有遵照需求规格的要求,有可能是规格书本身的问题,这方面最常见的错误是,以一个规格去应对所有的市场需求,以这种思想开发出来的产品其成本一定很高。因为,它没有对需求进行细分,没有对不同细分需求做功能、性能要求上的差异性排序;当成本要求与功能、性能要求相冲突时,由于缺乏对不同细分需求进行功能和性能上的重要性排序,也就不可能通过对差异化的功能、性能要素的取舍来达成成本要求。上述问题与目标市场定位或产品市场定位是否合适相关。新产品的目标市场选择和市场定位有问题,其成本竞争力一定有问题。

营销角色扮演得好的企业,会通过区分客户的细分需求的方式来细分产品,如就洗衣机的需求而言,对强力洗衣的要求、对节能节水的要求、对成本低的要求在不同客户群中的排序要求是不同的,企业可以根据这种不同排序来细分产品设计。如果某类客户最关注的是购买的成本,企业要抓住这类客户市场就必须围绕低成本的要求开发出洗衣机产品;如果某类客户最关注的是强力,企业要抓住这类客户市场就必须围绕"强力洗衣"来设计产品;如果某类客户最关注节能节水,企业要抓住这类客户市场就必须围绕洗衣中的"节能节水"特性来设计产品。上述三种产品虽然都是洗衣机,但主要的特性不同,设计的成本不同,给客户带来的价值不一样,其满足的细分市场需求也不一样,其产品价格自然也就不一样。

新产品上市遇到的价格竞争力缺乏，如果问题的根源不是来自市场的需求细分和产品细分，而是来自产品设计和制造成本高于目标竞争对手，则企业的营销团队就需要推动产品开发团队对新产品进行成本优化工作，驱动开发团队对新产品进行降成本开发。

降成本式开发是新产品定型后的常态工作。在产品基本满足需求的前提下，企业通过降成本式的产品开发，来应对因为市场价格竞争所导致的毛利（GP）下降。

价格战是最常见的市场竞争形态。新产品的成本降低会给销售团队提供以降价方式来扩大市场份额的空间，而市场价格战反过来又给企业带来进一步降低产品成本的压力。当市场出现新供应商或当老供应商寻求扩大市场份额而打破了市场原有的份额格局时，市场最直接的表现通常就是价格战。此外，市场需求规模的扩大或缩小也是价格战剧烈和减缓的催化剂。

营销团队需要衡量新产品通过降低价格所带来的销售额增加，或份额增加是否有价值。其衡量标准就是看销售额增加或份额增加是否给本企业带来总运营利润（OP）的增加。只有能够带来运营利润（OP）增加的降价策略才是正确的，否则是错误的。企业要忌讳去做杀敌一千自损八百的降价竞争，更要忌讳去做杀敌八百自损一千的降价竞争。某些通信设备制造商采用的焦土式价格战（以地板价甚至是地窖价进攻市场）方法是不足取的。这种价格竞争把市场很快做成红海，大大缩短了产业链的生命周期，不仅使大部分供应商退出市场，还使产业的技术创新失去动力。客户从这种焦土式价格战的获益只是阶段性的和暂时的；当实施焦土价格战的企业逼退大部分供应商而获得市场主导地位甚至垄断地位时，利益受损的就轮到客户了，此时的客户面临的将是主流供应商的不断提价。这方面的典型案例是中国通信运营商的宽带接入市场。起初，某个供应商以高台跳水降价方式迎合客户打击对手，从而触发激烈的价格战；而后，另一个宽带产品供应商与其竞相价格比低，若干年之后，绝大部分宽带产品供应商退出市场，通信运营商的确是从这种激烈的价格竞争中获得了低成本建设的好处，但这种好处是不可持续的。2012年，连续多年进行价格高台跳水竞赛的这两个宽带产品供应商，终于承受不了近乎零利润（OP）的企业经营之困而涨价。至此，电信运营商开始承受采购成本增加之苦。

新产品的竞争力不是来自新产品完成开发以后的包装，而是来自新产品开发前的市场可行性研究报告和新产品需求规格书的制定。新产品的包装不是新产品开发出来以后的突发奇想，而是基于新产品市场可行性研究报告和新产品需求规格书的精华呈现。新产品包装涉及下列要素：谁是你的客户？产品应用领域？产品的突出特点与客户价值？产品重要的技术和安全指标？产品的安装、维护手册，产品的技术与应用设计手册等。前四项内容企业一般通过《产品宣传彩页》《产品宣传海报》《产品销售目录》和产品推广的胶片等形式来呈现。

新产品进入市场的拓展期是对新产品规格设计和产品开发是否成功的检验期。新产品的功能特性、性能特性和成本特性是否与目标市场匹配是最重要的检验内容。如果新产品开发前的市场可行性研究提出的满足客户需求的产品概念是正确的，定义的目标客户是正确的，产品的需求规格和成本目标定义是正确的，产品开发充分实现了前述的需求规格书的要求，新产品是按照市场可行性研究报告所要求的目标时点推向市场的，那么这个新产品就应该是成功的。如果不成功，营销团队就要从新产品开发的源头，即产品概念和产品需求规格书中去寻找原因。

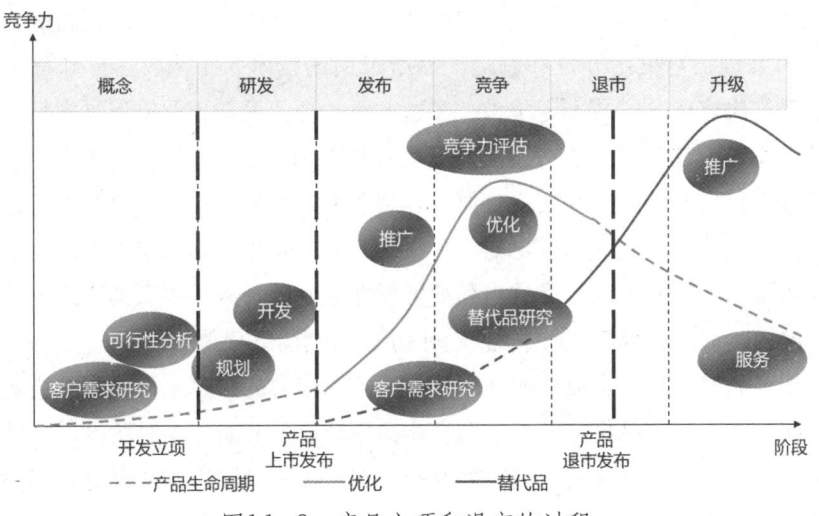

图11-2 产品立项和退市的过程

影响新产品获得市场成功的因素有很多，最重要的因素是三种不匹配：产品需求规格与目标市场需求不匹配；产品成本与目标市场的要求不匹配；产品定位与目标市场定位不匹配。获得市场成功的产品一定是很好地同时解决了上述三个匹配的问题。新产品只要有上述的一个不匹配，其新产品的市场成功率就会大打折扣。因此，企业在新产品正式发布后的最重要的工作，就是跟踪研究上述的三个匹配性，及时优化产品和调整产品的定位以实现上述的三种匹配。

企业在新产品开发上通常犯的错误是："开发最好的产品"而不是"开发最合适的产品"。"最好的产品"一定是技术导向而不是客户需求导向的开发思路。"最好的产品"意味着采用最先进的技术和最好的元器件及材料，实现最完善的功能、最高的可靠性、最长的寿命。当一个产品是按照"最好的要求"开发出来以后，就会发现新产品的成本也是最高的，其售价也是最高的。曲高和寡是"最好产品"市场表现的真实写照。同类的市场需求一定呈现由高到低的金字塔式分布，高端需求永远是少数，中低端需求是市场的主要需求。如果企业新产品的开发定位不是在高端市场而是在中底端市场，该企业就应该调整市场定位和产品定位，使两者相匹配。当然，在高端市场，不仅是产品匹配问题，还是品牌问题，当品牌不能支撑在高端市场的销售时，新产品的市场成功也会面临危机。

"最合适的产品"就是以最合适的技术、器件、材料、工艺、规格、成本，开发和制造出能够满足目标客户和市场的产品。其中，产品需求规格的合适是成功的关键，它决定开发和制造产品所采用的技术、工艺、器件和材料的等级，最终决定产品的成本竞争力。在这方面，企业最常犯的错误是规划设计过多的功能，而这些冗余的功能，绝大多数客户很少使用，甚至从来不用，但企业却为此付出了不能带来客户价值的冗余成本。此外，在产品设计上把什么功能做强，把什么功能做弱，也是事关新产品成本竞争力的影响因素。把产品成本作为第一购买要素的产品成本和把可靠性作为第一购买要素的产品成本是截然不同的。如何决定产品成本也是考验企业营销团队智慧的任务。

新产品发布后，企业对产品竞争力及盈利能力的跟踪，可以帮助企业及时调整产品策略和产品优化，以帮助企业达成新产品开发立项时所设定的销售和财务目标。一般的状况是，新产品发布初期，在客户、市场还没有认识和接受新产品的概念时，采用略高于产品规划时的价格定位和利润要求；当客户和市场逐步接受了新产品的概念，销售渠道开始稳定地销售新产品时，企业通常会把价格调低到产品规划时所设定的价格定位和产品毛利水平。当新产品因为量产而带来产品成本下降时，企业通常会将成本下降带来的利润空间大部分转化为降价，以价格杠杆来翘升企业的市场份额（前提是，新产品市场具有价格弹性）。也有的企业在新产品发布初期就采用竞争性定价，即以低于目标竞争对手的价格入市，暂时不考虑产品开发立项时所设立的财务目标，通过市场份额的提升所带来的量产化的成本降低，逐步实现新产品的财务目标。

不管企业在新产品发布上采用何种入市定价策略，在总体上，要服从产品开发的投资回报率的约束，营销和销售团队要明确新产品实现盈亏平衡点的销售量和时间期限要求。为使新产品能够在上市后就达成新产品开发时的销售额预期、市场份额预期和利润预期，大部分企业会从产品成本、产品功能和产品性能三个维度根据市场竞争状况而不断地优化产品，以改善产品在市场上的竞争力。

当新产品由销售量少而价格高阶段，进入销售量大而价格低，同时利润总量不断提高阶段时，新产品就进入了市场成熟期。处于该时期的产品就成为企业的现金流产品。在这个阶段，营销团队需要关注的问题是，产品的销量和利润的增长究竟是市场需求增长带来的结果，还是本企业产品的市场份额增加带来的结果，抑或是两者兼而有之？如果是市场需求增大带来的结果，营销团队就需要调查"谁比本企业产品销售增长得更快？"如果有企业比本企业增长得更快，营销团队就要调查了解本企业产品竞争力的差距所在，寻找改善产品竞争力的解决之道。在这方面，美国的艾默生电器公司发明了一种"指数衡量法"来衡量本企业的销售增长是否落后于市场需求空间的增长。该公司将其在全球的市场分为成熟市场和新兴市场，该公司要求旗下各子公司在成熟市场的销售增长变化率不能低于所在国家的固定资产投资增长率（GFI）的增长变化率，要求新兴市场的销售增长变化率要两倍于所在国家的固定资产投资增长率的增长变化率；否则，艾默生总公司就会认为其旗下的子公司把份额丢给了竞争对手。

当产品出现销量增加、价格下降、份额不变、利润下降时，就意味着该产品市场进入衰退期。当企业通过降价牺牲利润仍然不能增加市场份额，或者通过降价牺牲利润，销售额仍然下降而市场需求空间不变甚至在继续增长时，就说明该产品已经缺乏市场竞争力了，当这种产品竞争力已经不能通过老产品的优化来改善时，该产品就需要退市了。

当然，产品的退市并不意味着该市场的终结，大部分情况是，企业需要推出新一代的产品来替换老产品。新产品无论是在匹配目标客户和匹配市场需求度上，还是在成本竞争力上，都比退市产品要有好得多的表现。世界优秀企业的经验表明，以新产品替代老产品的决策，绝不是等到老产品已经失去了市场竞争力时才做，而是应在产品发展路标规划中就做了的。每个新产品在开发立项时就已经预设了一个产品的入市和退市的时间。然而，每个产品的实际生命周期长短从产品入市时候就受到产业链变化、技术变化、需求变化和市场竞争变化要素的影响，因此具体产品的生命周期与产品开发规划时的设定一定是有出入的，或者生命周期延长了，或者生命周期缩短了。实践表明，产品生命周期以缩短的居多，延长的是极少数。21世纪头十年的经验表明，新产品生命周期变得越来越短。以IT行业的服务器产品为例，在2000年时，服务器标称的产品生命周期是8年，到2009时，服务器标称的生命周期已经缩短为4年，到2011年，服务器的标称生命周期已下降到3年。

5. 产品退市管理

产品退市管理不是简单地以新产品替代老产品进入市场的管理，它是企业运营管理中的一个重要的组成部分。一个经营了若干年的企业，特别是那些拥有多条产品线的企业，如果没有把产品退市作为一个专项业务来管理，那它一定存在巨额的因为多代老产品退市所造成的冗余成本，这种冗余成本既占用企业资源，又不能给企业带来效益。

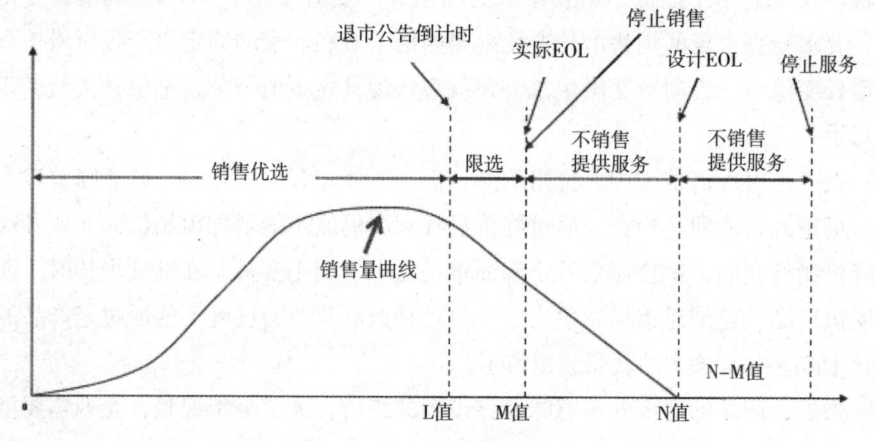

图11-3　产品的退市管理曲线

所有企业的经验表明，产品退市造成的冗余成本来自下列部门和行为：

①老产品被切换过程中形成的呆死料。这些呆死料是不能齐套组成产品的。呆死料的多少取决于企业供应链系统的计划和物料采购水平。一个产品生产所涉及的物料种类越大，物料供应周期的差异越大，被切换产品原有的数量越大，其产生呆死料可能性就越多。②产品设计BOM和生产BOM。企业在开发和生产系统中维护一个产品的BOM成本在几万元到几十万元不等，它随企业的规模不同而不同。③有客户继续要求购买旧机型所引起的附加成本。旧机型是若干年前的产品，其原用的器件很可能已经退市，原先的供应商有可能已经更换，这意味着企业要以更高的成本去为客户提供已经采购不到关键器件的产品。

因此，产品退市工作需要企业在流程和组织架构上做特别的安排。企业无论大小，都需要某个部门和岗位来承担产品退市管理的职责，由这个部门或岗位来监控和推动产品退市管理。在启动产品退市时，该部门或岗位首先要鉴别正在销售的产品是否已处于退市的范畴。当企业发现，在售的产品中某个、某类或某条产品线的销售只占企业总销售额的5%以下，产品毛利（GP）也低于企业的平均水平，该销售行为的受益客户是企业的分散型的小客户，企业如果发现这个、这类或这条产品线就该考虑将其退市了。艾默生公司把客户按销售额大小分为A、B、C类，同时把产品库存按销售额也分为A、B、C类。如果C类的产品处于C类客户的位置，该产品就会被纳入退市管理的视野。当该类产品有替代产品上市，或该类产品虽然没有替代产品上市但GP太低的时候，该产品也要考虑退市了。

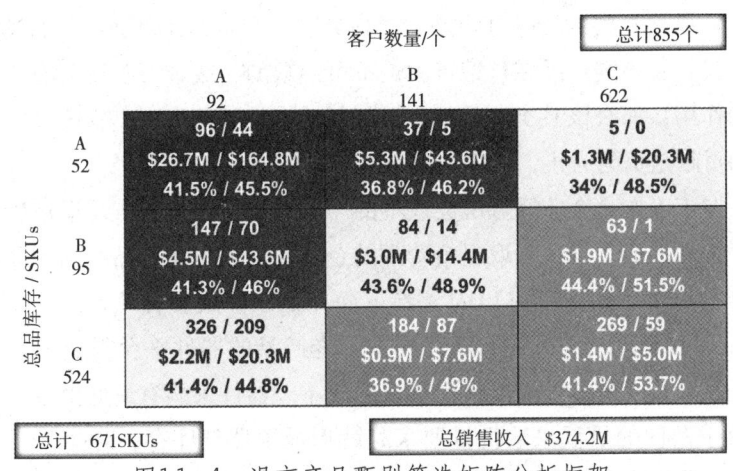

	客户数量/个		总计855个
总品库存/SKUs	A 92	B 141	C 622
A 52	96 / 44 $26.7M / $164.8M 41.5% / 45.5%	37 / 5 $5.3M / $43.6M 36.8% / 46.2%	5 / 0 $1.3M / $20.3M 34% / 48.5%
B 95	147 / 70 $4.5M / $43.6M 41.3% / 46%	84 / 14 $3.0M / $14.4M 43.6% / 48.9%	63 / 1 $1.9M / $7.6M 44.4% / 51.5%
C 524	326 / 209 $2.2M / $20.3M 41.4% / 44.8%	184 / 87 $0.9M / $7.6M 36.9% / 49%	269 / 59 $1.4M / $5.0M 41.4% / 53.7%
总计 671SKUs		总销售收入 $374.2M	

图11-4 退市产品甄别筛选矩阵分析框架

当负责产品退市的部门或岗位人员锁定目标退市产品后，就会启动企业的退市流程：让开发、计划、生产、销售、服务部门确认和会签产品退市的通知；计划部门要依据剩余生产物料做物料消耗计划；营销和开发及计划团队做产品切换计划；服务部门要依据产品保修和维护的需求制订备件贮备计划；开发团队要把退市产品的BOM清单从ERP系统中退出，并转换到历史档案系统中，以杜绝采购系统重新购进已退市产品的物料；服务部门为推动客户采购新的在售的产品，要提高已退市产品的配件价格，该备件价格要逐年涨价。

产品退市工作的核心是将缺乏竞争力和盈利能力的产品退出竞争，将资源用在能够给企业带来更多盈利能力的产品上，从而降低产品沉淀成本，提高资金利用效率。被企业定义为"瘦狗类"的产品就是应该考虑退市的产品，除非企业有技术或市场能力能够提高其毛利（GP）水平，或者能够提高销售量。由于产品销售存在二八现象：即20%的客户购买了企业80%的产品；在具体的产品线中，20%型号的产品占了80%的销售额。因此，企业在决定哪个具体的产品需要退市时是不太容易筛选和决策的。

一般情况下，企业会在盈利能力更好的产品上市后，将其所替代的产品退市，也许这个被替代的产品还保持一定的销售量，但只要这个被替代的产品没有特别的细分市场就会将其退市。只有这样才能够彻底地将原来使用被替代产品的客户，全部转移到新产品上，从而提高新产品的规模效应，降低新产品的平均成本，减少维护老产品的成本。

另外，尽管C类的产品可能是"瘦狗类"的产品，如果这个产品没有新产品可以替代，且该类产品在包销售中是不可或缺的，或者C类产品有着摊薄平台成本的作用，那么该C类产品就有继续保持销售的理由，直到该C类产品对现金流的贡献是负的为止，或净利润OP为零为止。

产品退市工作是企业降低沉淀成本的一种方法，不重视产品退市管理的企业在两个方面的成本会比采取退市管理的企业要高。一是产品线的产品维护成本：多维护一个产品生产的BOM系统其每年的维护成本在几万元、几十万元到几百万元不等；二是采购和库存成本：老产品的器件平台很老了，有的已经退市了，采购老的器件需要付出更多的成本。器件采购有最低批量要求，当销售量低于器件的最低采购批量要求时就形成了器件库存，时间久了就会形成不能转化为产品的呆死料（沉淀成本）。当一个经营了10年以上的企业，当狭义的产品生命周期为3年且到了第3年的末期，当企业有2条以上的产品线时，这个企业就有可能会有几十个未做退市处理的产品仍然留在企业的 ERP 系统中。对未做产品退市管理的企业而言，退市工作的落实就可以为企业减少几百万元到上千万元的沉淀成本。

由于产品退市关系着产品的销售和产品的售后服务，企业内部最合适的管理责任部门应该是产品生命周期管理的部门。这个部门从市场需求研究开始到产品开发的需求规格书的制定，再到新产品上市发布，之后到产品竞争力跟踪研究，最后到产品优化研究，直至产品退市，对产品进行广义的全生命周期的管理。

营销团队负责企业产品退市管理的流程建设、负责退市产品筛选、退市流程的启动和最后的产品退市发布。当营销团队依据一定的原则筛选出退市产品后，会召集销售、开发、服务和供应链团队集体开会讨论决定。当会议一致决定该产品退市后，营销会正式发文通知销售团队和客户"某产品自某年某月某日起停止销售"。依据营销团队产品退市通知，开发团队将退市产品的 BOM 从正式销售的 BOM 平台上下线转入 BOM 的历史档案库，供应链由于没有了退市产品的元器件 BOM 就无法再对该退市产品进行采购，生产线由于没有了退市产品生产文件也不能再生产该退市产品。销售人员由于没有了退市产品的报价单和销售资料，不能进行退市产品的销售，合同管理部门因没有已退市产品的产品编码无法对退市产品进行合同录入和产品下单。服务团队会在营销团队正式发布产品退市通知前，就会依据老产品已销售的量评估出配件库存数量，并由供应链一次性采购入库作为老产品退市后维护服务用。为了牵引客户尽早放弃对老产品的维护和维修，为了使客户转向使用新产品，营销团队依据产品退市的年限，应逐年提高老产品的配件价格和维修价格，鼓励客户将老产品逐步退网，鼓励客户以新产品替代老产品。

6. 产品组合的管理与研究

随着中大型企业从产品供应商向解决方案供应商的转变，不少的企业开始围绕客户市场实行产品的纵向一体化和横向一体化的战略，这给企业的产品管理带来了新的难题和挑战。

所谓纵向一体化战略，是指企业围绕本企业核心产品进入该产品链上游关联产品，或进入本企业核心产品的元部件设计制造领域，纵向一体化战略也可能是元部件企业进入其产业链下游的设备设计制造领域的战略，或者上游的核心设备制造商进入与之关联的下游的核心设备制造领域。例如，深圳的比亚迪原先是做手机电池起家，继而进入动力电池领域，再进入电动汽车领域，由于电动汽车涉及电力电子技术，比亚迪继而进入功率器件领域。比亚迪企业的纵向一体化战略既有向产业链下游的纵向一体化（由动力电池进入电动汽车），也有向产业链上游的纵向一体化（由电动汽车进入功率器件领域）。又如，艾默生公司围绕其应用在数据中心领域的 UPS 和空调产品横向发展进入数据中心输入配电、UPS 输出配电、机房防护、机架、布线、机房基础设施管理、机房设计和规划、机房集成和工程等领域。艾默生公司通过在数据中心领域的横向一体化战略，使其成为数据中心领域的整体解决方案的供应商。

营销团队的一项重要的职责就是对企业产品组合的管理提出自己的研究建议。这个职责往上关乎企业的战略调整，往下关乎企业具体产品数量的增减，横向上关乎产品线的增减和产品平台的关联协同性。这个职责对企业的可持续发展至关重要。

所谓产品组合是指企业生产或经营的全部产品线、产品系列、产品型号的组合方式，有四个维度。一是产品线包含的产品系列数和产品型号数。它表现为产品线的长度，产品线的长度反映产品线对多种细分市场的覆盖度。二是企业所拥有的产品线个数，它反映企业的覆盖市场的宽度和广度。一条产品线往往服务于一种属性的市场，多条产品线服务多种不同属性的市场，它既反映企业的抗风险能力，又反映企业的规模效应。显然多产品线的企业要比单产品企业的抗风险能力强，规模效应也大，前者把鸡蛋（产品线）放在不同的篮子（不同属性的市场）里，后者只能把鸡蛋放在一个篮子里。三是产品线之间的关联性、协同性和一体性。关联性是指各产品线虽不同，但所用的核心技术相同，如艾默生下属的网络能源公司有通信电源产品线（服务于通信市场）、UPS 产品线（服务于 IT 市场）。这两条产品线虽不同，但所用的核心技术都是电力电子技术，所不同的前者是直流技术而后者是交流技术。协同性是指产品线虽然不同，但所服务的市场和所应用的场合一致。例如，艾默生下属的网络能源公司除通信电源和 UPS 外，还有精密空调产品线和监控产品线。这两个产品线的核心技术虽然完全不同，但它们所服务的客户和应用的场合与通信电源和 UPS 是相同的。这种产品组合不仅给企业带来规模效应，而且带来了协同效应。它可以让企业向一个客户同时提供多种产品。一体性是指产品线或产品虽不同，但其应用场合相同，而且不同产品之间呈现上下游关联配合关系或功能齐套关系。例如，艾默生下属的网络能源公司上述四条产品线就呈现这个关系。通信电源和 UPS 在通信机房给通信设备供电，精密空调产品给通信机房进行恒温恒湿的环境调节，监控系统对通信机房的动力设备运行和机房环境进行自动监控。这就是对同一客户的同一应用场合提供了一体化的产品，即将不同产品组合成一个功能关联的产品族，也就是所谓的整体解决方案。产品组合的一体性可以是不同产品线之间的，也可以是同一产品线内部的。例如，艾默生下属的网络能源公司的 UPS 产品线内部，不仅有不同系列不同规格的 UPS 产品，还有围绕 UPS 使用与之配套的输入和输出配电产品、并机产品、供电切换产品、谐波治理产品等，这些产品的组合为客户提供了交流电源解决方案。四是产品线差异性。它是指服务不同市场的产品线组合，这些产品线可以是基于不同技术平台的产品线，也可以是基于同一技术平台的产品线。例如，艾默生下属的网络能源公司的精密空调、通信电源和中压变频产品。这些产品不仅基于的技术平台不同，所服务的市场大部分也不同。中压变频产品线基于中压交流电力电子技术，服务于工业节能市场；通信电源产品线基于低压直流电力电子技术，服务于通信市场；精密空调产品线基于压缩制冷技术，服务于所有需要散热的细分市场。差异性的产品线组合对企业不仅具有规模效应，更重要的是它使企业比无差异性产品线的公司更具有抗风险的能力。这是一种把鸡蛋放在不同篮子里的策略。

企业的战略调整涉及产品组合变化时主要是在三个方面做出抉择，即一是增加、合并还是减少产品线？二是在产品线之间的一体性上还是在协同性上，抑或是在互补性上进行调整？三是具体产品线的延长还是缩短、具体产品的入市，抑或是退市？

产品组合策略的选择应该遵循在充分应用企业既有资源能力的基础上，从发展规模效应、协同效应和企业抗市场波动能力上来规划企业的产品线，以保证企业的业务和利润能够逐年平稳增长。

产品组合的成效一般采用三维分析法，即在销售额成长率、市场占有率和产品利润率的三维空间坐标上来衡量。如下图所示。

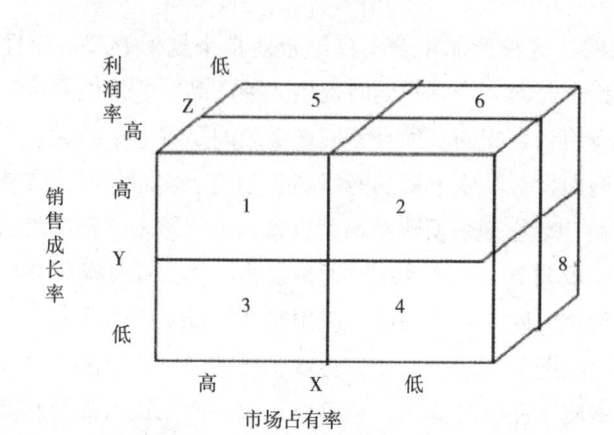

图11-5　产品组合三维分析法

如果企业的产品组合项目或产品线处于1、2、3、4号位置上，就可以认为产品组合已达到最佳状态。因为任何一个产品项目或产品线的利润率、成长率和占有率都有一个由低到高又转为低的变化过程，不能要求所有的产品项目同时达到最好的状态，即使同时达到也是不能持久的。在充分竞争的市场上，如果核心产品的利润不高，但如果围绕核心产品而发展上下游产品的利润高，则发展配合核心产品打包销售的配套产品，则是一种合适的产品组合。这种组合的价值不是在核心产品上获得利润，而是在配套核心产品一同销售的配套产品上获得利润。正所谓卖马不赚钱而卖马鞍赚钱。相反的产品组合，则是在把能够提供解决方案销售的起包装纸作用的产品上不赚钱，而在被包装的产品上赚钱。如数据中心存放服务器的机柜不赚钱，但在机柜内配电条、监控、不间断电源、集线器上赚钱，或者在服务器上不赚钱但内置在服务器里的业务软件赚钱。一个企业最理想的产品组合是在具有成长性的市场有能够提供解决方案的产品线组合或产品组合，在新市场有核心产品，在成熟市场有整体解决方案的产品线组合。

作为整体解决方案的供应商，对产品组合管理的原则是有差异的。对企业的核心产品，企业有着严格的利润（GP）管理原则，当核心产品的利润（GP）达不到目标要求，其产品的运营利润（OP）也不能达到企业目标要求时，企业就会从产品竞争力本身和市场需求变化两个方面来审视核心产品，从而做出产品优化、开发下一代产品、延长或缩短产品线的决策。对围绕核心产品的上游或下游配套的产品，企业对其毛利（GP）和运营利润（OP）的要求要宽松得多，其最低的毛利（GP）要求是能够补偿企业的期间费用，其最低的运营利润（OP）要求是零。对配套的产品之所以采用宽松的毛利（GP）和运营利润（OP）管理原则，其原因是企业可以利用包销售的方式销售这类配套产品，销售这类产品不需要额外增加销售费用，发挥的是销售核心产品的边际效用。此外，对于不掌握配套产品核心技术的企业，其产品的成本能力往往弱于掌握核心技术的厂家，在同样销售价格下的 GP 水平也低于专业厂家。因此，提供整体解决方案的企业，往往把配套核心产品销售的配套产品定义在能够摊薄企业的期间管理费用上（SG&A），使其为提高核心产品的运营利润（OP）水平做贡献。企业的期间费用是刚性的，当销售规模增大时，单位分摊的期间费用就会降低，单位产品的 OP 也就会相应提高，这是企业利用范围经济和规模经济的概念提高核心产品运营利润（OP）水平。

由于市场需求和竞争形势的变化，产品组合呈现动态调整的过程。所谓产品组合的动态调整是指企业根据市场环境和资源条件变动的前景，适时增加应开发的新产品（线）或淘汰应退出的衰退产品（线），从而随着时间的推移，企业仍能维持住最大利润的产品组合。可见，及时调整产品组合是保持产品组合动态平衡的条件。动态平衡的产品组合亦称最佳产品组合。产品组合的动态平衡，实际上是产品组合动态优化过程，只能通过不断开发新产品和淘汰衰退产品（线）来实现。产品组合动态平衡的形成需要综合性地研究企业资源和市场环境可能发生的变化，需要对各产品或产品线的成长率、利润率、市场占有率将会发生的变化，以及这些变化对企业总利润率所起的影响进行跟踪研究。对一个产品或产品线众多的企业来说这是一个非常复杂的问题，需要专门的营销团队来处理此事。

7. 产品的运营管理

产品运营管理是指顺利开发和制造出符合开发立项目标的产品，并将产品顺利推向目标市场获得目标份额和预期利润的一种综合性的管理。产品运营涉及产品开发、制造与供应、营销、服务、财务等企业管理的各个环节。产品运营管理的终极目标是获利，因此选择合适的产品运营方式与运营策略，关系产品的销售成长和运营利润。营销团队在建议企业建立某条产品线时，除对产品的市场可行性进行研究之外，对产品线的运营方式和策略也需要进行研究和给出建议。

从企业运营的价值创造曲线看有微笑曲线之说，开发和销售处于微笑曲线的两端，这两端的价值创造最大，获利也大，而制造处于微笑曲线的中间其价值创造最少，获利也低。

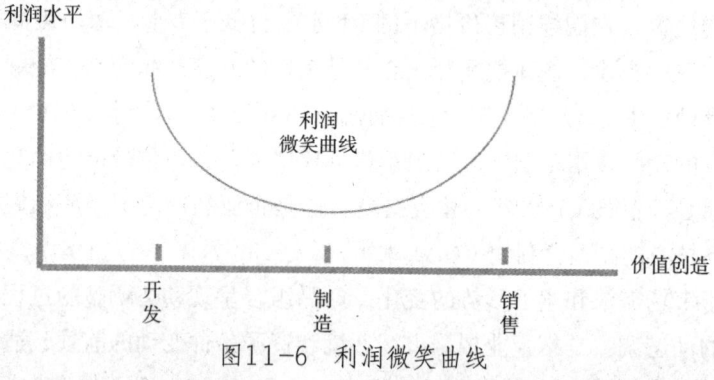

图11-6 利润微笑曲线

基于此理，在产品生成流程上，企业一般自己投入资源去做开发和营销及服务，以获得最大利润，而把制造外包给第三方的专业制造商去做。这种做法的典型是DELL公司，DELL公司的产品制造完全外包，产品直接由外协的制造厂发给客户。有的企业在制造上做部分外包，如艾默生网络能源的中国公司把钣金件和结构件生产外包，企业自己做集成制造和产品出厂测试。生产外包的好处是节省了在厂房和制造设备上的投资，利用业界优秀的制造能力和制造成本，在产品推向市场的过程中没有制造上的冗余成本。

这种外包的方法适用于标准化大批量制造的产品。但外包也有弱点：外包产品的质量控制不如企业自己制造的质量控制及时和有效，外包产品不支持非标准品的制造（非标的成本高），对供货计划波动性适应力差等。因此，非标准化的、属于客户定制类的产品制造不适合于外包。对此，企业需要自己建立相应的制造能力。有的企业在新产品没有起规模时采用制造外包，在新产品的销量达到一定规模后就开始自己建生产线进行生产。那些把标准品规模制造和客户化制造融为一体的企业，还是需要自己建立生产线来生产，如汽车制造业。

产品开发也涉及自己开发、外包开发、自己与外包混合开发的三种方式。业界通行的方式是自研。开发涉及产品专利和产品机密，为了保密，企业基本是自己建立开发资源。即便是这样，软件设计外包仍有流行的趋势，但软件也涉及产品机密，软件的原代码泄露很容易被竞争对手拷贝软件产品，所以软件开发很少全部外包，只能部分外包，企业自己必须掌握软件架构和原代码，有的企业则采用向第三方专业软件公司借工的方式，来解决外协开发资源。

选择何种营销方式也是运营策略的一个重要方面。客户和市场的性质是选择营销方式的重要依据。一般而言，消费品市场一般采用分销、大卖场或专卖店策略，现在开始出现网卖店的策略，工业品市场一般采用直销、分销、代理销售和技术合作销售的方式。当客户市场呈现集中、客户数量相对少，并有重复购买需求的市场特性时，企业一般采用直销的方式，如中国的通信运营商市场只有中国移动、中国电信和中国联通三个大客户市场，几乎所有的通信设备供应商在这个市场都采用直接销售的营销方式。当客户市场呈现分散面广、重复购买率低的特性时，企业一般采用分销的方式来覆盖市场。当处于同一个客户市场之中，企业间的产品呈现互补的特征时，这些企业之间就会采用技术合作的方式进行联合营销的策略。在采用分销的营销策略中，对高价值工业品一般采用代理制，即代理商拿供应商的合同与客户签合同，客户与供应商直接发生商品、服务与货币的交换关系，代理商从供应商获得佣金。

客户服务方式也是产品运营方式的重要组成部分。向客户提供直接服务、外包服务、直接服务与外包服务相结合是三种目前流行的客户服务方式。一般而言，采用直销方式的市场客户只接受由供应商提供直接服务，最多接受供应商的工程外包，但必须由供应商实行工程督导。采用分销方式的市场服务一般大都采用服务外包的方式，供应商通过服务外包给分布在各区域的联保服务中心来提供客户服务。大部分企业采用的是部分服务外包的方式，如工程外包，维护服务自己做，服务资源采用部分向外协单位借工的方式。

产品运营方式的选择服从于"以少的资源获得大的收益"原则，服从于获得长期的市场地位的原则。产品运营方式是企业核心竞争力的有机组成部分之一。营销团队对此要承担义务和职责。

如果企业内部的不同产品线所面对的是不同的市场和不同的客户，甚至连部分市场或客户的交织都没有，则这些产品线从前端到后端都需要采用独立运作的方式，如同在一个企业里既有工业产品线，也有民用的产品线，这两类不同的产品线就需要有各自独立的开发、制造、市场、销售和服务。当工业产品和民用产品都有多条产品线时，而多条工业产品线面对的是同一类型的市场、多条民用产品线面对的是同一消费市场时，企业就会建立工业产品事业部和民用产品事业部的方式来统一管理该类市场的产品发展规划、市场运作、供应和服务。也有少部分企业把单条产品线建成事业部实行从前端的销售、服务、市场到后端的开发和供应的统一管理。这种在大企业内按产品线或事业部进行独立管理的方式是一种预防大企业病的管理方式，如果产品线或事业部实行完全的独立的运作方式，就是一种对大企业采用小企业方式进行管理。大企业的优势是技术、制造、销售、服务平台和品牌所造就的市场信誉。大企业的弱势是部门繁多、流程冗长、决策缓慢甚至官僚主义（大象稳重有力但缓慢）。小企业的优势是决策快捷、调整迅速，小企业的弱点是规范性、制度化不足所带来的市场地位不高（猴子跳舞）。在大企业内实行产品线或事业部管理，可以把小企业的决策快捷、调整迅速的优点与大企业的规范性、流程化的平台优势结合起来，让大象能够跳舞。大部分的大企业是采用半独立的产品线或事业部的运作方式，即在业务线管理和决策上独立，在财务、开发、市场、销售和HR上与企业各职能平台部门共同管理的方式。

如果企业内部的多条产品线的客户处于相同的市场，或有部分市场是交织的，则推荐实行产品线或事业部半独立运作的方式：在后端按产品技术属性分立产品线并统一制造和供应平台，在前端按客户市场的重合度分别建立独立销售和平台销售的两类销售团队，并将其内置在市场、销售和服务的组织平台中，在独立市场实行独立的销售和服务，在共享的市场实行包销售、捆绑销售和解决方案销售和服务。

营销团队在建议企业延长产品线或建议建立新的产品线的同时，要研究和建议产品运营方式。营销团队不仅要关注突破空白市场对增加企业业务的研究，还要关注所建议的新业务在增加企业的规模效应、协同效应上的研究。一个能增加企业协同效应和规模效应的新产品（线）成功的概率要远远大于孤立进入新市场产品（线）的概率。

第十二章
营销的市场管理

销售的本质是一种价值交换，客户以一定的货币从供应商处购买某种使用价值，供应商以自己提供的使用价值从客户处获得货币收入。客户在此次交换中获得的使用价值是否"物有所值"，供应商以使用价值从客户处获得的货币收入在补偿所有的成本后是否还有盈余、有多少盈余？这两个问题代表着销售管理这枚硬币的两个方面：客户的满意度、市场份额与企业的盈利能力。市场管理本质上是一种企业与竞争对手争夺客户获得盈利的一种营销管理。

在市场管理中，客户、对手、本企业是构成无数种营销行为的三原色（三原色是构成世间所有颜色的三种基础色：红色、白色、黑色），同时也构成市场的互动三角。企业的市场管理就是以市场目标为核心，以客户、对手、本企业互动三角为框架的一个分析、定位、行动、调整和达成业绩目标的过程管理。我将市场管理的理论命名为"三色互动理论"。其中，客户是红色，它既是市场的起点也是市场的重点（提出需求与需求满足）；对手是黑色，它会将与其竞争的企业的任何瑕疵在市场上放大；本企业是白色，在满足客户需求上要做到白玉无瑕是难上加难的，但只要比对手做得差就会立刻被对手抹黑。

1. 目标市场的选择与目标对手的锁定

  市场与目标市场是两个既有密切联系又有差异的概念。我们把属于同类需求的客户群统称为市场，对粮食类产品而言，人口数、畜牧数就是市场。但对绝大部分产品而言，市场这个概念不足以指导企业的产品开发，因为客户的需求是差异化的，是分级分等的；所以客户是可以根据其需求要素的特性来归类和分类的。我把经过归类的分类市场定义为同一市场下的不同细分市场。例如，对家用小汽车的需求构成一个家用汽车市场，但这个市场既可以根据其功能和价格特性分为高、中、低端三个细分市场；也可以根据其用途分为轿车、越野车、房车、货车等细分市场；更可以通过将前两类的分类要素复合后再将家用车市场细分为高、中、低端轿车，高、中、低端越野车，高、中、低端房车，高、中、低端货车等细分市场。由于企业受其资源的限制，只能从家用车市场中选择一个或若干个有相互关联性的细分市场来开发产品以满足该类细分市场的客户需求，极少有企业有足够的资源开发所有细分市场的产品。因此，对企业的市场管理而言，就有了目标市场的概念。

  目标市场是企业的产品能够打入并能给企业带来持续利润的细分市场。从细分市场的概念形成来看，企业对目标市场的选择绝不仅仅是市场部门的事情，而是公司决策层的事，它并不取决于市场部门的意志，而是取决于企业的开发能力和资源能力。实践证明，企业的销售部门天然具有以最低的价格去卖最有竞争力的产品的倾向。对销售团队的这种愿望，任何一个企业都是不能满足的。但是对目标市场的客户需求，企业是可以依靠自身的能力和资源来满足目标市场的需求的。

  企业针对目标市场客户开发的产品一定是针对该类客户对该产品的功能、性能、成本等具体的需求要素进行设计和制造的。但这还远远不够，企业在制定针对目标市场的产品需求规格书时还要考虑目标市场的目标竞争对手的产品，并要在产品的某些客户关注的价值点上超过目标竞争对手，以使本企业的产品在上市后对目标竞争对手有竞争优势。

  目标对手并不是指所有的竞争对手，而是指本企业需要挤占其市场份额的对手，或者是挤占本企业市场份额的对手。研究目标对手产品的竞争力要素是企业制定产品开发需求规格书必不可缺的内容。满足目标市场的客户需求并对目标对手的产品形成客户关注的竞争优势的产品或解决方案，是企业成功进行市场管理的关键。

2. 基于市场环境和资源优势制定竞争策略

市场管理本质上是对客户、对手、本企业的三角互动关系的管理。因此，研究客户、对手和本企业是制定企业市场竞争策略的基础。在讨论三角互动关系之前，我们首先要讨论三角互动关系所处的更大的宏观经济背景对三者互动关系的影响。

经验表明，宏观经济的好坏直接决定各类市场中的客户、对手和企业三者互动关系的紧张与宽松的程度。一般而言，当一个国家的国民生产总值（GDP）处于快速增长阶段时，客户、对手和企业三者的互动关系趋向宽松；当一个国家的国民生产总值（GDP）发展处于低速甚至下降阶段时，客户、对手和企业三者的互动关系趋向紧张。这里的"紧张"与"宽松"是一个相对概念，它反映供应商之间为争夺客户和市场份额的竞争激烈程度。当经济增长、客户需求扩大时，供应商获得的订单增加和销售收入的增加麻痹了他们对本企业市场份额的关注，销售员和销售经理陶醉在自己的业绩增长的欣喜中，而丧失了对竞争对手的警惕和对市场新进入者的关注。经验表明，处于经济上升期的新企业增长数要大于企业的关闭数。当经济萧条时，客户需求萎缩，企业订单减少，在业绩目标的压力下，供应商之间为能在缩小的饼中分得同样多的额度，相互采取激烈的手段挤压对手的份额，其结果是各供应商获得的订单不仅减少而且由于价格竞争使其利润下降得更快。例如，2008年的美欧金融危机拉低了世界经济增长，世界通信业投资放缓，出口占总业绩70%的中国华为公司虽然可以一如既往地以年均10%以上的速度实现销售增长，但在2011年却饱尝了在低经济增长下进行快速销售增长的苦头：销售增长12%，企业运营利润下降52%，企业现金流下降43%（华为技术2011年年报）。经验表明，在经济萧条期，企业的关闭数远大于新企业的诞生数。

实践表明，企业的投资回报率或运营指标要求是驱动企业市场竞争行为力度的内在因素，是企业制订年度业绩增长计划、3年业绩增长计划或5年业绩增长计划的基础。企业分年度的业务目标一定是爬升式的曲线图形，第一年在考虑内部和外部的各种有利和不利因素之后会确定一个初始业绩目标，后期会根据投资回报率的要求和损益平衡点的年限来分解各年度的业绩目标。经验表明，最短的投资损益平衡点不超过3年，最长的投资损益平衡点不超过10年。企业要取得成功的充分条件是：至少在实现投资损益平衡点之前的年度业绩必须是逐年增长。如果经营者缩短了投资损益平衡点的年限，对投资者而言就会获得超预期的回报；如果经营者延长了投资损益平衡点的年限，对投资者的回报就会低于预期。因此，企业的市场竞争行为的力度不仅取决于宏观经济环境，还取决于投资者或股东的预期。

就制定企业的市场策略的实际操作而言，第一重要的是判断企业所处的所在国的经济周期阶段。宏观经济环境的判断是制定企业分年度业绩目标的基础。一般而言，如果企业生存在宏观经济的上升周期，则企业业绩目标的制定就要比投资盈亏平衡点所要求的业绩目标更激进；如果企业经营处在宏观经济的平稳期，则企业业绩目标的制定要保持与投资盈亏平衡点的业绩目标要求保持一致；如果企业经营处在宏观经济的下降周期，其业绩目标的制定要比投资盈亏平衡点的业绩目标要求要趋谨慎和保守。这条原则我将其称为企业业绩目标制定中的机会匹配原则：宏观经济处于上升期意味着市场需求的扩大，因此业绩目标也要相应地调高；宏观经济处于下降期意味着市场需求的萎缩，因此在企业竞争力保持不变的情况下，其业绩目标也要相应地调低。否则，有可能导致企业营销行为的变形（最常出现的是以低价和牺牲利润为代价去实现业绩目标，如2011年中国华为公司年报所示）。当然，在考虑企业经营所处的宏观经济周期的时候也要考虑企业所处的具体的行业市场，具体的行业市场的周期有可能是反宏观经济周期的。比如，在经济萧条期，中国政府采用凯恩司的宏观经济理论大搞基础设施的投资以拉动下滑的宏观经济；在此情况下，如果企业是生存在政府投资增长的行业中，则企业的业绩目标就必须是采用激进的具有挑战性的目标。

客户是企业的上帝和衣食父母，这已成为企业的经营信条。当然这个信条也只适用于能给企业带来利润的客户。对企业的经营者而言，客户的满意度不是唯一的指标，股东的满意度和员工的满意度是需要与客户满意度平衡对待的另外两个指标。股东满意度和员工满意度需要从客户满意度所带来的利润中实现，只有有了正常的利润，股东才能获得正常的投资回报，企业员工才能获得正常的待遇和福利改善。然而，保持和提升客户满意度是需要投入成本的，当在解决客户满意度上的投入大于来自客户的利润产出时，企业就处于利损的地位，如果不能解决投入和利润产出的平衡问题，企业就会降低对该客户的投入（包括价格优惠），就会把该类客户归入低质客户甚至劣质客户。对低质和劣质客户的最好应对方法是将其推给竞争对手，让竞争对手去做低效率甚至无效的资源投入。所以，对低质或劣质客户也要像对到了生命周期末期的产品做退市管理一样，做退服管理。

当然，在确定将低质和劣质客户推给竞争对手之前，作为营销管理和销售管理者首先需要判定低质和劣质客户是否属于本企业的目标客户；其次要判定在你所服务的客户中这类客户只占少数，或只占企业销售收入的少数。如果你所服务的市场客户半数以上都是低质和劣质客户，作为企业的管理者就要问问自己：是你选错了客户？还是你所提供服务的市场已经进入过度竞争的阶段？抑或是本企业所保留的客户在管理上出了问题？市场是否进入过度竞争阶段的判定需要参照若干维度的标准：①当本企业扩大产能的边际成本大于边际利润时就意味着企业的规模效应已超过最佳经济点；对此，企业可采取有效措施降低成本使得边际利润至少等于边际成本，或者企业将产能缩小到边际利润等于边际成本的规模。②行业市场的平均利润水平是否都已逼近平均成本？③是否有企业退出这个市场？是否不再有新企业进入这个市场？如果这三点是同时成立的，那么这个市场就是一个过度竞争的市场。对过度竞争的市场而言，企业决策者就要决定：是缩小规模逐步退出这个市场还是保持甚至扩大规模继续服务这个市场。如果过度竞争的市场是寡头垄断型市场，本企业又是寡头之一，则可以继续留在这个市场战斗到最后，直到大部分供应商退出市场再重新掌握市场定价权，从而使企业在后充分竞争时代重新获得正常利润；如果过度竞争的市场是低市场集中度的市场，则建议企业逐步退出这个市场，将资源投向新的领域寻求在新业务方向的发展。其实在市场实践中还有更简单且又直观地判定市场是否过度竞争的方法：当企业淘汰低质和劣质客户找不到更好的客户时，当企业淘汰低质和劣质客户对现有的客户即使提高了满意度和忠诚度所带来的增益也不能弥补因淘汰低质和劣质客户所造成的销售和利润损失时。

现代企业实践表明：大客户未必是企业最有价值的客户，因为大客户要求的价格更低、要求的服务更高、要求的供货期更短，而企业从大客户处获得货款的周期更长。因此，精明的营销管理者和销售管理者会对大客户做精细化管理：对大客户的降价是带来份额的增长？还是销售总量的增长？抑或是利润总量的增长？当对大客户的降价所带来的销售额的增长或份额的增长不能带来利润总量的增长时就是到了维持在该大客户的份额、销售量和价格的可变极限。当降价也不能带来份额的增长和销售额的增长时，企业就要采取坚守价格的方式，以牺牲份额的方式保利润直至逐步放弃这个客户。此外，企业同时要努力拓展新的客户来弥补逐步退出该大客户所带来的收益损失。对企业而言，大客户是把"双刃剑"，它既可以快速提高供应商的销售额和利润也可以快速降低供应商的销售额和利润。理性的企业在获得一个大客户后的首要营销和销售团队的工作就是寻找更多的中小客户来平衡市场风险，避免将鸡蛋放在一个大篮子里，而要把自己的客户做成由大小不同客户组成并以中小客户为主的均衡客户市场。

企业的市场竞争策略的制定，可以通过前面提到的皮杜尔的竞争强度"7"力分析模型进行分析，基于宏观经济状况和企业在产业链中所处的定价话语权的位置，确定企业赢得客户并达成投资者或股东预期的市场行动纲领。

3. 优化销售网络，适时调整销售管理架构

如果把企业比作一把军刀，则规划、建设和管理企业的销售网络就是给军刀开刃，刃的锋利程度决定企业开辟市场的速度、广度和深度。

本着基层销售组织最大限度贴近客户的原则，对直销市场而言，在集中采购市场，企业一般是在主要客户的所在地设立销售机构，对集团用户一般是在集团用户的总部所在地和有采购权的子公司所在地建立销售机构。以中国的通信运营商市场为例，中国移动、中国电信、中国联通都是集团公司，其总部都设在北京，各下辖30个省的子公司，子公司都下辖地市分公司，中国三大运营商的集中采购权主要在集团公司，省公司有部分产品的采购权和网络建设权，地市公司只是运营单位没有采购权。针对这种运营商市场，几乎所有的主要设备供应商都按下列方式部署销售网络：在北京设立专门负责三大运营商总部工作的销售机构，在各省会城市和直辖市设立针对三大运营商省公司开展工作的销售机构。对分销市场而言，企业都是在渠道商或代理商的聚集地设立基

第十二章 营销的市场管理

层销售组织。对中国的分销市场而言，由于北京、上海和广州是中国最大的三个经济中心，这三个一线城市聚集了中国最主要的渠道商和代理商，因此凡是采用分销方式经营市场的企业无论其总部在何处，都会在这三个城市设立基层销售机构。

销售管理架构的设计是为了最大限度地发挥销售网络的效率，销售管理架构的设计要结合企业的市场细分和市场支撑平台管理的要求来进行。由于销售网络部署是销售机构的区域部署，为有效管理区域销售机构还需要有一个企业销售组织管理的架构设计。销售管理架构一般由以下三部分构成：垂直区域的市场管理、销售计划管理、合同和商务管理。

垂直区域的市场管理是按企业目标行业市场细分来设立销售管理组织，例如，通信运营商有三个大的集团公司，可以根据企业的能力差异，既可以设立一个运营商销售管理部来管理部署在全国的区域销售机构，也可以分别设立移动销售、电信销售和联通销售三个销售管理部来管理部署在全国的销售机构。垂直市场管理部门的核心职责就是对所负责管理的细分市场做销售机会、销售计划、市场拓展、销售项目、重大销售项目的运作、货款回收、客户关系平台建设等内容进行管理，并监督区域销售机构的运营运作和销售计划、货款回收计划的达成。

区域的销售管理一般是为管理区域内有多个垂直市场销售而设立的组织管理。这种管理更多地带有区域的销售平台管理、市场机会管理、销售资源管理、客户管理的性质。本质上是企业垂直销售落地管理的组织。

销售计划的准确度关系到企业的运营效率和客户满意度两个维度。所以，企业必须设立独立的销售计划管理部门来负责企业的年度销售计划与回款计划的制订、垂直市场和区域市场销售与回款计划的下达、销售与回款计划的调整、销售与回款计划实现进程监督等职责。当然，销售计划管理部的计划制订和下达需要与垂直市场的销售管理部门联合进行。

合同和商务管理是企业在面对一个具体项目在赢标前后过程中的市场管理，它是企业运营管理的前提和输入。一线销售员面对市场竞争需要向商务部门申请合理的有竞争力的价格授权以期赢得项目，同时在拿下项目订单后将合同文本反馈给公司评审合同条款，评审通过后进行成套录单，并进入公司 ERP 系统。整个合同和商务管理都可以借助 IT 平台来完成，而 IT 平台结合企业的业务流程进行开发和优化。

4. 销售渠道的规划、部署与管理

渠道是连接企业与客户的桥梁。渠道的核心使命是把所代表的企业的产品和服务价值有效地传递给客户，使客户选择渠道所推广的企业产品和服务。

渠道对企业而言，除具有连接客户的渠道使命外还有其他重要的价值：渠道可以适度地做小额库存以满足客户零散、短货期的要求；渠道可以先付清供应商货款再分期从客户处收回货款；渠道可以帮助所代表的企业为客户做最简易、基础的服务；渠道可以帮助所代表的企业增加对客户的黏性。

确定渠道架构是企业做市场规划的核心任务之一。渠道如何构建，主要依据的是客户集中或分散的程度。消费品市场的客户是分散的，因此消费品市场基本都采用建立分销渠道的模式；工业品市场有两类，原材料和器件部件市场的客户较为分散，这类产品的供应商基本采用建立分销渠道的模式，而工业设备市场的客户既有分散的，又有集中的。

工业企业对分散的客户市场采用分销渠道模式，对客户相对集中的市场采用直销渠道的模式。工业企业对半分散半集中的客户市场也可采用代理的模式。有的工业企业的产品线多、所覆盖的细分市场较广，所服务的客户市场既有分散的也有集中的，因此这类企业往往采用复合性的渠道模式：针对不同的细分客户市场采用不同的渠道模式。

企业采用何种渠道模式，不仅取决于对客户市场的集中和分散程度的判定，还取决于企业对市场营销费用与销售收入的投入产出比的判断。对客户集中且具有重复购买属性的市场（这类市场就像韭菜地，割完一茬又会长出一茬，不断地有新生需求），企业会采用直销渠道模式，企业自己设立直接面对客户进行销售的团队，销售人员代表企业直接与客户签订销售和服务合同。直销的营销费用相对分销要高。对客户分散，客户分布的行业和区域较广的市场，企业一般采用分销渠道的模式，企业发展分销渠道，由分销渠道面对客户签订销售和服务合同，企业只对分销渠道提供产品和服务，不直接向客户提供产品和服务。分销渠道对企业采用的是将产品和服务买断再卖给客户的商业方式。代理的方式是直销和分销模式的混合体，合同关系是企业与客户之间的直接关系，代理商拿着所代表的企业合同直接与客户签订销售或服务合同，企业对客户直接产品（服务）的交付，客户将货款直接付给企业。代理商采用的是第三方的中介方式，在企业与客户的交易成功后，从企业直接获得佣金作为回酬。

　　直销渠道（销售网络）的规划与部署是围绕重复购买的大客户进行的，直销渠道的规划与部署的过程也是研究和回答下列问题的过程：①如何确定最基本的销售（服务）单元：是按行业设立销售（服务）单元？还是按区域设立销售（服务）单元？还是按客户来设立销售（服务）单元？还是按客户兼顾区域来设立销售、服务单元？②如何设立对销售（服务）单元和客户进行管理的部门？③一个销售人员每年需要完成多少销售额？④多大的销售量才能支撑企业建立一个销售（服务）单元？多大的销售总量才能支撑企业所设立销售（服务）和管理的组织？⑤销售（服务）单元所在地与客户需要多近才能有效地开展客户工作？⑥按客户所在的国家设立？按客户所在的省设立？按客户所在的市设立？按客户总部所在地设立？

　　企业的分销渠道规划和部署是围绕企业所服务的行业、区域市场进行的。分销渠道的规划和部署过程是研究和回答下列问题的过程：①本企业所服务的行业、区域市场是哪些？②服务目标市场的渠道需要具备什么能力？③在这些行业、区域市场，目标对手都有哪些渠道覆盖了这个市场？④是采用扁平的分销渠道？还是采用等级的分销渠道？⑤还是采用专业的分销渠道（总包商、集成商，专业技术合作伙伴如IBM、HP、甲骨文、东方电器等）？⑥从哪里招募分销商？用什么政策和方法能招募分销商？⑦一个分销人员需要管理及支持几个分销商才能实现年度人均目标销售额？需要多少分销人员才能支撑企业的销售目标？⑧企业需要建立哪些分销管理的组织来管理和支撑企业的分销网络？

　　采用中介服务方式的代理有很多类型，如项目型、客户型、行业型、区域型等。代理渠道是一种特别类型的渠道，代理渠道的价值在于能够对企业销售提供专业技术上的帮助，如咨询公司、投标公司、进出口公司等，可以提供客户关系上的帮助，如与客户的采购决策层有良好的沟通等。

　　代理渠道的规划与部署是围绕客户市场的特性进行的，企业规划和部署代理渠道的过程也是研究和回答下列问题的过程：①企业目标市场中哪些是具有壁垒的市场？②这些具有壁垒的市场是属于技术壁垒、客户关系壁垒、政府许可证壁垒，还是兼而有之的壁垒？③选择什么样的代理能够帮助企业进入目标市场？④如何和从哪里能够招募到目标代理？

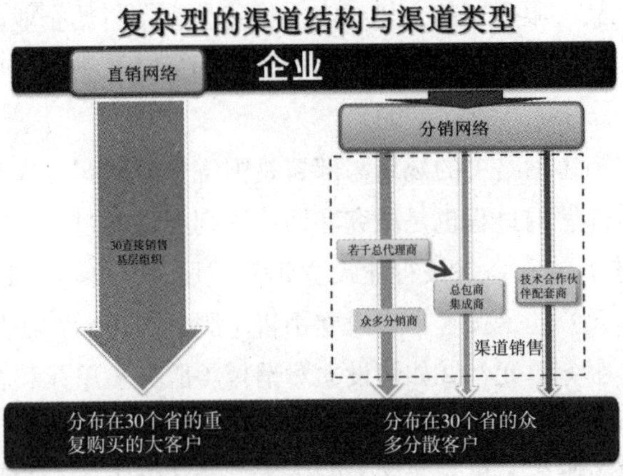

复杂型的渠道结构与渠道类型

图12-1　渠道结构与渠道类型

在实践中，采用行业型和客户型代理的居多，项目代理一般是临时性合作关系。区域代理一般是企业判定在该区域无论是设立直销还是分销渠道都达不到企业的业绩和效率目标而采用的方法：企业在该区域不设立销售机构，由选定的代表或代理商代表企业在该区域行使企业的销售职能。区域的代表或代理对企业的价值是将行使区域销售职能的固定成本转化为随销售业绩波动的销售费用（佣金），这个方法既可以帮助企业解决需求少、产出低区域的投入产出效率问题，也可以帮助企业规避在复杂的关系市场的道德风险问题。

有的企业采用销售代表制，销售代表是企业授权其代表本企业进行推广和销售，只是其与客户所签的销售合同是授权企业的而不是代表的，客户直接与所授权的企业发生直接的付款和货物交付的关系，销售代表做的是提供居间服务。销售代表既可以是自然人（个人），也可以是法人（公司）。销售代表负责向目标客户推广所代表的企业的产品、解决方案或服务，负责处理业务交易中的所有居间问题；在交易达成并履行后，销售代表从所授权提供居间服务的企业获得佣金。销售代表制是企业为解决企业老销售人员出路的一种制度性安排，这种安排将企业在营销上的固定成本转化为与业绩挂钩的可变费用，从而提高资金使用效率。美国力博特公司就是部分采用了这种方法。台湾省的富士康也准备采用这种方式来建立自己的"万马奔腾"电子产品品牌专卖店：将经过筛选的老员工派回自己家乡所在的县镇任店长，但店长及所雇的店员不是富士康的员工，只是店及所销售的电子产品和配送的物流属于富士康；店长依据销售额从富士康获得佣金（价格及所卖产品均由富士康决定和控制）。

5. 服务网络的设计、部署与管理

合同交付之后，在产品使用的生命周期内都存在产品的维护维修问题，这就需要服务；服务也是一种对客户的承诺，客户在选择产品供应商时或多或少地都要考虑产品供应商的服务能力。

服务的及时性与服务质量是影响客户满意度的两大主要因素。几乎所有的企业都宣传本企业的服务好，但要真正地提供及时的、高品质的服务则需要企业进行一定的服务资源的投入，如服务网点的建设、400/800 呼叫中心的建设、服务工程师资源的配置、服务设备与工具的添置、客户培训中心的建设，等等。企业的前两项服务投入是为了保障快速响应客户的服务诉求。提供 7×24 的服务或 6 小时内响应不是靠说就能实现的，需要以服务网点为支撑使服务资源贴近客户，需要以 400/800 呼叫中心来受理客户的服务诉求。而高质量的服务则需要有优秀的服务工程师队伍的建设、良好的培训支撑、良好的服务考核与激励制度，以及企业要有良好的服务文化。好的服务绝不是简单的服务人员的问题，而是企业的服务体制的建设、服务文化的建设、服务运营与管理的问题。

优秀的企业服务一定是超越了只投入无收入的阶段，对维保期以外的服务是可以收到服务费用的，成熟的企业会开发出可销售的服务产品。服务产品既可以帮助客户解决问题，又可以获得服务收入。在充分竞争的市场上，竞争到最后的结果便是：卖产品只是种树，服务销售才是摘果。在这方面最典型的是惠普 HP 的喷墨打印机，惠普 HP 将打印机以低利润销售的方式占领市场和阻击新进入者，但却将墨盒设计成专用且不可替代的易耗品，客户必须从办公用品零售店里不断地买墨盒（易耗品但不低值），惠普 HP 在打印机业务上主要是靠墨盒获得利润。

发展企业的服务销售也是需要营销的。成熟的企业在产品的开发阶段就已经把未来如何进行服务销售的需求放进产品开发的技术规格书中。在这个方面软件企业走在了前面：软件在销售上不仅有个人使用版和团队使用版的价格区分，而且有每年要收取版本维护费的区分，这个每年的版本维护费就是售后的服务销售。对机械性和电子性产品，有的企业专门设立了易损件、中修更换件、大修更换件的区分；这些产品更换件的设计为产品售后的服务销售提供了产品基础。以柴油发电机而言，易损件的名目有空气滤清器、机油滤清器和柴油滤清器；中修更换件的名目有汽化喷嘴、汽缸密封圈、活塞环等；大修的更换件有缸套、活塞等。

卖产品的公司在发展服务销售上需要解决保持服务质量与发展服务销售两者之间的平衡问题。有企业实践表明，在发展服务销售的初期，服务质量与客户满意度呈下降趋势；这种下降来自服务人员在做服务的同时还要做服务销售的角色合一。这种对一个岗位进行双重角色的要求使得服务人员花费更多的时间在做客户关系的服务销售上，就使得服务人员对无服务销售的客户服务诉求的响应速度下降、使服务的积极性下降，久而久之，服务人员的技能和服务的水平也随之下降。这种状况需要一种新的机制：把服务交付工作与服务销售工作在角色上分开，使其各司其职，服务交付的角色从事全职服务但对其提供的服务销售的机会信息给予额外奖励；服务销售人员全职进行服务销售。企业通过这种机制来解决既要保持服务质量和客户的满意度，又要发展服务销售的问题。

6. 建立市场信息情报系统

市场信息情报系统是企业敏锐感知市场需求变化、竞争对手的变化和自身能力变化的一个不可或缺的组织，这个组织的重要性无论怎样表达都不过分。第二次世界大战的历史已充分证明情报在战争胜负中所扮演的角色。

企业市场信息情报系统从职能上看，由销售团队建立是理所当然的，因为销售员经常甚至每个工作日都在接触客户，在销售中也面临与竞争对手的竞争。事实上，许多企业将隶属于销售团队的策划部门作为市场信息情报部门，以为这样就可以把握市场了解对手了。然而，实践证明，企业仅仅依靠销售部门的情报系统往往会陷入误区：销售团队以销售为目的，其团队职责天然地使它会利用信息不对称这个机会，或者将掌握的信息在过滤后只将不利于自己销售的信息传达给公司，把有利于自己销售的信息过滤掉，或者干脆杜撰信息为自己的销售失利做注解，或者将可能给自己增加销售任务的信息大打折扣。销售团队传递给企业上层的基本都是目标对手的价格比自己的低、货期比自己的快、质量比自己的好、功能还比自己的强、客户需求不足、客户资金和预算紧张等诸如此类的销售情报，至于对手的价格比自己的高、质量比自己的差、货期比自己的长、客户投资预算扩大、产品需求量和需求种类增多的信息从来不上报或大打折扣地传递给企业。销售团队天然地具有对本企业的其他部门和领导隔离市场信息的本能，因为只有这样，销售团队才能在放大不利信息、压缩有利信息后不被验证。因此，成熟的企业会在销售团队之外的营销团队建立市场情报系统。营销团队由于不直接承担销售额指标，并且它有指导及支持销售和引导产品开发的双重职责，其收集市场情报的立场相对公正。营销团队收集市场情报也有自身的便利条件：营销人员能够经常接触客户，在支持销售中要直面竞争对手。在技术交流中直面客户的技术层、设计院设计师和顾问公司的咨询师。营销团队的这几个便利条件加上营销部门支持销售和引导开发的双重职责，使企业的营销团队能够以比较中立的立场来履行市场情报的收集、分析提炼概念并传达给开发团队的职责。

营销团队至少需从以下五个维度建立信息渠道：客户维度、设计院和顾问公司维度、第三方的咨询公司维度、目标竞争对手维度、竞争对手主要部件供应商维度，等等。

在客户技术层中如果能够建立有效的信息渠道，不仅能够及时了解客户的关键需求信息使企业比竞争对手更早、更有效地应对客户需求，还能通过了解竞争对手的关键竞争信息使企业提出满足客户需求的应对方案具有竞争优势。一个企业如果做不到这点，那在集团采购的销售中，无论客户采用招标还是议标方式本企业的胜算都甚少。以下判据可以帮助企业管理层判断是否已在客户中建立起信息渠道和客户关系的标志：客户建设项目在规划阶段是否已掌握相关信息，是否能够在规划设计阶段对实施方施加影响，是否能够通过做设计方的工作影响客户的倾向性或通过做客户方的工作影响设计方的倾向性。如果企业的销售人员在客户发放招标书时才知道有招标项目，这个判据就表明本企业的市场部门在这个客户处没有建立起有效的信息渠道。如果企业的销售人员不能够影响客户修改不利于本企业的技术要求和配置要求，这个判据就表明本企业的市场部门在该客户处没有关键的客户关系的支撑。企业在既没有客户信息渠道，也没有关键客户关系支撑的情况下如果还不能够在项目规划设计阶段就介入并施加影响，要想赢得客户订单就只有硬拼非标技术、价格、服务条款、货期了。在此情况下，即便得手，也是杀敌八百自损一千的损人不利己的恶性竞争。

能在设计院和顾问公司中建立起有效的信息渠道，不仅能够通过了解客户需求的信息来引导销售员着手需求方客户层面的工作，还能及时了解客户的技术倾向性和竞争对手的技术倾向性以便企业制订有相对竞争力的技术应对方案或引导设计人员按有利于本企业的技术特性来设计满足客户需求的方案。如果得不到设计院的设计信息就表明企业在该设计院没有建立起有效的信息渠道，如果不能通过设计院来影响客户就表明企业在设计院没有关键客户关系的支撑。企业的销售员和营销人员在客户和设计方面既没有有效的信息渠道，又没有关键的客户关系支撑。要想赢得订单就如同中彩票，概率极小。

与第三方的咨询机构建立信息渠道可以帮助企业了解所处行业的市场需求变化、市场供应商的变化和客户需求的变化，可以使企业获得宏观方面的市场信息。咨询机构甚至可以将信息触角深入客户和供应商处，有的咨询公司实际是有政府统计部门、税务部门、投资银行等专业部门的背景的，企业可以通过咨询公司了解竞争对手和客户的信息。

在竞争对手内部建立信息渠道，在欧美公司被列为"不符合企业道德"的范围，但没有哪家欧美公司不收集竞争对手的信息，只是手法不一而已；有的企业通过咨询公司、有的企业通过挖目标竞争对手来了解目标竞争对手的信息、有的企业从竞争对手的供应商处了解竞争对手的信息。企业信息是企业竞争中最为重要的商业机密，企业竞争同时也是知己知彼的竞争，竞争企业互相挖对方的信息是公开的秘密。其实，要及时了解和掌握目标竞争对手信息的最有效的方法就是在对手内部建立信息渠道，只是不遵守道德底线的企业直接采取"收买线人"或采用"发展卧底"的方法来建立信息渠道和获取信息。而遵守道德底线的企业是通过一套策略方法从对手的不同部门、不同岗位但能接触到目标信息的员工处"无意识的""不知不觉的"在"无目的"的闲聊中获取的；当然，建立信息渠道和获取目标信息都非常困难，这需要企业的情报部门有较高的职业训练。

共处同一市场的供应商往往分享至少是部分分享元器件、部件供应商，甚至分享外包生产商。企业可以从共享的供应商处了解对手的目标信息：诸如需求量的变化、技术规格的变化、成本要求的变化，等等。

从竞争对手的渠道商中了解竞争对手的产品、技术、价格、渠道、政策等方面的信息是一种有效的方法。但从该渠道获得的信息往往是当期的信息，企业根据竞争对手当期信息再做出应对性的反应往往是滞后的。因此，企业要对竞争对手做超前性、抑制性竞争，就必须在目标竞争对手的内部建立信息渠道，在竞争对手着手建构新的竞争优势时就同步做反制性的行动，把敌机消灭在飞机库里而不是等敌机升空后再与其进行空战。

对上市的竞争对手而言，其公开发布的年报、半年报、季报等财务报表是可以从互联网上获得的信息渠道，对有规模的竞争对手而言可以从其门户网站上获取相关信息，甚至可以从其专业人员在公开专业杂志和刊物上发表的研究性论文中了解相关信息。

建立企业信息情报渠道的目的是及时获得竞争对手、客户需求和市场宏观环境方面的相关信息，以便利企业根据自身的优势和劣势、根据市场的机会和威胁做出应对性的决策。宏观经济信息是最容易从公共媒体上获得的信息；对企业而言，GDP增长率、GFI（固定资产投资增长率）、CPI（消费品物价指数）、PPI（生产资料物价指数）、PMI（经理人投资指数）、M1/M2货币发行指数等是影响企业制订年度业绩计划、成本计划、HR计划、定价等企业计划的依据和参考。

客户需求信息，除公开招投标信息可以从互联网上获得外，客户的其他需求信息是很难获得的。企业如果只在客户公开招标信息时才着手了解客户的需求信息那就太晚了。无数的案例表明：企业仓促投标的结果等同于"陪孔子读书"，没有赢的希望。所以，企业需要在客户内部建立信息渠道，以便及时了解客户的建设信息、投资信息、技术倾向性信息、对手在客户处的营销活动、客户采购的供应商认证流程变化和决策链变化信息等，这些信息对指导企业及早从事品牌营销、技术营销、客户关系的修补和巩固对市场和销售活动有极其重要的指导作用。

竞争对手的信息收集是一项长期连续的工作；对手的产品、价格、成本、制造、货期、供应商、大客户、开发、财务、薪酬、现金流、库存、OP等都是需要收集的重要信息；企业可以从这些信息中分析对手的成本竞争力、技术竞争力、市场竞争力等来源于哪里，可以了解对手的长处和短处，这些信息有利于企业制定反制对手的竞争策略。

上述信息对企业知己知彼和环境而言都是必需的。渠道＋信息＋整合性分析＝行动决策，这就是企业建立信息情报系统所要达成的目标。

第十三章
营销的定价管理

　　企业经营的目的是获得利润不断扩大再生产，企业经营的最终宗旨是股东利益最大化。在企业内部有两个部门关系到企业的利润管理，一个是财务部，另一个是定价中心。财务部是从销售收入、制造成本、库存成本、期间费用、资金利用效率、现金流等方面的管理来实现企业的利润最大化。定价中心是以实现市场份额和实现企业利润目标之间平衡目标为原则来管理价格，通过管理价格来保障企业的目标利润。财务部是以会计准则和企业董事会要求的利润目标为原则进行企业利润管理，定价中心是以促进销售和利润增长为灵魂进行企业的利润管理。

　　企业定价受以下三个层面的影响和制约：在宏观层面，要受宏观经济PPI（生产资料价格指数）、PMI（经理人采购指数）的影响；在企业层面要受企业成本能力、企业在市场上的定位、企业的盈利要求等要素的影响；在细分市场层面，要受企业品牌、既有市场地位、市场份额目标、对渠道吸引力等因素的影响。具体销售项目的定价，要受企业当期成本、未来成本、产品线年度毛利目标、年度运营利润目标、销售项目的战略价值等因素的影响。

1. 从损益表中看定价管理的角色

企业的损益表能反映企业的盈利能力和盈利状况。企业的盈利由以下三个数据决定：销售额、制造成本、期间费用。销售额与制造成本之间的差额叫毛利（Gross Profit），毛利与期间费用之间的差叫运营利润（Operation Profit）。企业经营的全部秘密就是要努力实现运营利润的最大化。其中，销售额在实现企业盈利中扮演第一重要角色。销售额由以下两个数据决定：产品单价、产品数量。产品价格的制定既关系单个产品的毛利，又关系产品的市场份额。在有需求弹性的市场（降价可以扩大需求，涨价会减少需求的市场），降价意味着虽然单个产品的毛利降低，但只要产品销售数量增加得足够多，总毛利额会呈趋势增长；反之，提价意味着单个产品的毛利增长，但销售数量减少，当销售数量减少超过单价带来的毛利增长时，总毛利额就会减少。可见，定价管理的角色不仅是制定产品的目录价（LIST PRICE）和折扣价（DISCOUNT PRICE），而且要结合企业的产品运营利润(Operation Profit)目标，通过监测产品成本变化和市场价格变化来指导企业产品成本改进和市场价格授权的一项运营管理角色。

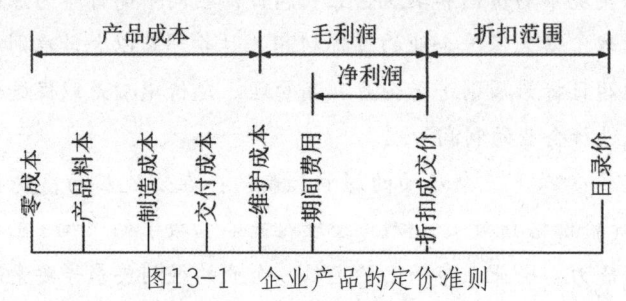

图13-1　企业产品的定价准则

2. 盈利是衡量产品成功的唯一标准

产品成功与否取决于多种因素，如产品的概念、产品的使用特性、产品的性能、产品的成本、产品的品牌、产品的可获得性等，其中的任何一个因素都有可能导致一个新产品的失败。但一个新产品的成功，则需要在上述的所有要素上都要比对手有竞争优势，至少不能是弱势。除非新产品的市场是一个需求迅速放大，同时又是一个供应不足的市场。

检验产品获得成功的唯一标准是产品获得既定的市场份额且能达到产品独立运营的盈利目标要求。产品概念的成功有助于获得客户的认可、帮助产品进入目标市场，它可以使客户"很喜欢"这个产品。但是，让客户喜欢一个产品是一回事，让客户愿意花钱购买他喜欢的产品是另一回事。客户购买一个产品往往受制于资金预算制约（购买力约制），当一个产品的售价超过他的购买预算的制约线时，客户未必愿意购买这个产品，客户往往求其下，去购买产品概念、使用特性、性能较低但价格符合其购买力的产品。一切超出客户购买力的消费都是过度消费。就单个客户而言，即便他是花钱的"发烧友"，也只能在个别产品上"发烧"，不可能在所有的购买品上"发烧"。所以，即便是一个概念很好的产品，在定价时也要有清晰的客户群（市场）定位和价格定位，一定要预测在目标客户群（市场）获得既定份额后是否能够达到该产品的盈利目标，如果答案是否定的，则需重新进行目标市场定位，同时重新针对目标市场制定价格。所以，对拿不准定价的产品，一般采用试销价的方式进行价格试水，以确定市场对该产品价格的接受程度。

产品概念成功而产品盈利不成功最终导致企业经营失败的例子是美国的 APC 公司。该公司以开发小容量 UPS 起家并在全球占有第二的地位，该公司于 2000 年前后开始开发针对 IT 中小企业市场和数据中心市场的 INFRASTRUCTURE 产品（英飞系列产品），该产品包括机柜、空调、配电条、监控、不间断电源等解决方案产品，该产品很受 IT 经理人的欢迎，在 IT 市场喧嚣一时。但该产品的定价高于 IT 市场客户的购买能力，即便是 IT 高端的客户也只能有限度购买 APC 的英飞系列产品。结果，其销售额和市场份额远达不到实现其运营利润的目标要求，最终 APC 公司将自己出售给法国的施耐德（SCHILNAIDE）公司，将其业务与施耐德（SCHILNAIDE）旗下为数据中心开发和制造大型 UPS 的梅兰日兰（MGE）公司合并。由于 APC 公司该产品的财务不成功，APC 只能成为该行业的新产品概念的先烈而不是先驱。

3. 价格与成本管理是定价管理的基础

企业营销团队的定价管理本质上是对产品的市场价格和产品的全成本进行管理。产品的市场价格与产品成本之间的差额决定产品的毛利水平（GP），单个产品的毛利水平是实现产品线运营利润（OP）的基础，产品线的总毛利与产品线的总期间费用之间的差决定产品线的运营利润（OP）。由于产品线的总期间费用大部分是固定费用（如开发、市场、销售、管理人员的费用），因此产品线必须达到一定的销售量才能够实现盈亏平衡，其销量超过盈亏平衡点后，该产品线才进入盈利。因此，营销的定价管理的首要目标就是配合该产品的目标市场定位和市场份额目标制定该产品的市场价格。定价人员要在目标竞争对手的产品价格和本企业产品的毛利水平、销售量、市场份额、运营利润目标之间寻找一个平衡点来制定本公司产品的市场价格。当定价人员依据目标竞争对手产品价格无法实现在本企业产品的毛利水平、销售量、市场份额和运营利润目标之间找到平衡点时，那一定是产品成本或产品线的期间费用上出了问题，或者两者都出现问题。对此，企业一般把解决问题的方向主要定在降低产品的成本上。从长远来看，提高产品的毛利水平要比降低产品线的期间费用对持续改善产品线的运营利润更重要。产品线的期间费用体现的是一种产品线业务发展的资源能力，这个资源能力不仅要解决今天的吃饭问题，还要解决明天的吃饭问题，适当冗余的资源能力对产品线的可持续发展是必需的。减少产品线期间费用的限度以消除过多冗余资源为原则，其底线是要保证产品线能够解决今天的吃饭问题。过度削减产品线的期间费用对产品线业务的可持续发展是有害的。

因此，产品定价团队要与产品营销团队有效合作，调查了解目标对手的产品成本和运作方式，搞清楚目标竞争对手盈利能力的来源，在保证本公司产品价格有适度市场竞争力的基础上通过推动开发团队和供应链降低产品成本方式来提高产品的毛利水平，从而改善产品线的运营利润水平。

4. 四条定价控制线管理

企业定价有以下四条控制管理线：目录价（List price）、市场定价（Market Price）、折扣定价（Discount price）、成本定价（Cost price）。企业无论如何定价，其产品成本都是定价的基础；基于产品的成本线，一般采用成本加成的方式制定产品的目录价（List price），产品目录价是一种基于产品零售和包含各种风险溢价的定价，实际销售中很少有机会能以目录价格来销售产品，市场竞争限制了产品的过多溢价。由于市场存在多家供应商，各供应商都希望扩大自己在市场上的销售份额，在具有需求弹性的市场，在企业无法通过产品差异化来实现扩大市场份额的情况下，企业往往是通过减少产品溢价降低产品价格的方式来扩大市场份额。当市场上的每个供应商都这样做时，就自然形成了某个产品的市场定价。市场定价的出现一方面给客户购买产品时的货比三家提供了指引，另一方面给供应商提供本企业产品的折扣价提供了参照。市场定价实际上是一种由市场竞争自动形成的平均销售价格，各企业依据本企业的产品在品牌、功能、性能、质量、服务要素上与竞争企业产品存在差异，给出高于、等于或低于市场价格的折扣价。在这种情况下，产品目录价格只是一种标称价格，折扣价格是客户实际成交的价格，这两种标价之间的差额成为客户购买产品的安慰指数，折扣越大，客户认为自己获得实惠就越多。因此，企业往往以成本加成的方法制定一个高而又高的产品目录价，再给客户一个更大的折扣价，以提高客户的心理安慰感。

在工业品市场，由于存在长期重复购买的客户，产品的目录价格一旦被制定出来，往往保持不变，即使是变也是以提高产品目录价格的方式来改变，其中也是为了保持客户对产品折扣价的一致性的认识。重复购买的客户最喜欢的是供应商不断加大折扣价格。在这种情况下，企业即使是大幅降低了产品的成本也不会降低产品的目录价格，而是通过增加折扣价格的方法给客户一种不断获得优惠的满足感。

上面的陈述已表明，产品的成本是产品定价的基础。基于产品成本，企业以成本加成的方法制定目录价格，以指导销售团队的产品标价。在实际产品销售中，销售团队会依据市场竞争的状况和本企业产品的竞争力围绕市场价格水平以折扣价格进行产品的销售标价。

随着技术的进步和产品成本的降低，企业给客户折扣价格的能力也随之提高。在产品的折扣价下，企业是具有获得一定产品毛利能力的，所不同的只是不同企业对产品的毛利水平的要求不同而已。

5. 价格管理的体制与流程建设

由于折扣价格是一种以减少产品溢价的方式来销售产品，企业一般对此有着严格的折扣价格授权控制，企业为此往往要设立针对销售员、销售经理、销售VP、公司CEO等不同管理层控制线的折扣价格授权线。授权的折扣价格等级越高，就意味着以此折扣价格销售产品的毛利水平越低。当销售人员为了获得订单需要超出自己折扣价格的权限时，他就需要向具有更高权限的上级主管申请折扣价格。

为了方便折扣价格的授权管理，有专业公司推出了价格管理的软件，应用这个软件需要企业的销售和营销团队制定建立客户、价格的信息库。客户、价格信息库数据的收集录入和维护需要一个流程和相关的责任部门，销售人员要在合同上正确写明产品型号和对应的价格，每单合同的价格信息和客户信息都需要由合同处理部门录入数据库，定价中心要定时检查和更正异常的价格信息。由于价格管理软件可以按客户维度、时间维度和区域维度显示折扣价格的分布，所以各折扣价格的授权人员可以通过这个价格管理软件来判断销售人员申请折扣价的合理性，以此来辅助价格授权的决策。

本着"立法"和"司法"分开的原则，企业在价格管理上采用由营销团队负责"立法"：制定产品的目录价格，并基于产品利润目标和市场竞争状况制定不同等级的折扣价格，维护价格管理的数据库，监督折扣价格的执行及对产品毛利率的影响；销售管理部门负责价格授权的"执法"：按照营销团队的折扣价格的授权等级和总的价格控制目标进行控制性的价格授权。

6. 成本线管理的体制与流程建设

企业对产品成本线的管理差异较大，凡对各产品实行独立核算的企业一般均按产品线来管理产品的成本线，每个产品线都需设立一个产品的成本经理负责该产品线各种型号产品的产品成本，该产品成本经理对所开发产品的成本目标负责。不按产品线管理产品成本的企业，一般在企业的财务部门设立产品成本经理。有的企业由产品的定价中心来管理企业的产品成本。产品成本是产品定价的基础，要使定价中心能够扮演既能通过定价来保证产品毛利水平，又能通过价格杠杆扩大市场份额并在两者之间寻求平衡点的角色，就必须把产品成本管理和定价的职能合为一体。

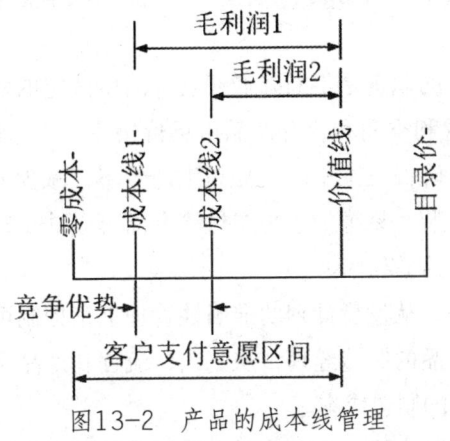

图13-2 产品的成本线管理

但大多数企业实行的是由多部门对产品成本进行管理的方式。典型的方式是：产品线成本经理依据产品开发规格书中所设定的成本目标对产品成本进行产品料本管理，供应链进行产品料本的采购成本和制造成本管理，财务部负责企业总的产品成本、企业管理平台的综合成本管理（分摊成本的管理，即SG&A的管理），定价中心则是根据市场价格变动对预期毛利率的影响来反向推动产品成本的管理。

成本管理是企业的生命线管理，按业务线和平台的真实的成本计量和统计是成本管理的基础。各职能部门在产品成本管理上的角色是有差异的。

成本会计的重要职责是按会计准则中的分布成本法，把企业发生的成本分摊到每个产品线甚至每个产品上，扭曲的成本分摊很可能误导了产品定价、误导了产品的产品毛利计量，甚至误导了产品线的运营利润的计量，最终会误导企业管理层的决策。如果把本来盈利的产品由于多计量了成本而使该产品业务呈现低毛利率甚至亏损，就很有可能误导企业撤掉这个本来是盈利的产品（线），如果把本来是低毛利率甚至亏损的产品（线）由于少计量了成本而使该产品（线）呈现好的利润率，很可能误导企业决策对该成本（线）实行大的投入，从而把企业误拖入亏损的泥潭。所以，企业的成本会计是企业综合成本管理的责任人，他的使命是使用正确的会计准则、正确的成本口径、正确的成本计量方法、正确的成本分摊方法，真实地呈现企业总体的和企业各产品（线）的成本、期间费用、毛利率、运营利润率的状况。

产品线成本经理的职责是帮助产品线负责人以产品成本为目标来推动产品开发经理选择合适的设计平台、技术平台、器件平台、工艺平台来开发产品，帮助开发团队实现产品的成本目标，为产品的成本竞争力和盈利能力奠定基础。

供应链采购经理的职责是不断降低开发部门所选定的器件、部件的采购成本，以增加产品的盈利空间和提升产品市场价格竞争力。同样的销售价格下，减少采购平台费用，降低人工工时，提高生产效率，减少外协费用，在产品开发时考虑产品的易安装、易维护和易交付等方面可以减少物料成本之外的成本增加，从而提高产品的毛利率。

产品的计划经理，从发货计划的准确性管理上来控制可能的缺货或库存所导致的成本增加。产品的制造经理，从工艺、流程和产品合格率的产品的管理上来控制和降低产品的制造成本。

定价经理，从产品市场价格变化对企业产品目标毛利率的影响方向来管理产品的成本。当价格下降产品毛利率下降时，定价经理就会把产品降成本的信息向处于企业后端的开发和供应链部门传递，或者启动产品的降成本开发，或者启动采购降成本，或者上述两者兼用。如果企业将产品定价经理和产品成本经理角色合并，则其对产品成本管理的力度就越强，将产品成本线管理转化为增强产品盈利的能力就越强。

销售经理，从合同界面和合同条款方面来管理，在同样价格下尽可能消除或减少隐性追加成本的发生。例如，对于非标定制的产品要向客户收取产品非标定制费；对于产品的物流运输收取运保费和货到现场后的二次搬运费以应对紧急订单导致的运费增加；同时收取的产品的客户培训费；更重要的是签订正确的合同，避免产生退换货。销售经理要与供应链协同提高客户要货计划的准确性，避免紧急采购或生产导致的物料成本或制造成本以及外协费用的增加。

服务经理可以从工程、服务效率和质量控制方面管理同样价格下，消除或减少可能发生的附加成本。例如，在清晰的合同界面内进行产品的安装交付，避免服务内容和界面不清导致的额外成本增加；合同界面外的服务内容需要向客户收取增补费用；尽可能地一次性将产品的安装交付做好，避免多次服务增加成本；提高安装的质量和效率，避免返工造成的成本增加；同时还要密切注意工程材料的成本变化，避免工程材料的成本波动或失控造成材料成本上升。

7. 基本的定价方式

产品定价方法的名词众多，诸如成本加成法（产品成本加上目标利润的定价方法）、撇油定价法（利润比产品成本还要高的定价方法）、地板定价法（将产品的毛利只能补偿期间费用的定价方法）、地窖定价法（产品的价格只能补偿产品变动成本的定价方法）、歧视定价法（对不同的行业不同的区域不同的客户采用不同的折扣定价方法）、捆绑定价法（将具有关联关系的产品打包定价，其复合折扣要优于单项产品折扣的定价方法），等等。

产品诸多的定价方法完全是由市场竞争造就的。当所推出的产品处于卖方市场地位时可以采用撇油定价法，当所推出的产品处于半竞争状态的市场时可以采用成本加成的定价方法，当所推出的产品处于充分竞争的市场且具有买方市场特性时则只能采用地板定价方法，当为了争夺某个具有战略地位的项目时，有可能采用地窖定价法，对相互不透明的行业、区域和客户市场采用歧视定价方法，当进行解决方案的打包销售时可以采用捆绑定价方法，等等。

定价方法只是一个工具，它帮助营销管理者用这个工具为企业追逐利润和追求市场份额。当一个企业的策略是以利润为主份额为辅时，其采用的定价方法会趋于保守，其产品的价格一定是在弥补了产品的全成本之后还有着目标利润，这类企业会计较每一个合同的目标利润水平，由于其价格的竞争力较低，在竞争的市场，其所获得的市场份额不占主导地位。当一个企业的策略是以市场份额为主、利润为辅时，其采用的定价方法是积极的定价方法，它以能获得目标市场份额为原则来定价，其所定的产品价格具有进攻性；这种定价方法通过获得大份额的方式来获得目标利润总量，不在意产品的单价毛利水平。这类企业一般是红海市场的制造者，其典型是2011年以前中国的华为公司和中兴公司。华为将其追求市场份额的价格策略称为"焦土策略"，让产品毛利少得可以迫使老供应商退出市场和新供应商不敢进入市场。当然，采用"焦土定价策略"的条件是该企业具有超越对手的低成本能力。

目前出现了一种时髦的定价方法，叫价值定价法。所谓价值定价法是指按照产品给客户带来的价值而不是按照企业要求的目标毛利来定价。其实，价值定价法更多的是一种定价理念，其本质的含义是：给客户的价格要与给客户带来的价值相匹配。价值定价法更适合应用于差异化产品竞争的市场。而在同质化产品竞争的市场，市场定价法则更为有效。市场定价法是以获得目标份额为原则定价，这种定价最受销售团队的欢迎，因为这种定价可以让销售团队放开手脚去抢份额，而成本和利润的矛盾则由企业后端的开发和供应链团队去解决。但采用市场定价的前提是要明确诊断所面对的市场是否具有价格弹性。

价格弹性是衡量价格与需求量变化之间的关系的一种概念。如果价格提高则需求降低或价格降低则需求提高，那么这个市场就是具有价格弹性的市场；价格与需求之间的负相关性越大则价格弹性就越大。在具有价格弹性的市场降价是最有效的获得销售额增长的策略，但利润能否增长则依赖于销售增长所带来的利润增长在弥补降价所带来的利润损失后是否还有盈余；所以，企业的营销团队必须能够精确地计算价格与销售量之间的平衡点，使降价的策略成为增加企业利润的工具，避免降价成为企业的利润杀手，避免出现杀敌八百自损一千的红海式竞争。

如果面对的市场是缺乏价格弹性的市场，降价则是一种自杀行为，降价不能带来总需求的增长，参与竞争的供应商为保住自己的市场份额纷纷采用降价来应对竞争，结果市场需求的货币额减少，参与竞争的企业的利润减少，整个行业市场呈现需求萎缩。因此，在缺乏价格弹性的市场，适度涨价是一种增强企业利润的方法；在这种市场中，产品的差异化竞争策略和价值定价法的结合能给企业增加利润。

8. 用好定价职能

  采用何种定价方法不仅关系到企业的销售和利润，同时也反映和引导了企业的战略。采用撇油定价法的企业如果成功，那这个企业一定采取了亲和客户的策略，追求的是通过客户化定制的策略来满足客户需求，以客户化的产品在每笔交易上获得高于竞争对手的定价，从而获得更高的利润。采用市场定价法的企业如果成功，这个企业的战略一定是采取了成本策略，在相同的产品上以更低的成本制造，以更低的价格获得份额，通过扩大份额增加企业利润。采用价值定价的企业如果成功，那这个企业一定是采用了产品差异化的策略，追求的是通过产品的差异化来实现不同于竞争对手独特的客户价值，获得高于对手的定价，从而获得更高、更多的利润。

  企业定价不仅与企业战略有关，也与企业的竞争战术有关。跨国公司普遍采用的转移定价策略是一种把处于低成本国家工厂所制造的产品以接近成本的价格进行定价，将产品出口给自己的关联公司，从而把产品利润通过定价转移到海外关联公司的一种定价方法。采用转移定价的策略一般都是为了减少在产品制造国纳税的一种方法。正因如此，产品制造国的政府一般都会采用行政法的形式来规范这种转移定价。

  在市场竞争中，企业为了能够帮助新产品找到试用客户，为了争夺具有品牌影响力的销售项目，或为了突破某个大客户替代竞争对手的产品，无论其原先采用的是何种定价策略，在上述情况下，一般都会采用优惠折扣价格或试用价格的策略来达成市场的目标。当产品市场的上游器件供应出现短缺时，即使是采用市场定价的企业也会采用给客户提价的策略。当市场由卖方市场转向买方市场时，企业的定价策略也必须随之调整。有的企业采用混合定价的策略，即在同一个产品线的不同产品系列上采用不同的定价策略的组合，对部分产品系列采用市场定价法以薄利多销来支撑获得更多的市场份额；对部分产品系列采用价值定价法，以保持高端品牌形象和获得高毛利。

  可见，定价职能是个需要有灵魂的职能，定价体现的是企业战略，是企业获得利润的一种技术，同时又是一种助力企业市场竞争的方法和工具。

9. 定价部门的职能定位与岗位任职要求

定价中心在不同的企业有不同的定位。有的企业将定价中心设在财务部门；这种设置显然把定价中心定位于产品价格控制的职能，这是一种重管理、轻销售支持的定位，是以企业的产品成本和目标利润要求来授权销售部门的可用的价格水平。这是一种以企业为导向的定价，是一种保守型的定价定位。

有的企业将定价中心设在市场部；这种设置显然把定价中心定位于销售支持与价格管理双重职能，可以充分发挥价格杠杆对销售的支持作用，可以从市场的价格水平反向推动企业成本优化来实现企业的利润目标。这是一种以市场为导向的定价定位，是一种积极型的定价定位。

有的企业不独立设立定价岗位，而是把定价职能与产品管理经理的职能合二为一，产品经理负责定价及价格授权。产品经理是既独立于销售部门，又独立于开发部门的一个角色。产品经理负责产品发展的路标规划，既要对产品的市场竞争力负责，又要对产品的利润负责。这是一种处于企业为导向和市场为导向中间的一种定位，是一种稳健型的定价定位。

上述三种定价定位对企业及各部门的意义是不同的。定价中心设在财务部门，销售的授权受财务部门控制，其表现是授权决策慢、授权僵化，定价只是一种会计工作，市场和销售部门受累，在利润和份额两难的决策中往往是保利润。定价中心设在市场部门，定价中心既要约制销售人员的价格行为，又要支持销售人员的销售，在利润和份额两难的决策中往往是保份额，先争取销售机会再推动后端降低成本。这种定价定位，受累的是开发和供应链，它们会被市场部门逼得不断进行降低成本的工作。产品管理经理扮演定价角色则是一种中性角色，销售承受价格压力、开发；供应链承受降低成本的压力。

理想的定价定位应该是营销的定价定位。财务部门相当于中央银行，营销部门相当于商业银行，销售部门相当于需要贷款的客户。由营销部门定价，它既需要遵守财务目标的约制（利润目标），又要支持销售（价格授权与市场份额），同时还要防止过度价格授权的风险（降价授权超过企业降低成本的能力）。将定价中心设在财务部门和设在销售部门都不可取。前者好比由中央银行直接给用户贷款（控制僵化），后者好比商业银行给自己的全资企业贷款（不受节制）。

10. 产品的市场价格管理

定价管理有以下三个基础：产品成本管理是定价管理的第一个基础，产品的客户价值管理是定价的第二个基础，产品市场价格管理是定价的第三个基础。

产品市场价格管理有以下三种类型，即分销的价格管理、直销市场的价格管理和大客户的价格管理（直销的一种特例）。

分销的价格管理一般是采用等级制管理，即根据分销商的销售规模和在企业渠道架构中所处的位置，给不同等级的分销商以不同的供货价格。一般的原则是分销商的等级越低，销售规模越小，其获得的产品供应价格越高；反之分销商的等级越高销售规模越大，其获得的产品供应价格越低。这种价格一般一年一定，分销商根据上一年度的销售规模获得在企业渠道体系中的等级地位，从而获得与等级地位相应的产品供应价。企业给分销体系的阶梯价格不是随意定的，它要综合考虑企业在市场上的品牌地位、产品的质量口碑、企业进入市场的先后、对竞争对手渠道的吸引力、市场客户端的价格水平等诸多因素。此外，为了支持渠道争夺大型的或具有战略地位的销售，企业往往会针对销售项目给分销商特别价格折扣，当竞争价格低到即使给特价分销商也无利可图而企业需要赢得这个项目时，往往会采用直销，以佣金的方式补充分销商在赢得项目上的努力。

直销市场的价格管理一般采用价格歧视管理，不同的行业、不同的区域和不同的客户所给的价格是有差异的。因为，不同行业、不同区域、不同客户市场上所遇到的竞争对手也是不同的，客户的成熟度和忠诚度、竞争的激烈程度、各企业在终端客户心目中的品牌地位、市场的封闭或开放的程度是不同的，客户的采购规模也会有所差异。这些因素就给企业做歧视性价格管理提供了可能。为了帮助企业做好歧视性价格管理，有厂家专门开发出价格管理软件来实现这种管理，帮助企业从任何一种管理者所期望的角度来分析价格水平的分布和变化，并帮助企业发现价格管理上的漏洞。

大客户是采购量大且重复购买的客户。大客户的价格管理取决于企业是处于守市场的地位还是新进入者的地位，取决于所提供的产品是客户化定制的产品的还是标准化通用产品。一般的规则是，同一个产品给大客户的价格要低于分销和直销零售市场的价格，因为大客户采购量大且议价的能力也强。如果是定制产品，市场上没有可参照的价格水平，则价格可以适度定高。在大客户市场，新产品在销售初期定价较高，随着大客户的采购量的放大而逐步降低价格。

价格管理尽管有分销、直销和大客户三种市场的不同，但也有其相同的部分，如通过对一段时间内的价格情况进行归类统计分析，企业可以得出一张价格瀑布图，营销部门可以通过对价格瀑布图的分析找出利润流失的漏洞，如产品的工程界面边界条件，工程材料标准，产品质量保证期的长短，产品工程验收的时间及条件，交货期，交货地点、运费与保险、付款条款、违约处罚、选配件等。价格瀑布图中的内容都与成本有关，合同条款在这些问题上界定不清会使企业付出额外的成本，从而流失产品所得的利润。如产品交货期，多一天交货只需用汽车运送产品，如果少一天则需要用飞机运送，显然一天之差使得企业在交货条款上多付出了10倍的运输成本。又如质量保证期，工业品一般是一年期，在这一年期中产品出现质量问题，供应商必须免费修好产品；如果客户需要3年的质量保证，则销售人员需要设法与客户谈一年质量保证期外的质保收费；否则，供应商就需要额外承担2年的维护成本，使产品利润流失。再如客户需要在标准品上增加功能或调整规格，对客户的产品变更，销售人员需要向客户收费，因为修改产品需要追加额外的成本，如果不对非标要求收费，供应商就会因此多付出成本，产品利润就会因此而流失。可见，合同条款的控制也是价格管理的一个重要组成部分。

第十四章
营销的销售管理

营销的销售管理使命就是根据本公司的业绩目标，建立销售队伍，部署和投入销售资源，传递本公司的价值，赢得客户并获得目标业绩的结果。销售工作的核心是围绕目标客户赢得目标客户、获得目标业绩。销售管理的核心是：不断扩大用户规模，把非本公司的客户转化为本公司的客户，在现有客户的基础上获得更多的份额和提供更多的产品、解决方案及服务，并牵引本公司随客户需求的发展及时调整企业的业务发展，驱动本公司的业绩可持续发展。

可见，营销销售管理是企业通过销售渠道以客户为起点，也是以客户为终点围绕本公司的业绩目标将客户需求和企业的客户价值对接交换并进行循环往复运作的一种闭环管理过程。

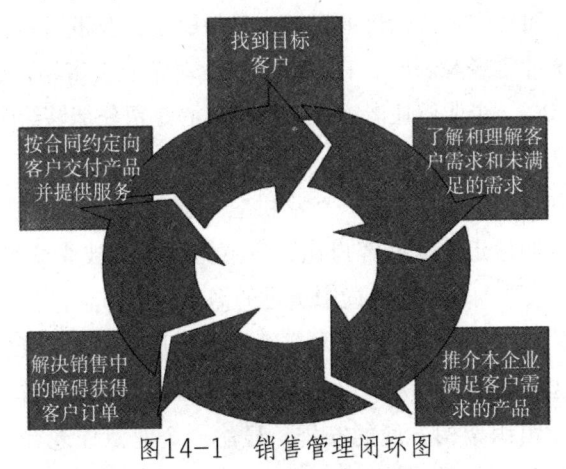

图14-1　销售管理闭环图

1. 客户管理

行销管理的起点究竟是以计划管理为起点还是以客户管理为起点,业界有不同的观点。从逻辑上讲,行销管理是以计划管理为起点,以计划实现为终点的循环往复的过程,而从营销管理的角度来看,行销管理是以客户管理为基础和前提的,因为没有客户管理,其计划管理就是一种无源之水、无本之木的空中楼阁式的管理;只有有了客户管理,计划管理才有落地的可能,才会有市场份额的概念、市场需求总量的概念、市场细分的概念,从而才会有可靠的销售计划指导。否则,企业计划管理就会变成小概率事件管理,而不是有较高可实现性的大概率事件管理。

客户管理的第一项基础工作是要从市场上识别出你能够提供服务的客户。很多创业型企业都是从拿着产品去市场上找客户开始的。企业在该发展阶段的销售还不是以客户为中心的销售而是以产品为中心的销售,企业是拿着既有的产品去选择客户,是以产品能够满足客户需求的属性去甄别和选择客户。

当企业拥有了一定数量的客户之后,甄别和留住价值客户就成为企业最重要的任务。MBA 教程中就明确给出过这样的定律:留住一个老客户的成本只有发展一个新客户的 1/5!当然,这里讲的老客户并不是指所有已经成为企业客户的所有客户,而是指企业的价值客户,是指能给企业带来 80% 销售或利润的那部分客户。统计学经验表明,在 B2B(企业对企业)市场,这类客户往往不足所有客户的 20%。企业留住老客户工作的核心是留住能够给企业带来 80% 销售或利润的客户。

留住老客户的工作不只是做好产品供应和服务的工作,也不是简单的企业高管定期或不定期地走访这些客户让客户感觉到他们被尊重和被重视的工作,而是需要不断寻求帮助客户解决尚未满足的需求的工作。

要真正做好留住老客户的工作光靠销售人员是不够的,还需要营销人员的介入才能做好这项工作。因为,留住老客户既需要做市场运作方面的制度性安排,也需要企业组织架构方面的安排。显然,企业留住老客户的工作需要一套闭环管理的流程和制度:企业需要有负责甄别价值客户的责任部门或责任岗位，需要有对价值客户关系和客户满意度进行定期评估的责任部门或责任岗位，需要有对价值客户重复购买额进行统计与趋势分析的责任部门或责任岗位，需要有对价值客户投诉进行受理与进行客户关系危机处理的责任部门或责任岗位，等等。

发展新客户是企业寻求发展的永远不变的主题。有的企业是用自己的直销团队去做新客户扩展工作，有的企业是通过发展分销渠道去间接地发展新客户，有的企业则同时采用上述两种方法分别在不同属性的市场去发展新客户。发展一个新客户之所以比留住一个老客户所花的成本高若干倍，就在于新客户往往都是竞争对手的客户。让客户转换品牌需要对其进行洗脑的过程和让客户对新品牌有个逐步认知的过程；这两项工作需要花费时间和成本，客户转化所花费的时间越长其成本就越高；实践表明，不是所有的对手客户都能够被转化，企业充其量也只能转化其中的一部分，其客户转化率是有限的，除非竞争对手犯了大面积得罪客户的错误。

发展新客户需要有明确的目标指向，最重要的是去发展支撑了目标对手80%销售额的客户。没有这样的目标指向，企业发展转化来的就只能是对手的边缘客户。花费高成本发展一个低收益的客户显然不是企业所希望的，这样的客户即使转化过来对企业的贡献也是微乎其微的。

客户管理是企业对外部生存环境的管理，这项管理比企业对内的管理还要重要。企业管理者最易犯的错误是把客户管理当作"木"，把企业管理当作"本"；以为只要把企业管理好了，客户管理自然就会好。其实不然，企业的客户管理是"木"，企业的内部管理是"本"，企业的内部管理要围绕企业的客户管理进行；因为，企业所做的一切都是为了满足客户的需求。如果企业的客户管理较差，销售部门不能从客户处获得足够多的订单，这个企业即使内部管理得再好，对企业的生存和发展而言也是徒劳无功的。

2. 建立基础客户群

客户是企业的上帝，客户是企业存在和发展的唯一根据和理由。企业要让消费者成为自己的客户，首先必须针对自己的目标客户的需求开发产品和服务，并把相关的信息、产品和服务设法呈现到目标客户群中，使客户能够便捷地得到这些信息、产品和服务。企业心中有客户、目标为客户、运作围绕客户才可能有自己的基础客户群。因此，建立基础客户群首要的责任是企业管理层，其次才是销售部门的责任。企业运作的架构、流程、运作方式、产品、服务等为销售部门建立基础客户群奠定可能的基础，而销售部门是把企业提供的建立基础客户的可能性变为现实。

建立基础客户是企业生存的基本条件。基础客户是目标客户中对企业的产品、服务的某些特性具有积极亲和性的客户。对个人消费品而言，企业通过广告、传媒把针对某个年龄段、性别、购买力等购买要素开发的产品的使用价值传送到目标客户群中，将门市和销售网络覆盖到目标客户群，企业就不难建立自己的基础客户群。如空调、冰箱和洗衣机企业通过传媒宣传和与苏宁、国美等全国连锁电器超市建立自己的基础客户。对工业设备市场而言，采用直销方式的企业往往先从目标客户群中选择最容易突破的客户首先取得销售，从而建立自己的基础客户群，企业再从基础客户群中获得扩大再生产的资源，通过产品升级和技术发展再逐步地扩大基础客户群。这方面的典型当数中国的华为技术公司。1998年创建的华为技术公司以开发制造企业用户交换机起家，通过与当时的中国电信合作做企业级的小交换机市场；1994—1996年前后华为技术开发出电信运营商用的局用交换机，华为技术先从2000多个县级电信局入手取得突破，将县级电信局作为自己的局用交换机基础客户，在获得扩大再生产的资源后进一步升级产品进攻300多个市级电信局市场；华为技术用了5~7年的时间攻破了30个省级电信运营商市场。华为技术在建立县级电信局基础客户时除在省会城市设立办事处、代表处外还把销售办公室设到了县。在建立市级电信局市场基础客户群时把销售办公室建到了市。可见，一个企业的生存和发展与建立和扩展企业的基础客户群密不可分。基础客户群的扩展过程就是一个企业发展壮大的过程。反之，就是企业的萎缩甚至倒闭的过程。

3. 客户分析

客户分析以下有几个层面。从产品开发和优化层面来看，客户分析是选择目标市场和市场细分并以此开发和优化产品的基础性工作。这个工作在企业制订新产品开发计划之前就需要做，新产品发布并进入市场之后仍然需要做。在新产品开发立项前做的客户分析,属于市场可行性研究的一部分,其目的是通过客户分析来总结归纳客户的本质需求和差异化需求,客户的本质需求研究决定新产品的通用性特性,而客户差异化需求的分析是通过细分市场来细分产品规格的基础。例如,通过对家用洗衣机客户的分析,可以发现洗衣机除需要满足洗衣功能、容量要求等少数特性是共性的需求外,其他的需求是差异化的:如自动、手动、混合工作方式,立式、滚筒式,需要便宜的、不太在意价格的,节电要求、无节电要求,节水要求、无节水要求的,按衣服质地选择洗衣程序、没有要求等不一而足。这些差异化的需求就使得企业结合自己的优势有选择地开发满足部分客户差异化需求的产品;企业在这么做的同时也就锁定了目标细分市场及目标细分客户。

新产品向市场发布并进入市场以后,企业做的客户分析主要是验证新产品开发是否真的满足了目标细分市场的客户需求。对企业推出的新产品,目标客户是欣然接受还是有保留地接受,是带着缺憾地接受,还是基本不接受?上述除第一个问题外,其他的问题都是需要企业找出目标客户不完全接受的原因,并以此优化产品、调整产品特性来匹配目标客户的需求。

从客户对企业价值的分析来看,就是要研究企业的销售额、利润主要来自哪些客户。这里有七个分析维度:老客户重复购买率,老客户、新客户维度,特别有价值的客户、价值客户、无价值客户维度,重复购买的客户、偶尔购买的客户,忠诚度高的客户、忠诚度低的客户维度,基本满意的客户、基本不满意的客户,本企业的客户、竞争对手的客户、在供应商中搞平衡的客户,等等。上述任何一个维度的客户分析都是帮助企业找出自身不足,指引企业改良以保留企业的价值利益来源的一项基础工作。

假定每年的市场需求不变、本企业的销售额不变,不同的客户分析指标分别暗示了企业在市场和销售方面的不同问题:

老客户的重复购买率(在2个采购周期内企业的基础客户再次采购本企业产品的比例)反映客户的忠诚度和客户流失率;这个指标指引企业去调查分析客户更改供应商的原因。

老客户、新客户各自占总销售额的比例,反映企业的市场扩展性;如果企业每年的销售额都是来自老客户,那说明该企业的市场没有扩展,太保守;如果企业每年的销售额都是来自新客户,要么说明老客户全部流失,要么说明企业所做的产品市场是超长采购周期的市场(如豪华奢侈品),要么是各对手互换了客户；经验表明，留住一个老客户的成本是发展一个新客户的成本的20%，在同样产出的情况下，由于销售费用更低，老客户会给企业带来更多的利润，因此要尽可能地留住老客户。

如果在企业每年的销售额中70%~80%来自老客户，20%~30%来自新客户，这说明企业在市场竞争中与对手互有进退，如果上述客户销售结构是基于企业同期同比总销售额增长的基础上的，在市场需求不变的情况下，则说明本企业的市场具有扩展性，因为新客户来自竞争对手的原有客户。新客户虽然在初期需要企业付出更多的市场成本，但是只要能够将新客户转化成重复购买的老客户，其后续的市场成本就会降低；从企业可持续性发展来看，企业在努力留住老客户的同时也要努力发展新客户，老客户是企业当下生存的基础，新客户是企业未来生存的根据。

价值客户分析为企业制定差异化服务策略、差异化定价策略和淘汰劣质客户提供了依据和目标；对企业的客户按销售额或利润排序，贡献在前80%的客户就是价值客户；有研究表明，对一个企业而言，往往20%的客户给企业贡献了80%的销售额或利润，这20%的客户就是价值客户，对这20%的客户企业应该制订周全的服务计划和价格政策以努力留住这些客户，对其余80%客户则制定等级低于前20%客户的服务政策并制定高于前20%客户的供应价格。对提升企业市场效益而言，两项市场工作同样重要：识别和保留最佳客户（具有战略重要性、盈利性的），把劣质客户（不能带来盈利的）推给竞争对手。

客户忠诚度分析是指客户重复购买本企业的产品或服务并排斥使用其他供应商的产品和服务的程度。这个客户分析指标是用来分析本企业原有客户的。它的一极是客户不仅重复购买本企业产品或服务同时不使用其他供应商的产品和服务（最忠诚的客户），另一极是客户完全转向竞争对手不再购买本企业的产品，处于中间的是客户虽然同时购买本企业的产品但同时采购2家以上其他供应商的产品，或者客户规则不规则地交替采购不同供应商的产品。客户忠诚度的分析指引企业去调查了解导致客户不忠诚的因素。经验表明，企业的服务质量、客户满意度和与高层客户关系是提升客户忠诚度的重要影响因素。对客户忠诚度的管理就是对上述三个影响因素的管理。

客户满意度是客户参照其他供应商对本供应商在产品、服务、价格、沟通等方面的正面评价程度。业界有专业的咨询公司帮助企业做第三方的客户满意度调查，他们受托访问和记录客户对被调查供应商各维度上的评价，并将评价与行业的满意度标杆进行对比和指出差距。企业在各维度上与标杆的差距就是提升客户满意度需要改进的地方。客户满意度是影响客户重复购买和忠诚度的重要因素。为争夺竞争对手的市场，实践中有的企业还委托第三方在竞争对手的客户中进行客户满意度调查；这种调查的意义在于找出这些客户不购买本供应商产品的原因：品牌认知、产品、技术、服务、价格、渠道、沟通、客户关系等，将这种调查与对本供应商客户的满意度调查放在同一评价维度进行对比分析就更容易发现问题所在。

可见，客户分析、客户甄别与客户分类管理（差异化服务）是客户管理的重要内容，这种管理能够帮助企业提高市场效率与效益。

客户分析的目的是让客户从本企业中采购和重复采购更多的产品和服务。以下两种方法可以企业达成目标：第一，设法从目标客户中获得更多的市场份额；第二，向客户推广 SOLUTION 销售。对第一种方法，如果不以价格优惠、服务优惠或差异化的产品为手段，则需要有与客户的战略合作关系为依托，客户给供应商大份额是需要合理支撑的；对第二种方法，则是通过给客户提供解决方案的方法放大销售机会，这是有效放大同一客户单一销售机会销售额的最有效的方法。所谓解决方案就是将核心设备的上游关联设备、下游关联设备围绕解决客户的需求所形成的有机组合。捆绑销售是 SOLUTION 销售的基本形式（如 UPS 捆绑蓄电池销售），相互关联的上下游产品组合销售是 SOLUTION 销售的高级形式。SOLUTION 销售往往是单产品销售倍数甚至几倍数的关系。

客户管理既是企业所有营销策略落地的地方，也是营销策略驱动产出（定单）的地方。理想的客户管理需要用三条线做交叉管理，即客户关系管理、产品线管理、高层客户管理。

客户关系管理是所有其他营销策略能够发挥作用的基础，再好的产品、解决方案和服务如果得不到客户的认可就会埋没其实际的价值，即使产品、解决方案和服务有一定的瑕疵，只要能够得到客户的认可就能放大其实际的价值。中国的通信设备供应商华为和中兴能够在 10 年之内由弱小变为强大这是一个重要的原因，这两家公司始终都在应用良好的客户关系来不断为其开发的团队赢得追赶国际竞争对手的时间。

企业一般都是由销售团队负责客户关系的管理。但从建立普遍而又全面的客户关系而言，仅仅有销售团队是不够的，营销团队、服务团队也都需要利用一切机会来建立、维护和发展与其形成互动的客户关系。

对客户进行产品线管理是一种技术线的管理，企业的营销和技术团队要比销售人员有更多的机会与客户的技术人员进行深入的交流和沟通，供应商竞争中的主要差异点大都来源于与这个层面的客户的沟通。因此，对客户技术层的关系管理，营销团队和销售团队都有责任。

高层客户管理是一项重要的由企业的销售团队做基础工作企业高层管理者参与的高层客户管理工作。高层客户对相互竞争的供应商的选择和份额分配有最终的决定权，对中层提交的采购方案有退回重审权。因此，企业通过工作使客户高层能够了解并认可本企业、本企业的产品和服务，是一项重要的营销工作。要做好这项工作，仅仅依靠销售团队是不够的，还需要企业的高层能够积极地参与到与客户高层的沟通对话中，在客户高层与企业高层之间建立起对话交流的渠道和相互访问的习惯。

上述客户管理的策略矩阵是成功的企业所做的成功客户管理的经验总结。企业的市场做不好，客户管理工作不到位也是一个主要因素。

4. 客户关系管理

无论是老客户的管理还是新客户的管理，客户关系管理是所有客户管理工作的基础。有了这个基础，企业才能得以与客户保持顺畅的沟通，才可以及时了解客户不满意的地方、及时了解客户的新需求，以及及时了解友商在客户处所做的品牌转化工作。所以，大凡成功的中大型企业都会有专门的岗位或部门来负责管理客户关系工作。

客户关系评估是客户关系管理工作中的基础工作，企业要定期通过一些指标来测量客户关系的变化方向和变化程度。销售团队要把客户关系的提升和维护作为KPI（关键考核指标）之外的第一考核要素纳入销售管理工作。在这方面，不同的企业有不同的做法，但大体上会把客户关系分成A、B、C、D四等；企业在这个等级体系上设立一个客户关系健康线；低于健康线的客户关系就需要限期改善，高于健康线的客户关系或者是进一步提升，或者是维持现有的关系水平。不同企业在设立客户关系衡量指标上的做法差异较大，这种差异主要取决于该企业在市场管理上的成熟度。有的企业以占有该客户的市场份额作为衡量指标，有的企业以本企业在该客户供应商中的地位排序作为衡量指标，有的企业以能见到客户的主管层级作为衡量客户关系的指标,如此等等,不一而足。在全球企业中,华为公司在客户关系管理上最为成功。该企业的做法是:①对目标客户做普遍且全面的客户关系管理,不仅是对采购决策层进行关系管理,而且对技术层进行关系管理,更是对维护操作层进行关系管理,甚至对市场监管部门进行关系管理。②对不同层面的客户用不同的人去做关系,做关系的团队在做最高等级客户关系人的领导下进行协调一致的客户关系工作,并且采用"人盯人"战术,采用"泡蘑菇"的方法,甚至采用全天候出勤的方式来做客户关系。③花大量的投入做客户关系,该企业的客户公关费用巨大。④抓住一切机会进行客户关系工作。华为的销售人员在做客户关系上,只要是需要,对客户可以做到无微不至,可以做到让客户感动。

客户关系管理中的关系评估或多或少带有销售团队自评自估的性质。销售团队的上级主管虽然对销售团队做出的关系状况评估有质询和改变评估的权力,但客户关系管理的操作部门对上级部门的信息是不对称的,这种信息不对称就使得上级部门在没有其他信息来源的情况下就只能接受下级所做的客户关系评估。在此情况下,客户关系评估就成为下级糊弄上级的游戏。所以,销售管理团队则常常通过定期不定期走访客户的方法来感受客户关系的状况。然而,上有政策下有对策,为了给上级主管一个好的客户关系状况的印象,下级销售主管只带上级主管去拜访关系好的客户,从不带上级主管去见关系不好的客户。结果是关系越好的客户就见得越多,关系越不好的客户就越见不着。因此,上级主管去感受客户关系时必须去见从未见过的客户,必须去见对企业有投诉的客户。

第三方客户满意度调查的结论也可以作为客户关系评估的依据。很难想象客户满意度较低的企业其客户关系会好。需要提醒的是:作为客户满意度调查对象的客户总体应该包含目标市场的所有客户,客户满意度调查的样本必须是从这个目标市场的总体中用随机抽样的方法选出,只有用这种方法选出的调查样本其调查结论才能推及被调查的总体。如果调查对象只是与企业关系好的客户,其客户满意度的结论都是偏向本企业的,其结论也是偏态的,偏态并不能客观反映企业的客户满意度的真实状况。因此,有的企业专门请独立的第三方调查公司从目标对手的客户处调查客户对本企业的满意度,并以此来制订客户满意度改进计划。

如何做好客户关系虽是仁者见仁、智者见智的事,但做好客户关系的基本规律还是相同的：了解和关注客户需求，提供恰如所需的产品和服务，及时处理产品使用和服务中的问题，有效地处理与客户的关系危机，增进客户对企业的了解和理解，增进个人之间的感情。作为企业，所要做的就是通过制度性的安排，使得客户关系成为客户与本企业之间的关系，而不是客户与销售人员之间的关系，尽管企业在建立和发展客户关系上依赖于个人。

有的企业开始建立客户档案。客户档案分为两大类：一类是本企业与客户业务层面的档案；如每次的采购记录、设备安装记录、设备维护记录、产品升级记录、占该客户的累计份额、客户的信用记录等；另一类是客户关系层面的档案；如客户决策层、技术层、操作维护层、采购执行层的客户基础信息，本企业销售人员与客户关系亲和性信息等。客户档案是企业进行客户关系管理的基础，是避免客户关系成为企业中个人关系的一种措施。建立和维护客户档案是企业在销售人员流失后能够延续客户关系的一种制度性安排。在这个方面，日本大企业做得最为优秀。日本大企业的客户档案甚至可以记录到目标客户与哪家供应商的关系最为密切，甚至可以记录到目标招募的销售人员历史上的成功项目信息。如今，时髦的企业开始采用CRM（客户关系管理）系统来记录和管理客户，销售人员只要有输入企业的IT系统就会永久地存储这些信息。

当然，要让销售人员和服务人员在IT系统上记录与客户打交道的信息需要在考评、考核上做必需行为要素规定，否则很难推行客户档案的建立和维护的制度。销售和服务人员有天然地将客户信息据为己有不与他人分享的倾向。实践表明，如果企业在把某个销售人员调离或销售人员流失之后，该销售人员所负责的客户关系出现倒退或企业在该客户的销售急剧下降甚至被客户驱逐出供应商名单，则说明该企业的客户管理出现问题，企业需要从制度、措施上检讨并重建客户管理制度。

客户是企业存在的根据和基础，没有客户就没有货币对产品的交换，也就没有含有增值的产品生产企业。"客户是上帝"就是这个含义的通俗表达。企业生存和发展的唯一目的就是通过向客户提供所需的产品和服务来不断地获得企业维持和扩大再生产所必需的生产要素（资金）。

从营销层面来看，客户不是广义的而是狭义的。企业的客户一定是对企业的产品或服务有显性需求或潜在需求的个人或团体或单位。对企业不存在上述需求状况的个人、团体和单位就不是企业的客户。所以，企业的营销管理者第一个需要回答的问题就是"你的客户是谁""你的产品能够卖给谁""谁需要你的产品"。

从上述有关企业客户的定义，我们可以延伸出企业客户的另一个属性：企业的客户是随企业提供的产品和服务的变化而变化的。当企业扩展和增加产品线时同时扩大了企业的客户领域，反之客户领域就可能缩小。此外，如果企业客户的需求发生了变化，而企业的产品或服务没有做及时的调整来满足变化的客户需求，企业原有的客户就可能流失。

客户关系是企业从事营销工作的基础。企业的品牌、产品和服务对客户的价值都是需要透过客户关系发挥作用的。不懂得做客户关系的企业本质上是不懂得营销工作的基础。道理很简单：品牌、产品和服务的价值是需要获得客户的认可才能得以实现的，而"认可"是主观对客观的正面认识的过程，也是对供应商及产品或服务的比较优势的认识过程；其中包含客户的主观情感因素、先入为主的因素、光环效应的因素等。在客户所有对供应商和产品或服务的业已形成的主观因素中，销售员的所作所为起着关键性作用。销售员是连接企业与客户的桥梁，销售员是企业的代表，销售员面对客户的为人处世和所作所为都反映出这个企业的形象和文化；因此，客户对企业品牌的认可首先是对销售员的认可，不认可销售员的客户基本上也不会认可企业品牌（除非该客户以前就了解和认可这个企业）。客户对企业产品或服务的认可在初期也是通过企业的销售和技术人员在与客户进行交流沟通的营销工作中实现的。实践证明，如果企业针对客户的营销工作做得比竞争对手晚、效果比竞争对手差，即便是好的产品和服务也不可能得到客户的认可。此外，如果企业的产品或服务的包装和价值表达不到位，企业就不可能在客户处获得竞争对手产品或服务的相对比较优势。反之，即便企业的产品和服务具有某些瑕疵甚至缺陷，即便企业的产品和服务在与之竞争的供应商中不具有相对比较优势，如果包装得好并将价值表达到位，也有可能获得"客户主观上相对比较优势"。这就是营销的价值和魅力所在。营销本质上就是利用信息不对称有目的地针对客户夸大地推介有利于本企业的信息，并以此来引导客户的主观判断向有利于本企业的方向转化。如果销售员在客户处没有做足营销工作，即便客户对企业认可也未必认可企业的产品和服务。所以，为弥补销售员营销工作中的欠缺，大部分企业都会通过展览会、客户交流会、参观企业的样板店，通过广告、媒体宣传文章、网站、新闻发布会等多种营销手段来向目标客户表达企业产品和服务的客户价值和相对比较优势。

营销工作需要客户关系的支撑。上述营销活动如果请不到客户，或虽请到客户却跟你唱"对台戏"，企业是很难达到营销工作所希望的结果。哲学上的"客观见之于主观"与社会心理学上的"客观见之于主观"的结论是不同的。哲学的观点：在原理论上，人（客户）对刺激（营销工作）的反应是一对一的唯一反应；而社会心理学的观点：人（客户）对刺激（营销工作）的反应会因发生的背景、反应者自身的知识与经验，甚至反应者当时的心情心态等不同而不同。因为，人（客户）会因对企业营销工作的解释不同，其所做出的反应也不同。正因如此，在营销工作中，"转变客户的观点""教育客户""引导客户""给客户洗脑"才有用武之地。世界上只有在买卖双方都具备对称信息的情况下才有可能存在哲学意义上的人（客户）针对刺激（营销工作）的反应是唯一的命题。

客户关系的重要性使得所有的企业都采取一种取悦于客户的做法，尤其是销售员。对个人消费品市场而言，在门市的销售人员采取的是取悦客户的销售方法，基本不存在做客户关系的问题。在工业品市场，由于是集团采购，便产生了做客户关系的问题。如何把目标客户的关系做成正向的、普遍且全面的客户关系就是销售员取得成功销售的关键。

集团采购的客户关系分为采购决策层、技术和认证层、设备操作和维护层三个层面。设备操作和维护层是设备的使用和维护者，该层对产品的质量、产品功能和性能、产品的可维护性、服务的质量等有直接的话语权；该层能够影响技术认证层对供应商的判断和选择，对供应商的客户满意度评价也有很重的话语权。供应商中的服务工程师直接接触该层面的客户，因此针对该层的客户关系工作，企业的服务员工应该扮演重要角色，销售和产品人员可以扮演辅助角色。

技术和认证层属于集团客户的采购中层，往往包括技术和采购部门，该层在集团采购中的角色是技术选择和供应商选择，同时也是招标和议标的实施部门，集团采购的决策层绝大多数情况下是在技术和认证层所提交的供应商范围内对供应商进行选择。因此，供应商的销售和产品技术人员的核心工作就是针对该层而做的，在该层的客户关系中，销售人员扮演重要角色，产品与服务人员扮演辅助角色。

采购决策层一般是客户的高层领导，该层对供应商选择的最后决定和采购份额的分配起关键作用。供应商的品牌、实力、技术、市场地位等因素对采购决策的影响也是需要通过决策层的客户关系来实现的。因此，供应商大多指派高层主管协助销售经理来做决策层的客户关系。

从上述表述来看，企业要建立和维护广泛而全面的客户关系是一个不容易做到的难题。它需要企业有下列的企业文化：全员营销意识。客户关系和推介公司不只是销售人员的事，产品、服务、管理者等都有义务和责任；客户关系工作需要进行团队运作：在同一个目标下不同的企业人员做不同层面的客户关系，销售经理是这个团队的领导，公司管理层等只是做客户关系的资源。对客户关系需要进行持续的感情投入：认真做事、踏实做人、无论发生什么问题都以保持良好的客户关系为处理危机的准则。在这个方面，华为公司的客户关系工作是业界标杆，在中国的通信运营商市场，所有国际供应商的销售人员都这样评价华为公司的客户关系工作：华为公司的销售人员每天随客户上班而上班，所有与采购决策有关的部门都能见到华为销售人员的身影，就连上厕所都会碰到华为销售人员。

客户关系对企业销售的重要性是不言而喻的。对企业管理层来说如何判断客户关系工作是否做到位呢？下列特征可以进行佐证：企业品牌在影响集团采购决策的三个层面都得到了认可，客户在你的企业做错了事的时候能给你改正错误的机会，客户高层与企业高层能够坦诚沟通和交流，客户有困难的时候会首先向你的企业求助，当你的企业在更换了销售员或销售经理后客户不会改变对企业的态度。

在客户关系的工作上，工作不足和工作过度都不足取。客户关系不足会导致在关键决策上本企业得不到决策支持（即便你的企业在产品和服务上非常优秀）；客户关系过度既会增加企业在客户关系上的无效资源投入，又容易使销售员、销售经理把客户关系建立成其个人的私人关系。客户关系一旦被销售员、销售经理建立成私人关系，无职业道德的销售员、销售经理就会滥用这个关系去谋求私人利益，企业对销售员、销售经理的变更甚至会影响企业与客户的关系。

因此，在集团采购中，对客户关系状况的把握不只是销售部门的事，也是企业管理层的事。企业管理层定期不定期地拜访客户既可达成倾听客户声音维护客户关系的目的，同时也可通过与客户的交流感受客户关系的状况和存在的问题。

企业在做客户关系上需要关注的另一个问题是要用正派的方法做客户关

系。所谓正派方法就是用合法、合理、合情的三者统一的方法去做客户关系。在做客户关系上首先要强调不能用非法和违法手段。在这方面,欧美发达国家已经在法律制度上做了明确规定;例如,美国的《反海外腐败法》就明确规定美国公民和美国绿卡持有者在经商上既需要遵守美国法律,也要遵守所在国的法律。有些跨国公司,如艾默生电气公司甚至为与客户、政府打交道的员工制定了《职业道德守则》,让员工每年学习一次,考试一次,签道德承诺书一次。合理的方法做客户关系就是要在合法的前提下采用适当的度来做客户关系;例如,在不影响客户采购决策时给客户送一定货币值以下的实物礼品是合理的,送超规定货币价值的实物礼品及代金券是不合理的;出于影响客户采购决策的实物礼品也是不容许的。历史和事实都证明,凡默许行贿的公司,企业除冒道德的风险外,很多行贿的资源都被销售员、销售经理装入私人口袋从而加速企业的内部腐败。

5. 销售计划管理

销售计划管理是企业整个运营管理的基础,企业的资金计划、生产计划、采购计划、发货计划、安装工程计划、货款回收计划、HR 计划、开发计划等都以销售计划为基础。销售计划的准确度关系到企业的运营效率和客户满意度两个维度。

为扮演好销售计划管理员这个角色,企业必须设立独立的销售计划管理部门来负责企业的年度销售计划和年度回款计划的制订,负责垂直市场和区域市场销售与回款计划的下达,负责销售与回款计划的调整和销售与回款计划实现进程监督等的职责。

企业的计划管理不仅仅是供应链的职责,它首先是销售团队的职责。因为,企业计划所服务的两个目标,首先是对客户实现按时交付产品和服务,其次才是对股东兑现年初的业绩承诺。企业的计划管理离开了销售发货预测就是无源之水、无水之木。销售计划牵引着企业的运营计划,销售发货预测好比鞭头,供应链计划好比鞭尾,鞭头波动一点儿,鞭尾则会巨幅波动。销售发货预测偏大的结果会导致巨大库存,销售发货预测偏小的结果会导致供不上货。可见,尽可能做出准确的销售发货预测是做好及时交货率的基础。及时交货率是客户满意度的重要组成部分。

当然，在实际的销售管理中，要做出准确的销售发货预测是非常困难的，计划管理应该允许有一定的误差率，同时供应链的生产发货计划也要有一定的冗余以应对一定幅度的销售发货计划波动。但即便是这样，要实现及时交货的目标也是很困难的。相对准确的销售发货计划要依赖对市场销售机会的预测、要依赖对本企业的市场份额的预测，要依赖对本企业销售成功率的预测。而市场管理的职责需要营销人员来做；在只有销售没有营销的企业是很难实现这种功能的。因此，企业要么是牺牲客户对交货的满意度，要么是以做大库存通过增加库存成本的方式来保证供货。

当企业拥有多条产品线时，上述的困难会更严重。以 IBM 为首的企业为了降低做计划的难度则在产品开发阶段就通过采取元器件、部件尽可能在不同产品间复用的制度来减少产品原部件元器件的种类以降低计划的复杂度和器件的库存量。对工业产品而言，一个产品的生产可能涉及成千上万的元器件，而这些元器件的采购周期有可能是不同的，有的甚至相去甚远，如果元器件不齐套即便是缺一个都不能生产出产品。因此，供应链的采购计划在销售发货预测的基础上还要根据元器件的采购周期来做异步性采购计划，对长采购周期的元器件甚至采用建立安全库存的方式来解决计划波动对及时发货的影响。因此，对成熟企业而言，销售团队首先做出年度的销售预测并分解到季度和月份，其次每月甚至每半月刷新一次销售发货计划。这种相对长期的销售发货预测如年度和季度的可以用来指导长采购周期的元器件采购计划。

企业的计划管理关系到企业的资金使用量和资金使用效率。计划做得准确，则在相等资金使用量的情况下可以提高资金使用效率（周转率），或者在相等资金使用效率情况下减少资金的使用量。

企业在计划管理的体制上差异较大，有的企业设立独立的计划部门统管销售预测、定单计划、物料采购计划、制造计划、发货计划；这种体制的优势有明确的责任部门统管从销售预测到发货的全流程，计划管理在计划环节的同步性好，有问题时责任明确没有推诿对象；缺点是销售部门对销售预测不负有责任，销售部门为保证在需要时有货供，往往报大销售预测，结果销售部门、物料采购部门、制造部门都与计划部门博弈，在这种情况下只有强势的计划管理部门才能稳住阵脚。

有的企业在计划管理上采用分而治之的方式：财务部门负责预算集成（销

售服务预算、采购制造预算、开发预算、行政预算、资金成本预算集成转化为企业的毛利、期间费用和运营利润）；市场部门负责销售预算和服务预算，开发部门会根据销售预算制定开发预算，供应链部门根据销售预算制定采购和制造预算；开发、供应链部门根据市场部门的价格变化预测和财务部门基于销售预测的目标要求制定产品设计、物料采购和制造降成本的预算。这种计划管理体制的好处是以销售预算为龙头，以财务的毛利和运营利润要求为准绳来制订相关资源部门的预算计划；缺点是"铁路的警察"各管一段，每个大部门为了自己的考核计划尽可能按对本部门有利的预算去做，例如，供应链部门尽可能压低库存以最低库存来应对销售计划的波动，销售部门对供应链的投诉是家常便饭，开发和供应链的部门只要达成年度预算中的降低成本计划就算完成任务，而不去理会实际的市场价格因为竞争而超跌所带来的进一步降低成本的要求，如此等等。

有的企业采用上述两个部门的综合，把供应链的计划部门归入市场部门进行管理，把销售预算、供应链预算统一在市场部门内进行管理；这种体制的优点是定单到发货的计划责任部门统一了，前端—后端计划同步性好，发货不及时由市场部门承担责任，其缺点是库存比上述两种体制都要大，以牺牲资金占用率和资金使用效率为代价。

因此，做好企业的计划管理光依靠计划体制是不够的，还需要有上下游计划的制度性沟通机制来补充，还需要以IT来支撑，如网络版产品配置器。网络版产品配置器对计划管理的好处在于只要销售人员做产品配置，物料采购人员可以比没有产品配置器的系统早1—2个月掌握市场对物料的需求，这个信息有助于改善物料采购计划的准确性和及时性。

企业的营销团队在对年度销售计划预测和中长期销售计划预测上可以起独到的作用。营销团队可以从年度需求空间与企业市场份额上帮助年度销售预测，这种帮助是对年度总销售量的预测，这对长采购周期的元器件采购有较强的指导意义，而营销部门对3—5年中长期销售计划的预测则对企业的产能扩张或减少计划、对企业的人力资源扩张或减少的计划预测有指导意义。此外，营销部门所做的3—5年销售预测对当前的年度销售计划预测也有指导意义。

计划管理是企业实现资源优化配置和资源配置效率的基本管理制度，企业营销的职能通过市场需求预测和企业竞争力评估而做的销售预测有助于企业提高计划管理的准确度。

销售计划管理既是销售管理的龙头，也是公司运营管理的龙头。成熟的企业都要求企业的年度预算必须以市场部门的年度销售预测为基础进行编制。市场部门在做年度销售预测时连带性需要依次做以下三个预测：市场需求预测、销售计划预测、价格变化预测。

市场需求预测是制订销售计划预测的基础。市场需求预测需要考虑以下两个变量：①一个国家所处的经济周期；②企业的目标市场所处的行业经济状况。为监测宏观经济的变化，企业一般采用两个指标，即国民生产总值（GDP）的变化指数和固定资产投资（GFI）变化指数。必要情况下还需要收集行业固定资产投资的变化指数。如果下一年度的 GDP 是增长的，这就意味着宏观经济向好，需求会有增长，GDP 增长率越高就意味着需求增长越大。反之，需求就会萎缩。这就是市场需求预测中所采用的"GDP 正相关预测法"。但这个预测法是有缺陷的，这个缺陷首先在于它没有明确 GDP 变化是名誉变化还是净变化；名义变化包含经济通胀因素（CPI），而 GDP 的净变化则去除了通胀因素。市场需求变化只与 GDP 的净变化呈正相关。其次，这个缺陷在于它没有给出引导 GDP 变化的三个关键因素各自的作用。驱动一个国家 GDP 变化的"三驾马车"是消费、投资与进出口。这"三驾马车"在 GDP 变化中各自的贡献率决定了所属领域的需求变化；如果 GDP 变化是消费驱动的，那就意味着消费品市场的需求也会呈现同方向变化；如果 GDP 变化是投资驱动的，那就意味着与投资领域相关的市场需求会呈现同方向的变化；如果 GDP 变化是进出口驱动的，那就意味着与进出口相关的市场需求呈同方向的变化。如果 GDP 变化是"三驾马车"同步驱动的，那就意味着与"三驾马车"相关的各自市场需求呈现同方向的变化。所以，对一个企业而言，在做下一年度市场需求预测的时候，不仅仅要看 GDP 的变化，更重要的是驱动 GDP 变化的"三驾马车"在驱动 GDP 变化中的贡献率的变化。

对以工业设备和基础设施为市场的企业而言，在做下一年度的市场需求预测时，不仅仅要看 GDP 的变化，更要看固定资产投资的变化（GFI）；因为 GFI 与相关的市场需求成正比的程度更高；GFI 的变化既可能高于 GDP 的变化，也可能低于 GDP 的变化，这要看该国的经济结构。从中国目前的经济结构来看，投资与进出口比重占 GDP 的 70% 以上，这是 2008 年的全球金融危机迫使中国政府为保就业而启动 4 万亿元的投资结果。这种经济结构是一种失衡的经济结构。健康的 GDP 的结构应该是消费占 GDP 结构比重的 50% 以上；所以，对中国政府而言，未来10~20年重要的使命是在保证GDP稳定持续增长的基础上调整经济结构，降低投资和进出口在GDP增长中的驱动比重，提高消费在GDP中的驱动比重。可以预见，这种调整的过程是极其艰难且痛苦的，需要中国政府有较好的经济、政治和外交智慧，同时也可以预言，中国经济在未来5~10年之内继续靠以投资为主拉动GDP增长的策略道路不会改变，要改变的只是逐年降低投资拉动GDP的贡献率。行业的固定资产投资变化率对预测需求变化率有直接的强相关性（正相关系数大于90%）。例如，IT制造企业和通信制造企业可以根据每年的IT建设投资和通信建设投资精确计算出设备需求总量。

企业在做销售预测前先做市场需求预测是为了保证销售预测的可行性和准确性。没有市场需求预测的销售预测是无源之水、无本之木，有较高的风险性。市场需求预测是制订企业销售计划的参照物，脱离了参照物的销售计划要么是使企业压缩投资浪费了市场机会，要么使企业过度扩张浪费了企业的资源降低了企业的效益。如果市场需求增长了，而销售计划没有增长，企业也没有做增长性的资源准备（产能、物料采购、人力资源等），即便是下一年企业的销售增长了，但当这种增长超过了企业的产能极限时，企业就会面临交不了货的违约风险，从而浪费企业的市场机会，同时也把市场机会让给了竞争对手；如果市场需求没有增长甚至萎缩，销售计划却是增长的，这种过度的销售计划则会引导企业扩大产能投资、增加物料采购、增加人力资源，总的来说：增长的销售计划驱动企业追加了投资，当下一年度实际的销售没有变化甚至下降时，就使得企业追加的投资不能获得追加的收益从而浪费了企业的资源；这种结果或者是迫使企业裁员降产，或者是迫使企业为保持已投入的资源通过大幅降价扩大份额，从而挑起整个行业市场的价格战。在工业品市场，价格弹性是极其有限的，整个行业打价格战就意味着市场总需求从货币值来看是萎缩的。对企业而言，在后一种情况下，即使份额获得扩大，那也是"杀敌八百自损一千"的损人不利己的策略；因为降价是最大的利润杀手，价格降一分，利润会降几分，要保持同样规模的利润，销售额增长率就要成倍地大于价格的降低率。如果达不到这种增长，企业只会落入增产不增利甚至利润降低的局面。降价对利润的影响关系请见价格管理章节。

价格变化预测对销售计划管理和企业运营管理同样是重要且不可缺的一项基础管理工作。企业要依据销售量预测和产品单价预测来预测企业的总体毛利

（GP）和运营利润（OP）水平，并依据企业的 OP 目标要求制定成本目标和相应的资源配置目标。价格变化预测是驱动企业进行降成本管理的直接驱动力。因为，当企业在销售量、运营利润率和毛利率目标确定之后，价格降低的预测就意味着开发、供应链部门必须同步降低产品总成本才可能实现企业的运营利润目标。此外，市场部门要依据价格预测来制定价格控制线和价格授权线，使销售团队有策略地放弃没有价值的低价合同，以防止在份额导向下的价格战。

市场部门在做价格预测时需要综合考虑以下四个驱动要素：市场供应商数量的变化、市场竞争状况、企业的市场份额目标、产品所处的生命周期阶段。

当市场供应商增多时，在市场需求不变的情况下就意味着现有的供应商的份额会被侵蚀，而新供应商作为市场后进入者，一般都是采用低价策略弥补品牌劣势来进攻目标市场。现有的供应商为阻击新供应商的进入一般也只能以降低价格来阻击。反之，当市场供应商数量减少而需求没有减少时，就可以考虑涨价。中国的家用空调市场价格的变化就说明了这点：起初，市场需求增长，供应商数量迅速增长，每个供应商为获得更多的市场份额都以降价为手段进行竞争，价格战愈演愈烈；结果，经过充分的市场竞争，最先达到边际利润小于边际成本的企业开始逐步退出市场，市场份额开始向少数有规模实力和成本能力的企业集中。中国的家用空调市场在经过 10 年以上的激烈的价格竞争之后，市场只剩下三家主要的家用空调供应商：美的、格力和海尔；这三家的年产能都在 1000 万台以上，三家的总计市场份额超过了 80%，中国的家用空调市场呈现多寡头竞争格局；此时，原先的价格战开始反转，三家都以各种技术的和非技术手段逐年小步涨价。

市场竞争状况既与供应商的增多或减少有关，也与市场需求的增长或萎缩有关，更与企业对自己的份额要求有关。当需求增长，供应商没有增长时，价格竞争压力就小，因为所有供应商在原有市场份额不变的情况下销售额都有可能获得增长，当需求减少时，无论供应商是否减少，都会引致价格明显下降（经济学中的通缩）；因为任何一个供应商的率先降价都会连锁反应地推动所有供应商降价。本企业的市场份额目标也决定其价格预测，在没有创新技术的情况下，只要市场需求具有一定的价格弹性，企业要想获得更多的市场份额，往往以率先主动降低价格的策略来提升份额，企业需要提升的份额越大越快，其主动价格下降的幅度就越大，那种期望提升份额而又不主动降价的乌托邦想法只有在需求急剧放大、供应商不变甚至下降、供应商的产能不能满足急剧放大的需求时才能实现。这种情况在中国改革开放的初期曾经短暂地出现过。例如，广东在1991—1994年间大批的香港特别行政区和中国台湾的制造业在珠江三角洲建立工厂，整个华南地区严重缺电，工厂用的柴油发电机组需求急剧扩大，市场供不应求，无论是进口供应商还是本地供应商都采用了涨价策略，即便是涨价，在一年多的时间段内几乎所有的柴油发电机供应商的销售额都获得急剧增长；然而好景不长，尽管需求在逐年持续增长，随着供应商的急剧增加，市场供求关系开始倒转，供应开始大于需求，于是柴油发电机价格开始逐年下降，试图在市场上获得更多份额的供应商所付出的价格代价更大；到1995年，市场上的进口组装的柴油发电机组每KW的价格与1992年的进口旧柴油发电机相当。

目标竞争对手市场份额的扩张行为会驱使其他供应商的被动性价格应战；这是市场竞争中的鲇鱼效应，过度野心的竞争对手会很快将整个市场变成红海。这方面的典型例证是中国的通信市场。在1997年以前，中国的有线市场还是朗讯、诺基亚、NEC等国际品牌的天下，但中国的通信制造企业华为和中兴持续地以低价策略快速占领市场，到2000年时，中国有线通信市场成为红海市场，华为和中兴已经占据中国有线通信市场的主导地位，国际品牌基本退出中国有线通信市场；在2004年以前，中国的无线通信市场还是由爱立信、诺基亚、西门子、阿尔卡特、摩托罗拉等国际品牌占据主流地位，中国本土企业华为和中兴继续采用在有线通信市场取得成功的持续低价策略占领无线通信市场、扩展份额、迅速将中国的无线通信市场转变成红海，同时将这个策略引向海外，占领这些国际供应商在亚、非、拉的市场，迫使诺基亚与西门子合并，迫使阿尔卡特与朗讯合并，华为和中兴从而在中国获得50%以上的市场份额。为保持价格竞争力，所有国际品牌不得不把产品研发和制造向中国转移。这个案例表明，在成熟的技术领域，只要有供应商把扩张市场份额作为主要目标，恶性价格战就不可避免，将蓝海市场转化为红海市场在3~5年内就能完成。

可见，企业年度销售计划预测是技术、艺术、策略和科学的四重混合体；它需要预测者（部门）在知己知彼的前提下，充分考虑机会与风险、信心与能力的平衡后才能制定销售预测。销售预测的制定必须是资深的营销人士才能胜任的角色，销售预测和价格预测是决定企业年度经营成果的DNA；因为销售预测计划是企业所有关联计划的鞭头，鞭头摆动（误差）一点儿，鞭尾会摆动

（误差）若干点，鞭尾的摆动对企业而言就是无效率的成本浪费。

企业在完成市场需求预测、本企业的销售预测、市场价格预测后，企业通过财务部门将销售与价格预测与企业的运营利润目标关联起来，形成对R&D和供应链的成本目标、产能目标，以及相关联的HR目标。当这些目标获得企业管理层批准后便成为企业年度经营目标。这个目标以年度财务预算（FR）和每月一滚动的总裁运营报告（POR）来监管企业全年运作。这样一来，FR和POR就成为企业经营的管理工具。FR是不可更改的、是企业经营管理层对股东或母公司的年度业绩承诺；在上市公司，FR则是对投资者的业绩承诺，这种承诺具有严肃性，承诺不兑现往往会有严重后果，轻者引起股票价格的波动，重者涉及管理层的更换；但POR是可以在FR的框架内根据市场状况逐月滚动调整的。FR和POR这两个报告便成为企业每年面向客户的前台工作和满足客户需求的后台工作的指引与检验标准。

市场和销售部门制订的年度销售计划只是一个总纲领，它还需要被分解成各产品销售计划、各目标行业市场的销售计划和各区域市场的销售计划，并按月依此监管各行业各区域各产品的计划实现进度。严格的公司甚至把销售计划分配给销售员并按个人业绩来监管销售计划的进度和实现额。

在要求销售人员进行多产品销售或解决方案销售的公司，为了避免只销好卖的产品少销或不销不好卖的产品特别是新产品，企业在给销售团队或销售员下达销售任务时不仅下达总销售额目标，同时还要下达分产品的目标，并把分产品销售计划的完成率作为团队或销售员佣金或奖金的计算系数。

6. 项目管理

项目管理是企业有效参与市场竞争提高销售成功率的一种销售管理方法。这种管理方法是以最终需要实现的目标为导向用逆向演绎逻辑逐级倒推出的下一级需要实现的子目标或行动的一种从项目策划到项目行动实施的销售管理方法。

项目管理是一种一次性的团队目标和行动的管理。执行项目的团队是依据实现目标的需要，从相关的资源部门选择符合项目实施素质和技能要求的成员组成的。在销售项目中，组长是销售人员，为取得某个销售项目的成功，销售人员需要其他人员配合和支持其销售行动，因此他需要向上级管理部门申请建立针对某个销售项目的项目组。项目组的成员由项目组长申请由相关的主管部门批准。项目组的目标、实施的时间、所需的资源和行动步骤需要得到主管的批准。在项目运作中，项目组长是领导，其项目组的成员无论其在正式组织中的职位是否比项目组长高，在项目组运作中都要听从项目组长的指挥。

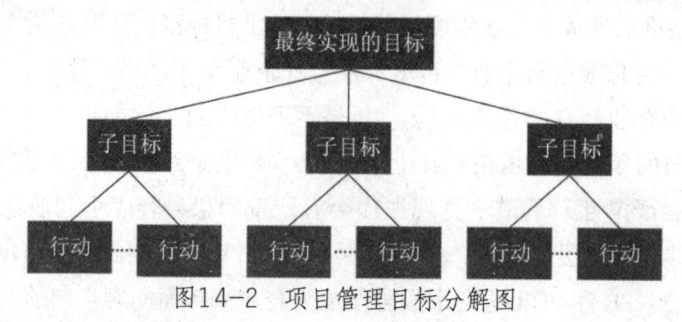

图14-2 项目管理目标分解图

显然，在一个以取得销售项目成功为目标的项目组中，销售员是组长，其成员要根据销售项目运作的需要选择不同部门和职能的人作为成员，如产品技术人员、设计人员、工程人员、投标人员、高层客户关系人员，等等。

我们可以模拟B2B（企业对企业）的销售项目来体会一下销售项目管理。假设某个电信运营商正在计划扩建无线通信网，敏感的供应商销售人员即刻开始行动，他作为企业的销售代表与这个电信运营商有3年的交往历史，也有过成功的销售，但该企业在该电信运营商中的地位排在3名以后，只是个替补的供应商（前3家供应商供不上货时才由该企业供货），在网的累计设备量小于15%。该销售人员想借助本次无线通信网扩建的机会打一个翻身仗进入前3名供应商的行业。

该销售员用SWOT法分析了该项目的竞争形式：本企业虽然是处于候补性的供应商，但与前3位的供应商相比，本企业的优势（STRONG）是：产品价格具有竞争力，客户服务的响应速度最快（四小时），服务质量和客户满意度最好，得到客户操作维护层的好评和支持。本企业的劣势（WEAK）是：产品技术不如前3位供应商成熟但可以基本满足客户的需要，本企业在客户的网上使用的量少。本企业面临的机会（OPPORTUNITY）是：该电信运营商的决策层对无线设备采购的主导思想发生改变，该运营商已上市，在上市之前由于没有严格的财务指标的压力，在设备采购上以技术成熟度和品牌为选择供应商的主要依据，上市以后，运营商的管理层开始面对投资者的业绩与利润增长压力，客户管理层除了通过扩大用户数量来促进业务增长之外也希望通过降低设备采购成本来改善运营利润；因此，该运营商的管理层开始以性价比为主要依据来选择供应商。本企业面临的威胁（THREAT）是：该运营商的技术层不认可本企业的技术，本企业在网使用的设备处于边缘地位，网上格局不利。

显然，这个销售项目要想运作成功，必须通过项目组一系列的协调一致的行动，利用已有的机会，设法消除威胁，以自己的优势去弥补自己的劣势。

为实现自己设立的目标，该销售人员申请组织了一个销售项目组，其成员来自销售团队、产品团队、工程与服务团队、投标团队和开发团队。该项目组成立后立即召开了项目分析会，让项目组的全体成员清晰地了解了面临的机会和威胁，本企业在本次竞争中所具有的优势和劣势。据此，设立以进入前3名的供应商为本次销售项目的运作目标；同时为实现这个目标必须先实现几个子目标以消除威胁，弥补弱势，扩大优势；如让客户的技术层认可本企业已经进步的技术，让用户的决策层认识到本企业是最具有性价比的供应商同时还是提供最及时服务的供应商，让客户的操作维护层力挺本企业并向管理层反馈其他主流供应商服务问题；让财务主管认识到采购本企业的设备对其改进运营利润的价值，等等。项目组为了实现这些子目标，针对每个子目标策划了若干行动，这些行动有的是项目组成员独立执行，有的需要项目组成员协作执行。例如，由产品、开发人员组成的工作组针对客户技术层展开系列的技术交流会，项目组长设法邀请客户的技术层去考察本公司的开发和制造工厂，设法邀请客户技术层去参观本企业在其他运营商网络中地位比较高的样板点，让已使用本企业设备的客户介绍本企业的设备网上表现和服务优势；项目组安排本企业的高管拜访该运营商的管理层，表达全力支持客户的意愿；由产品、开发和工程的人员组成工作组，向客户的技术层、维护层介绍本企业可以免费为其搬迁其他供应商的设备同时建设本企业提供的新设备的方案；项目组针对竞争的项目评估友商可能的设备配置及出价并提出有竞争力的配置和价格，如此等等。在销售项目组在设定的时间内做完所设计的动作并实现了各子目标的情况下，实现进入前3位供应商的目标就是一件水到渠成的事。

需要提醒的是，项目管理的成功需要足够的运作时间和合适的资源。实践表明，销售项目管理的失败要么是行动得太晚被友商操纵了投标规则，要么是缺乏有效的资源去消除威胁或弥补劣势，要么是项目组选人不当贻误了战机，要么是目标设定超出了项目组乃至企业的现有能力，要么是上述情况兼而有之。在上述所有的项目管理瑕疵中，最大的是项目组行动启动得太晚，如果项目组在项目早期就组建运作，就可以用时间来弥补其他大部分的瑕疵，先入为主可以弥补本企业在项目竞争中的不利因素。

7. 投标管理

投标管理既可以是独立的销售行为，也可以是项目管理的一个组成部分。对小型销售项目而言，投标管理是独立的销售行为的管理。

招标投标已是现代 B2B 商品买卖交易通常采用的方法，政府既有相应的行政法规规范招投标行为，又有相应的行政监督机构监督招投标行为，市场上甚至出现专业的招标公司受采购方的委托进行招标。这种招标制度从本质上讲是为了保障招标行为的公平、公正、公开：招投标程序公开、评标标准统一、评标结果公示、对投标结果有异议可以上诉并有渠道或机构受理。

然而，真正身处商战中的人都清楚，对任何管理和规范的制度都有应对之策。对招标规则而言，招标方仍然有一定的自由决定权，如评标规则和中标规则就是由招标方自由决定的，即便是在同一期的招标中，招标方也可以对不同的招标产品采用不同的评标和中标规则。也正因如此，无论是招标方还是投标方都会围绕评标规则和中标规则进行博弈。

投标管理对投标企业而言，绝不仅仅是对投标的形式要件的管理，更重要的是对投标的评标规则和中标规则的管理。如果参与投标的企业未对投标的评标规则和中标规则进行引导和产生影响，其投标失败是必然的。因为，如果投标被要求是按照有利于友商的评标和中标规则出牌，本企业在竞标中中标的概率微乎其微，充其量只是做一回友商的中标陪衬。

有人认为，招标的技术标准和评标标准是由第三方设计院制定的，是公平的不会偏向任何投标方。客观地说这是理想主义。其实，无论是设计院还是招标方都希望对技术标准和评标标准施加自己的影响，对每类产品而言，虽然都有相应的国家或行业标准，但各企业在满足国家或行业标准上是有差异的，这种差异就是博弈的根源；其实，无论是设计院还是招标方对标准都是有倾向性的。

所以，有营销意识的企业绝不是等到有招标项目才去拜访设计院，而是在确定了目标行业市场后就开始接触相关行业的设计院推广本企业的产品技术并建立起与设计院的沟通关系。所以，投标的场外竞争就是围绕设计院和招标小组进行的。

评标规则就更是所有参与投标的企业的博弈点。招标方对此有绝对的自由裁量权同时也就成为所有投标方的公关对象。为防止这个环节的腐败，无论是委托第三方招标公司还是客户自己组织招标都在程序上做了制度性的制约。如第三方招标公司的评标成员是从由政府收集的专家库中用随机的方法抽出，对各投标方的价格要公开唱标等。客户自己组织招标的，一般采用招标执行层和招标决策层成员分离的方法。这些措施虽然制约了博弈和寻租行为，但还是不能从根本上消除这些行为。

所以，企业的投标管理从本质上是一种营销行为而不仅仅是销售行为，没有营销行为的投标绝大多数以失败而告终，即便是中标，也是以牺牲了价格为前提的。

作为销售行为的投标一定要掌握答标应标规范。从内容上看，投标需要备齐投标资质文件、对技术标书要逐点应答，并满足标书中对工程交付的界面、服务条款、产品价格、工程价格、工程材料价格、货期、工程交付期和付款方式等的要求。从形式上看：投标文本需要符合招标方所需要的格式，应答书的每一页都要有小签，在商务书的落款处需要加盖企业的公章和应答人的签字，参与投标者要出具企业法人的投标授权委托书等。投标书中最重要是通过掌握评标和中标规则、结合对友商出价的判断来给出有竞争力的投标价格，并在投标标书所要求的最后交标截止时间之前将符合招标要求的标书交到指定的招标现场。要注意，任何不符合招标要求的标书都有可能被废标，超过最后时间点送达的标书也会被废标。

8. 价格授权与价格控制

价格管理是销售管理的核心，它关系到企业的市场份额和企业利润。企业定价如果高于市场价，企业有可能以牺牲市场份额而保利润；当市场份额下降所造成的利润损失超过高价所带来的利润增加时，企业就得不偿失。企业定价如果低于市场价格，有可能会扩大市场份额，但如果增加的销售额所带来的利润不能补偿因降价所带来的利润损失时，企业也是得不偿失。所以企业定价是将市场策略、财务目标与产品技术相结合的一项富有创新的工作。企业定价就是在销售额、利润额、市场份额之间建立一个平衡支撑点,这个平衡支撑点的核心是利润最大化。这就是定价管理的哲学。

产品目录价(List Price)一般以成本加成的方式制定,企业基于成本根据市场的成熟度、市场竞争状况而制定的,目录价制定得是否合理,要看市场实际价格是否低于产品目录价,一般原则是:产品目录价要远高于市场的实际价格,定高目录价主要是让价格能够适应各种购买力、购买量和议价能力的客户。定价策略中的撇油定价、批发价、零售价、地板定价、地窖定价的策略都是以产品的目录价为基础的。产品目录价中隐藏着以下四条控制线:产品变动成本线(产品料本+制造人工成本)、产品制造成本线(产品料本+制造人工+固定资产分摊)、产品制造成本+期间费用(SG&A)分摊线、产品制造成本+期间费用+运营利润(OP)线。所有的定价策略都是围绕这四条线进行制定的。

产品折扣价是基于产品目录价的减让价格,被通称为优惠价。企业在针对销售项目进行价格授权时所用的价格都是不同水平的折扣价。针对具体销售项目的价格折扣授权所采用的定价方法是市场定价,即依据目标竞争对手的定价或者依照市场份额目标来制定价格。所谓定价的随行就市就是指市场定价。如果企业依照市场定价策略而出现销售不盈利甚至亏损,则说明企业或者产品成本高于业界平均水平,或者管理成本太高,或者销售人员配置太多、销售效率太低,这就需要通过企业降低相对应的成本来提高效率,以支撑销售部门的市场定价策略。

产品价值价也是一种基于产品目录价的差异化折扣价。它是依照产品对具体使用者所关注的实际使用价值进行差异化的折扣定价方法。同一个产品对不同的消费者有不同的使用价值点,因此其制定的价格也会有所不同。例如,用于观赏的杯子定价要高于用来喝酒的杯子,用于喝酒的杯子定价要高于用于喝水的杯子等,这种定价策略针对的是不同消费者略有不同的使用价值。产品价值价的最高境界是高于目录价的定价。

歧视价与价值价有异曲同工之处。所谓歧视价,是指对同一产品针对不同客户制定不同价格。形成歧视价的基础有多种,需要针对具体的交易和竞争情况选择歧视定价的理由和根据。例如,针对同一客户的不同竞争对手、针对需求同一但支付水平不同的客户、针对客户历史上的购买价格水平、针对客户对货期要求上的差异、针对产品的不同代数、针对具体客户的价格弹性，等等。

将产品定价与服务定价差异化是最常用的策略。一般的原则是：在开拓市场初期，服务定价低于产品定价，甚至是免费给客户。此阶段的服务的定价策略是为了快速推广产品以形成一定规模的销售。在产品有了一定的市场使用量后，定价策略就会修改，就会由最初的免费维护保养、免费维修或者低服务定价策略（服务按成本定价）调整为维保和保外维护设立收费标准进行服务收费；此时的服务定价基本与产品定价持平。当市场充分竞争，产品的边际利润与边际成本持平时，服务定价就必须高于产品定价，该策略就是典型的以卖产品种树，以服务收费来收果。更进一步者，采取对已退市的产品采取每年提升备件价格和维修价格的策略；这个策略就是驱动客户买企业在产的产品，因为已退市的产品往往所使用的器件已经在市场上买不到了，即使能买到其价格也很高，企业为防止产品退市后买不到维护用的常用备件，往往采用在退市时一次性采购能用若干年的维护备件用的器件，这种方法虽然可以解决客户的维护需求问题，但企业却要为此增加库存和资金占用量，财务效率较低，所以有经验的企业对退市产品一般只做少量的备件储存，以逐年提价的方式压缩客户对老产品备件的需求，促使客户合并使用老产品，用新产品替换老产品，促使客户缩短在使用产品的折旧期，将在老产品维护上的支出转化为对新产品的需求。

价格授权与价格控制是一种既保障产品的销售利润，又防范损失市场机会的策略，是一种中观层面的策略。然而，中观层面的策略落地实现则需要依靠销售人员及销售管理者。

在具体销售项目中如何出价是销售人员的基本功。销售项目中的价格谈判分为议价和投标两种方式。对如何与客户议价和如何参与投标，销售人员是需要接受培训的。正规的企业往往对新入职的销售人员进行议价和投标的训练。

投标与议价在出价方式上是有重要区别的。简单而言，投标的出价只有一次报价机会，购买决策者依据招标公示的选择供应商的规则来选择中标的供应商。招标中预先规定的选择中标供应商规则以客户而定，甚至因客户不同的项目而定；在其他事项都符合招标要求的情况下，出价将是决定能否中标的关键：如果招标规则中规定采取最低价中标，参加投标的销售员要判断参与竞标的对手可能出什么样的价格，要判断对手可能投的最低价格在什么水平上，要决定自己的出价；销售员如果判断失误，或者是投的价不是最低价将被踢出局，或者虽然投了最低价中了标但价格比上一位对手低得太多而使企业损失过多的利润。如果招标规则规定是中间价中标，销售员不仅要判断各参与竞标对手的出价，还要判断中间价的水准，以使自己的投标价最大限度地接近中间价，当然以高于中间价中标比以低于中间价中标能给企业带来更多的利润。投标价的出价往往不是销售员个人所能决定的，背后往往会有一个决策小组帮助销售员做价格决策。

议价完全是销售人员的个人基本功，销售员对具体项目竞争背景的了解和客户心理的把握是关键。由于在议价中出价和还价不是一次性的，销售员对客户购买的价格底线的判断就很重要；客户购买产品的价格底线主要受购买力和预算约束，而销售员的售价也有一个底线，如果客户还价的水准低于销售员的售价底线，销售员所能做的就是要判断：客户是没有购买力？还是一种压价策略？如果是前者，说明这个客户不是你的目标客户，销售员需要做礼貌退出；如果是后者，销售员需要做的是维护自己的售价底线，需要通过讲一系列的故事来说服客户以高于销售员的售价底线来成交。然而，要达成该目标，需要销售员比客户对所销售产品知识、产品价值、对手产品和市场平均价格方面掌握更多信息。销售员只有在信息不对称中处于掌握更多信息的一方才能维护自己的售价底线。

销售员维护价格底线的目的是保护产品售价中的毛利水平。而精明的客户不仅会在产品购买价格上尽可能压低价格，还会在维保价格、维保期、运输费、运输保险费、配件价格、工程安装费用上讨价还价。然而，这些产品价格之外的价格也恰恰是能够帮助丧失产品售价底线销售员找回价格底线的途径，或帮助销售员在底线价格之上增加"边际利润"的途径。

付款条款看似是商务问题，其本质是隐含在合同中的价格成本问题，它是产品利润的隐形杀手。对卖家而言，客户能够在签订合同后立即付全款而产品发货延后则不仅最大限度地实现了产品售价所带来的利润，而且还可以用客户的付款来为客户生产产品（只要客户在付全款后给供应商足够的延后发货时间，供应商在本质上就是用客户的钱为客户生产产品，这就帮助企业降低了生产资金的使用成本）。这种付款方式的典型是目前中国的房地产市场：房地产商在挖地基的时候就开始卖楼，购买者在付完全款后短则几个月，长则几年才能收到交付的房子。

然而，这种付款条款除在现款现货的消费零售市场外已很罕见，只会在垄断性市场或资源短缺性市场、需远大于供的市场才会见到这种付款条款。工业品市场付款条款呈现多样性：①定金、发货前付全款；②定金、到货款；③定金、到货款、验收款；④定金、到货款、验收款、质量保证款；⑤零预付款、到货款、验收款、质量保证款；⑥借货、验收款、质量保证款等不一而足。上述的付款条款越往前越有利于供应商，越往后越有利于购买者。市场付款条款反映市场的供需关系、市场竞争程度以及客户的大小。当市场需大于供、客户少、市场竞争平缓时，市场的付款条款会向有利于供应商一方变化，当市场供大于需、客户大、市场竞争激烈时，市场的付款条款会向有利于购买方变化。销售员的作用就是基于市场通行的合同付款条款最大限度地往有利于供应商的条款方向谈。因为，在签完合同发完货后客户所欠的合同货款对企业来说都是应收账款，应收账款是有时间成本的，应收账款的回收期越长其对应的资金成本也就越高，银行的贷款利息乘回款的天数就可以计算出应收账款的资金成本，这个资金成本就是产品售价中所包含的利润损失。

正因为合同价格和合同付款条款与企业的利润直接关联，企业的市场部门往往会设立价格授权和商务授权两道控制关口进行管理和控制。

企业的价格管理机制分为"立法"和"司法"两个职能部分。企业的定价部门依据企业的年度利润目标和市场竞争状况，来平衡性地制定年度的价格控制目标。采用价格控制的方法是基于年度价格控制目标、按产品线制定一个分级的价格授权线，不同等级价格授权线的背后是不同水平的产品毛利线，这个过程就是价格控制的"立法"过程；企业的销售或市场部门依照定价部门制定的价格授权等级，根据具体项目的竞争状况批准或否决销售员的价格申请，这就是价格控制中的"司法"过程。价格控制中的"司法"原则是：销售员申请的价格折扣越大，需要获得批准的销售或市场管理层等级就越高；如果销售员申请的价格只能包含产品的变动成本，这种价格的授权就只能由企业的 CEO 来批准了。

为了避免价格控制出现误判，有的企业已经开始使用价格管理软件来作为价格管理工具，价格管理软件的底层的价格数据库可以帮助价格授权的管理者在价格授权前通过查阅历史上的行业、区域和具体客户的历史价格信息和眼下项目竞争对手的判断来决定给销售人员的价格授权。

企业虽然可以通过建立价格管理和控制的体系及流程来管理销售盈利，但所有这些制度和政策的落地是依靠销售员来实现的。因此，在价格管理上必须考虑销售员因素。从岗位职能本性上讲，销售员有天然的价格竞争冲动，为了拿到合同，销售员在竞争中可能以牺牲价格和货款回收条件来达到目的。如果企业只对销售人员的销售额进行考核和奖励，不对销售员的价格（虚拟利润）和收回货款进行考核和奖励，就有可能导致企业增产不增收、增收不增益。为此，企业需要把对价格控制和回收货款的要求与销售员的个人业绩收益挂钩，从源头上管理销售员的价格申请；因为，只有销售员接触客户，只有销售员最有可能了解参与竞争的对手情况，所以要从薪酬和考核制度上引导销售人员花费更多的精力去了解客户和竞争对手，从而理性地提出价格申请。如果销售员的考核和薪酬不与价格（虚拟利润）和回收货款挂钩，销售员就会盲目地向公司申请价格折扣，盲目遵从客户要求的付款条款；如此广而广之和久而久之，企业将面临利润危机和应收账款危机。实践中，有的企业对销售员采用佣金制，佣金量的计算就是销售额乘价格指数乘对应的佣金率，而销售员实际拿到的佣金是用上述的佣金计算公式再乘上合同回款比例。

上述价格管理和控制方法对直接销售而言是有效的，但对分销而言仍有漏洞。在分销市场，企业对分销商、分销商对客户；企业对分销商每年会有一个协议供货价格，分销商天然具有突破协议价申请项目特价的冲动。然而，分销商的这种行为需要借助分销销售员的手来达成，分销商会向分销销售员寻租，会以与分销人员分成特价与协议价之间的利益为诱饵来诱导分销人员协助分销商获得特价审批。因此，企业需要有一个内部控制用的特价审计制度，通过这个制度去找出非竞争原因的特价申请，对分销商和分销人员进行诚信管理和职业道德管理，这个过程就是价格控制中的"司法"过程。

价格授权形式上是销售管理的内容，然而如何合理授权则是营销管理的内容。对企业而言，所有的开源性的努力最后都体现在价格授权上，如足球赛，全体队员协作把球踢到对手的门前，如何出价就是临门的那一脚。但价格授权又不同于足球中的射门，不要以为获得定单就成功了，要看是以什么样的价格获得的订单，价格授权高了，份额会降低甚至丢失定单；价格授权低了，虽然能够获得定单，但如果份额增长带来的利润不能弥补因降价带来的利润损失，则这种降价就得不偿失。可见，价格授权是把"双刃剑"。如何使用则需要营销人员的智慧。

首先，产品、服务销售的价格策略取决于该企业的市场定位、销售目标、技术地位以及所处的竞争环境。产品成本虽然能够作为企业制定目录价格（List Price）的基础（如成本加成定价），却不能直接作为价格授权的依据，尽管它对最低价格授权有底线的制约作用,即产品的最低价格授权不能低于该产品或服务的变动成本,即该产品或服务的边际利润为零的定价(即增加生产一件产品所导致的单产品成本的减少或该产品的售价降低正好抵销的一种定价方法)。

假设企业定位的市场是高端市场且技术上乘,显然该企业的产品价格授权应该瞄准的是在高端市场份额排在自己前面的友商来进行价格授权。本企业授权价格究竟定在高端市场的哪个位置,既要看本企业在高端市场处于什么位置,又要看高端市场的客户对价格的敏感度(价格弹性)。一般的原则是,如果本企业处于第一竞争集团,且客户的价格敏感度低,则应该采用保守的价格授权策略,因为第一竞争集团的供应商的市场份额都处于前几位,无论哪一家要进一步提升市场份额,其在价格上必须做大的降价才有可能。在此情况下采用激进的价格授权,如果份额增加带来的利润不能弥补价格下降所带来的利润损失,则这种价格授权就是一种自己放血的行为,不足取(杀敌八百自损一千)。如果本企业虽然处于第一竞争集团,但客户对价格敏感度高,此时企业就应该采用紧盯份额排在前面的友商以略低的价格进行价格授权,在此情况下,份额提升带来的利润增加不仅弥补了降价所带来的利润损失还有利润盈余,这种价格授权就是一种黄金授权(损敌一百自赢二百)。

如果在市场竞争中价格授权是一种进攻性武器,则产品技术和差异化则是市场上最有力的维护价格的武器。在现代市场竞争中,产品、技术的同质化最终会走向单纯的价格竞争,按照经济学的原理,在充分竞争的市场上,价格战一直会打到边际利润为零。在此情况下,市场会呈现萎缩,所有的创新都被迫停止,市场竞争就会出现劣币驱逐良币的现象。要避免这种现象,仅仅靠相互竞争的供应商的自律是达不到目标的,唯有企业走差异化之路或干脆彻底走低成本之路才能走出泥潭。当然,企业能否走上这两条路中的一条,需要企业自身有超越自我的能力。

企业既要预防销售人员在不明情况下盲目申请价格折扣,也要预防价格授权者在不明情况下盲目地价格授权。这需要对销售人员、销售管理者和价格授权者进行培训,需要教会销售人员在申请价格授权前必须做相关竞争信息的了解,以便销售人员在知己知彼的前提下申请价格折扣。对市场团队而言,需要针对价格授权管理制定一套有效的检测和控制的流程和制度来保卫利润同时还要保卫市场机会。

有效的价格授权需要企业的市场团队制定一套组合性的价格授权原则和标

准,使销售团队能够灵活地应用价格授权来达到总体销售利润增长的目的。一般而言,对渠道销售的价格授权除依据企业的市场定位、技术领先度和市场的价格弹性等标准参考要素制定外,还要给予一定的特别的价格授权空间(采用一单一授的方法)以支持渠道去夺取大型销售项目、攻打价格敏感的客户市场。部分具有战略地位的销售项目即便是运营利润(OP)为零也是值得夺取的,因为它可以提升本企业在中小客户市场的影响力,而这些市场是价格相对较好的市场,在这个市场的份额提高了,企业的利润也就提高了。所以,企业要有多种价格授权原则,有的授权用于打品牌影响的销售项目,有的授权是维护利润,有的授权甚至是自己不赚钱但更多地消耗了竞争对手的利润。价格授权如同战场上的用兵策略,要有目标、有策略、有计划、有监督、有控制。

9. 商务管理

商务管理本质上是企业对销售人员在签署销售合同时对合同的盈利性和风险控制性所进行的管理。商务管理涉及付款方式管理、货期管理和合同界面管理三个方面,它是企业销售管理中除价格管理外最重要的管理内容。如果将销售价格管理比作中国围棋比赛中的布局管理,就可决定企业在具体销售合同中的实现盈利的框架;而销售的商务管理则是中国围棋比赛中的收官,它决定在确定的合同销售价格之下如何最大限度地实现盈利。商务管理的目的,就是避免在合同履行中由于需要卖方继续追加成本而导致合同内的利润流失。

付款方式的管理是商务管理的第一要素。这项管理关系合同货款的回收周期(DSO),关系到企业应收货款的管理。理想的付款方式管理是在销售合同成立后客户就要付预付款或定金,预付款或定金的占合同款的比例需要买卖双方的谈判。从卖方角度来看,预付款比例越高越好,最好在合同交付之前客户就已经付了全款;在此极端有利于买方的合同条款下,卖方的DSO为零,应收账款为零,卖方在不需要垫付资金的情况下用客户的资金实现的预期利润。从买方的角度来看,预付款或定金比例越低越好,最好没有预付款或定金,等卖方合同交付后再付款;在此极端有利于买方的合同条款下,卖方需要垫付全部资金来实现合同交付,DSO有无限长的风险,合同款全部成为应收货款。

B2B市场通行的付款方式是3:6:1,即30%的预付款或定金、70%的到货款、10%的合同交付款。10%的合同交付款业界有不同的说法。有的将10%的合同尾款称为产品质量保证金（不包含工程的合同）、有的将10%的合同尾款称为合同验收款（包含工程的合同）。如果交付的产品或服务不出问题，这个保证金在合同约定的时间买方会付给卖方；如果交付的产品或服务出现问题，要视卖方对问题的处理和买方的满意度来决定是由买方扣减部分合同尾款支付给卖方，还是由双方商议延迟支付合同尾款。可见，合同尾款是风险尾款，从卖方角度来看，在合同谈判中要尽可能地取消合同尾款，以3：7的方式在合同中确定客户的付款方式。

需要注意的是，合同预付款与合同定金的法律含义是不同的。预付款的法律含义是：只要合同没有完成交付，合同预付款在客户要求取消合同后是需要退还给客户的。卖方如果接受在合同中写明收预付款，这就意味着如果客户在合同交付之前违约，客户支付的预付款要退给客户，所有为准备该合同交付所付出的成本全部由卖方承担；相对应的如果卖方不履行合同交付，卖方只需要退回客户的预付款。定金的法律含义是：只要合同成立，买方违约则卖方不退还定金，卖方违约则卖方需要双倍返还客户的定金。所以，对卖方的销售人员而言，在签订合同付款条款时，要充分考虑本企业违约的风险程度来决定是坚持收预付款还是坚持收定金。

货期管理是商务管理中的重要条款管理。对卖方而言，最容易违约的是货期，因为销售人员往往把向客户承诺短货期作为与对手竞争的手段来使用，而这种承诺有可能超出了企业的能力从而导致违约，违约就意味着企业不仅降低了客户的满意度还有被客户追索罚金的风险。所以，企业在销售人员与客户签订合同之前需要对其承诺的货期进行评审，以降低违约风险。

合同界面管理本质上是防止在合同交付中出现意外的成本追加从而导致合同利润流失的管理。合同界面包含合同交付的地点、运输保险费、二次搬运费、工程交付的界面、工程材料的量和规格的规定，等等。

合同的交付地点和交付方式包含不同的成本信息。如果是工厂交付客户自己提货方式，则意味着是由客户自己支付运输和保险费用，产品出厂后的货物保全问题的责任就转移给了客户。如果是由供应商交付到客户指定的地点，则意味着是由供应商承担运输途中的货物保全责任，由供应商负责货物的运输。在此情况下，就需要在合同中明确由供应商代办运输，但运输和运输保险费由客户承担。如果没有这项约定，就意味着由供应商承担运输和运输保险费用。

这一点在进出口合同条款中极其明显。如果合同签署的是出厂价，则出厂以后的所有运输费、运输保险费、通关费、中转仓储费用全部由买方承担；如果合同签署的是离岸价，则供应商要承担出关之前的一切费用，如果签署的是到岸价，则意味着卖方需要承担出关和到岸的运输费和运输保险费。

工程界面约定对预防工程成本超出有重要的风险防范作用。这个约定除对工程内容的约定外，重要的是对工程现场的物理和空间的边界约定，最好把工程界面的等比例图作为合同附件。对卖方而言，要做好工程界面的约定，需要让工程人员做好工程现场的勘察，勘察得越仔细，其工程界面的约定就越准确，其以外追加工程成本的可能性就越小。工程材料约定是工程界面约定不可缺的组成部分，有的工程材料非常昂贵，一米的界面误差有可能导致本来盈利的合同变成亏损；此外，同样规格的材料不同等级的单价差距有数倍之多，这也可能导致本来盈利的合同变成巨额亏损的合同。所以，对工程材料的界面约定要包含材料的等级、规格、数量、长度的约定内容。

10. 合同管理

合同管理是一种对客户可承诺的条款和合同界面的管理，这个管理事关企业的法律责任，其本质是对企业的责任界面和成本界面的管理。合同管理对企业的运营至关重要，合同既是客户需求的入口，又是向客户交付产品和服务同时取得客户付款的依据。

合同管理分为合同文本管理、合同条款管理、合同执行管理、合同交付管理。合同管理贯穿企业的主流程，关系企业的管理效率。

合同文本有以下三种，企业自己拟订的合同文本、客户拟订的合同文本、工商管理部门拟订的合同文本。前两种文本在成熟的企业都是经过自己的法务部门评审的。显然，企业自己拟订的合同文本条款更多的是有利于卖方，客户拟订的合同文本条款更多的是有利于买方；只有工商管理部门的买卖合同是兼顾买卖双方的利益。在实际交易中，绝大部分的买卖合同都是基于卖方或买方的合同文本经过双方协商修订而成。当商家足够强大时，买家只能签订卖家拟订的合同文本，如客户与保险公司、银行、通信公司、电力公司签的合同就是这类合同；这些合同中充斥着有利于卖方的"霸王条款"。当买家足够强大时，卖方只能签订由买方拟订的合同文本，如中国三大电信运营商的集中采购合同；这些合同中同样充斥着有利于买方的"霸王条款"。上述两种情况只有在供需关系发生转化时，另一方才有可能修改由对方拟订的合同条款。

为了规范合同条款的要素，无论是卖方还是买方拟订的合同文本都采用标准的印刷文本一式四联，合同采用的纸张都带有复写功能，签合同者只需在最上面的合同上写入填空的内容，其字迹自然复写在下面几联的纸张上。为了防止合同被伪造，有的企业对自己拟订的合同文本设计有水印，对合同都设计了唯一的合同号。

由于合同一经成立就具有法律效力，任何一方违约都要承担相应的违约责任，所以成熟的企业为有效地控制合同签署质量都设有合同评审部门，对超出合同印刷文本的条款进行审批后才能盖企业合同专用章以示批准。

由于合同文本的失控会给企业带来风险，成熟的企业会登记每份被销售人员领用的合同号，并收回正式成立的合同和废弃的合同原件。为防范来自销售人员擅自成立合同的风险，成熟企业决不会给销售人员盖有企业章的空白合同。严格的企业只给销售人员两份没有盖企业章的空白合同，使用一份增补一份。企业在盖合同章时要特别留意阴阳合同，即留存企业的合同与留存客户的合同之间有差异。

合同条款管理是合同管理的核心，合同条款既涉及企业的利益，也涉及客户的利益。对买卖双方而言，交易条款涉及交易的产品或服务的规格、配置、数量、交付时间、交付地点、工程界面、价格、付款方式、设备维保、运输责任、违约责任、纠纷裁决等。这里面的绝大部分条款在签订合同的过程中都要经过艰苦的谈判。其中，对买卖双方而言最难谈的是价格、付款方式和维保期限。对供应商而言，价格涉及企业的产品毛利，付款方式涉及企业的货款回收周期，维保期限涉及企业未来的支出成本。有的企业为了管理好销售价格则采用了价格管理软件来指导销售人员的价格控制（如 VENDAVO 价格管理系统），有的企业用 DSO（货款回收期）指标来管理和控制合同的货款回收周期；有的企业对客户的超期维保要求则采用收费延保的方式来进行控制。

企业最终签署的合同条款状况取决于交易时期的供需关系、与买方的客户关系、销售人员的谈判技巧和谈判能力。好的销售人员对同一标的的销售可以通过合同条款从产品选配件、非标准的定制件、客户培训、产品运输保险费、缩短维保期、缩短客户付款期、货款首付比例等多方面为企业多挣 10% 以上的利润。正因如此，世界上绝大多数企业对销售人员采用基本工资加销售提成或销售佣金的方式，鼓励销售人员不仅在显性的产品或服务的价格上，而且在隐性的可能出现的追加成本条款上为本企业挣回利益；其销售提成或销售佣金的提取标准密切地与合同的销售价格（利润）回款呈正相关。试想一下，若一个企业的每个销售人员在每单合同上都能为企业多赚10%的利润，该企业的运营利润会大幅改善。但合同条款中最难规范销售人员的是货期条款，销售人员往往承诺客户的货期要短于企业的标准货期。价格和货期是销售人员获得定单的竞争手段，价格水平涉及销售人员的佣金或提成，因此在使用上比较慎重，但在货期上，销售人员会大方地向客户让步。销售人员对本企业永远会说对手的货期比本企业短、对手的价格比本企业低、对手的付款方式比本企业优惠。如果企业对这三条都不与销售人员的报酬、奖励挂钩，你就会发现：价格会降得很快、要的货期会越来越短、付款方式会变得越来越差。因此，为堵住合同签订中的企业利润流失，对价格、回款周期都要与销售人员的报酬挂钩并进行硬性考核。对货期也要做软性考核，如依据所签合同的平均货期排序的后5%人员的工资增幅要低5%，对货期排序前5%人员的工资增幅高5%。这种末位负向激励会滚动性地驱使销售人员在企业标准货期线上向客户承诺。

合同执行管理是合同管理中兑现对客户承诺的一种管理：按时、按质、按量地向客户交付合同中所承诺的产品或服务。合同执行管理有以下七个关键环节：将合同录入企业MRP2或ERP系统、合同成套下达生产任务令、产品进行集成化生产、产品进行出厂测试、产品包装、产品发货、让客户签收产品。在正常情况下，只要合同进入执行流程，其合同履行周期是基本固定的（如30个工作日）。但这个相对固定的合同执行周期受销售计划准确性的影响。在零库存供应理论下，低准确度、销售预测一定会延长固有的合同履行周期。企业的元器件与材料的供应周期是不同的，销售发货计划的低准确度会使得长供应周期的物料无法满足超计划预期的突然到来的销售发货要求，这种长供应周期原材料或器件的缺料导致产品生产物料不齐套，也就没有办法按照客户要求的时间生产出产品，从而导致合同履行周期的延长。在此情况下，企业或者花高价去做应急采购（提高了企业产品的标准成本）或者失信于客户延迟交货。销售发货计划的波动性过大对企业的运营效益有着不可低估的影响；它或者导致缺料发不出货，或者导致库存过大积压资金。前者以牺牲客户满意度为代价，后者以增大库存和降低企业的资金使用效率为代价。此外，产能的扩充和减少也是需要周期的。销售预测过低而实际销售过高会导致产能扩充跟不上发货需求，销售预测过高而实际销售过低会使得企业所准备的产能得不到充分利用而提高了单位产品的制造成本和运营的期间费用（S&GA）。为应对这种波动性，成熟的企业也在尝试满足销售波动的方法，例如让自己的供应商按一定的比例做库存，甚至要求自己的供应商（至少是供应商的仓库）距离本企业不超过两小时的路程等。但这还不足以应对销售预测的波动。因为，当超预期的订单要求在一个短周期内交付，光有物料仍然不能完全交付产品，当交付需求超过产能时就需要有冗余的生产能力作为支撑，这样全年平均的生产能力利用率就会降低。所以营销团队的工作质量不仅会对合同执行周期产生影响，而且也会对企业的运营效率产生影响。

合同交付管理是企业履行对客户的合同承诺的管理。对工业品而言，合同执行周期有时还需要延长到设备安装和工程验收阶段；这个阶段就是合同交付同时也叫工程交付阶段；合同交付管理也叫工程交付管理。合同交付管理涉及面较广、有难有易；如果是产品合同交付，只要客户验货签收，其合同交付管理就结束，交付的合同按照国际会计准则计入企业的销售收入；如果是产品加产品工程的合同交付，不仅需要客户的产品验货签收单，还需要客户的工程验收单，两单齐全才算合同交付完毕；如果是交钥匙（Turn Key）的合同交付特别是建设项目的总包工程交付（General contactor），其合同交付的管理极其复杂，本书不再赘述，请自行查阅相关主题的著作。

11. 销售行为管理与销售团队建设

在销售网络设计和销售管理架构设计之后，招聘到销售人员组建销售团队就是最重要的工作。这涉及销售经理的招聘与销售员的招聘两种任务。

销售经理的选择标准需要与其岗位要求相匹配。从销售经理的岗位职责来看需要扮演如下职责：区域与细分市场的销售机会寻找与管理；区域与细分市场销售计划任务落地；区域与细分市场的品牌推广、产品推广管理；区域与细分市场客户关系平台的建设、维护与拓展；区域与细分市场销售项目的管理；区域与细分市场销售的资源分配与管理；区域与细分市场的货款回收管理；找出业绩成长中的短木板（营销活动的、渠道的、销售人员的）；减少销售人员的差异性，等等。

销售经理要能够承担起上述的职能角色就必须具备如下基础素质和技能：较强的营销意识、中上等的情商、小团队管理技能、项目管理技能、绩效管理技能、做高层客户关系的技能等。企业可以通过公开招聘或猎头公司去招聘。然而，大多数企业在销售经理的人选上不是通过外部招聘获得而是从现有的销售团队或营销团队中提拔；因为区域与细分市场的销售经理还有一个将企业的文化传承给团队成员的使命，只有从内部提拔起来的销售主管才能扮演企业文化传承的角色。

销售员需要扮演如下岗位角色：建立、维护和拓展客户关系，客户推广与客户发展，寻找和挖掘销售机会，运作销售项目，实现销售计划和货款回收。销售人员扮演上述角色需要具备如下的基础素质：中等以上的情商、基本的营销意识、较强的成就动机、进取心和激情，基本的技术素质。对销售人员的招聘，不同类型的企业文化背景公司做法差异较大。在强调企业文化同质性和高度一致性的公司不喜欢从社会上招聘销售熟手，因为从社会招聘的销售熟手所带的企业文化背景往往会与招聘企业的文化形成强烈的冲突，他们很难融入新的销售团队，现有的销售团队成员和主管也很难接受这种新来者；所以，强调文化同质和统一的企业最喜欢从大学中招聘学生做销售人员，学生在企业文化上是一张"白纸"，更容易塑造；所以，这类企业愿意花费较高的培训成本培养大学生做销售人员。而企业文化比较包容的企业在招聘销售人员上往往采用多种渠道方式进行招聘：学校、广告招聘、人才市场、猎头公司，等等。

销售团队的培训是销售管理中的基础工作。无论是从大学招聘毕业生做销售员还是从社会上招聘有经验的销售员，上岗前的培训是不可或缺的。销售员岗前培训有以下四类：一是企业文化培训，二是产品及基础技术培训，三是销售技能和业务主流程方面的培训，四是销售人员基础素质培训。各类培训所要达成的目标是不同的。企业文化类培训所要达成的目标是让新员工对企业文化要旨进行理解和认同，诸如企业的愿景（未来的发展方向）、企业的使命（客户、股东、员工）、企业的团队文化要求（互相尊重的精神、合作精神、协作精神、集体荣誉感等）、企业员工的行为准则（不允许的行为）。产品及基础技术培训所要达成的目标是使销售人员能够在了解、理解本公司产品的基础上形成技术营销的基础能力，是使销售人员能够根据已掌握的基础技术知识能与客户讨论具体的需求以便能够有针对性地向客户推介产品或解决方案，是使销售人员能够流利而又有重点地讲解产品胶片（技术卡拉 OK 技能培训）。销售技能培训所要达成的目标是使销售员了解、理解和掌握销售项目管理技能，这种技能是一种把目标追求与追求过程进行协同管理的方法论：以达成具体的销售目标为指引、分解出为达成销售目标所必须先达成的各个子目标、对为达成各个子目标所要解决的困难或问题分配承担不同任务目标责任人，并对不同任务和分目标的实现进程进行协作与控制；是使销售员了解、理解和掌握定价、报价和讨价还价的策略、方法与技巧，是使了解市场的竞争格局与目标竞争对手，是使销售员了解、理解所要服务的客户的需求。

主业务流程的培训所要达成的目标是使销售员能够了解、理解和掌握客户需求挖掘（销售机会寻找）、需求了解、客户教育与需求引导、产品配置、报价、合同签订、合同交付、回收货款等一系列营销活动的主流程及其配套的相关环节的管理流程（如技术评审、价格授权、付款条款和服务条款批准等）。

基础素质培训所要达成的目标是使销售员能够掌握时间管理原则，使销售员能够按照任务的重要与紧急程度分配自己的工作时间：既重要又紧急、紧急但不重要、重要但不紧急、既不重要也不紧急来分配自己的工作时间；是使销售员能够掌握沟通策略与技巧，如向上管理、向下管理等的培训课程；是使销售员能够掌握待人接物的礼仪和公关工具，如高尔夫、网球、滑雪，等等。

营销视野培训的目标是使销售员具有市场意识（以客户为中心的意识）、竞争意识（通过针对性策略和行动来达成赢的目标）、盈利意识（做生意要盈利，不做赔本生意，卖有价值的产品）、潜在需求挖掘意识（扩大客户和产品应用的意识）、前瞻意识（关注需求的变化与未来的需求）、战略意识（根据销售项目的影响度采取不同的销售策略：战略的、价值的、低价值的、无价值的）。

销售行为管理本质是对客户的黏性、客户拜访、销售行为合规的管理，其形式是销售经理对销售员、销售管理机构对销售单元除销售计划管理（年度、季度、月度等的销售量）和市场目标管理（市场覆盖度目标、市场份额目标）外的过程管理。

客户拜访管理是对销售员最基础的行为管理。对新销售员来说，在独立拜访客户之前最好经过接待客户部门的实习培训，在掌握了待人接物中最基本的原则和规则后才能进入销售岗位；对新上岗者，最初最好陪伴销售经理或陪伴有经验的销售人员去拜访客户，在与客户有了初步相识后再让其独立拜访客户；

即便是从其他区域调来有经验的销售员接班,也需要交班的销售员带着接班的销售员去拜访客户,最好是两个销售员在共同拜访客户几次后其中的一个销售人员才能退出。由于客户是分层面的,销售员如果不是十分老到,最好从基层客户开始拜访,通过基层客户了解上一层客户的特性以便销售员制定合适的拜访策略去接近中层客户,再通过中层客户了解和接近高层客户。用中间人特别是用客户信任的中间人把销售人员介绍给客户也是一种好的接近客户的方法。

客户想见就能见到的(除非销售员已与客户建立起了密切的关系),销售员要重视每一次见客户的机会,在拜访客户前需要给自己设定本次拜访所要达成的目标、需要与客户沟通的要点以及要点的排序(先交流什么后交流什么);如有必要,还需准备讲解的PPT,甚至带上本企业的产品资料。销售员在结束客户拜访后要在尽可能短的时间写下拜访备忘录,对已承诺客户的事情做出安排和落实,对需要进一步澄清的问题向后台求助,对没有达成的拜访目标设计下一次拜访行动,对需要与销售经理汇报或讨论的问题要及时进行。客户拜访管理是销售管理中最小的管理单元,它对建立和发展客户关系及销售成效起关键作用。

客户黏性管理是指销售员与目标客户的关系程度管理。这种管理需要老到的销售管理者进行。客户黏性分为五档:很差、差、一般、好、很好。如果客户以各种理由拒绝见销售员则表明客户关系很差(客户不给你任何见面机会);如果销售员很难约到客户或即使见到了客户对你的企业或产品或服务"横鼻子竖眼睛"地挑毛病,就表明客户关系很差(客户是负面态度);销售员虽然可以约见到客户,但客户不与销售员谈论任何与需求和采购有关的内容,表明客户关系一般(客户不给你销售机会);销售员可以约见到客户,可以从客户处了解到还未公开的需求信息或采购信息,这表明客户关系好;如果销售不仅很容易约见到客户,还能了解到未公开的需求信息或采购信息,还能了解到竞争对手的行动,这就表明客户关系很好。企业要想赢得定单,至少需要有好的客户关系的支撑,有了好的客户关系的支撑,其他的营销策略才能转变成竞争力;否则,再好的营销策略也不能转变成竞争力。显然,客户关系只有达到好和很好的程度,销售员对客户才有黏性。判断销售员的客户黏性,只要销售管理者或企业的高层主管向销售员指定需要拜访的目标客户并与销售员一起去拜访客户就能做出大致的判断。在这方面,销售员保全自己的对策是只安排销售管理者或高层管理者拜访高层客户;所以,销售管理者和高层主管要有足够的智慧，要要求销售员安排你去见没见过的客户。

销售员销售行为的合规性管理是指销售管理者要把销售员的所有与销售有关的活动和行为都制约在法律和企业道德所允许的范围之内。销售行为合规性有以下四个方面：贸易合规、做客户关系的手段合规、获得定单的手段合规、合同条款合规。贸易合规是指销售员不能把产品销售给联合国决议的贸易禁运或制裁国家和组织、不能把产品销售给本国政府规定的贸易禁运或制裁的国家和组织。例如，美国政府每年都要公布一份禁止美国企业与其进行贸易的国家和组织的名单。做客户关系的手段合规是指在法律、行政法规和企业道德允许的手段范围内从事客户公关工作；与客户交往中的礼尚往来、礼品、宴请、娱乐等都不能超过规定的标准和不使客户或企业尴尬为原则。获得定单的手段合规是指只能采用正当竞争手段从客户处获得定单，不能通过行贿或变相行贿来获得定单，不得与竞争对手协议价格和协议划分市场的方式来获得定单。合同条款合规是指合同条款要符合合同法的要求，合同条款需要经过法务部门的评审，合同的签署要符合合同成立的要求。

在销售行为的合规性管理上，欧美国家和企业处于引领的地位。例如，美国政府颁布的《海外反腐败法》等法规。欧美的企业都有《员工道德守则》。在销售行为合规上，政府和企业对违规行为都有严厉的制裁；美国政府对查有行贿等违规行为的企业处以巨额罚金，甚至取消该企业参加美国政府采购的权利。美国的企业对违规的雇员采取给警告信、调职、降级、解雇、提交司法部门处理等处罚手段。例如，代客户报销车费的行为很可能被美国企业认定为变相向客户行贿，销售员的这个行为在独立第三方审计确认后，有可能被企业解雇；例如，销售员为了获得客户的需求信息而给客户送礼，也会被美国企业认定为行贿，在独立第三方审计核实后有被企业解雇的风险。美国的企业为了避免因为员工行贿被政府处罚，往往在内部审计发现违规后会主动向政府报告违规行为。欧美公司会不时传出企业的高管因为下属的行贿问题而被董事会解雇。在欧美公司，行贿行为被查大都是被内部员工举报所导致的。欧美公司为防止企业内部的官官相护和打击举报者，一是在企业的最高领导层建立道德委员会来受理员工对违规行为的举报，二是采用直接向董事会负责的第三方公司以多语言来受理实名的或匿名的内部违规举报。世界500强之一的EMERSON（艾默生）公司的CEO范大卫（DAVI Farr）在企业道德方面有如下对客户的表述："没有任何理由可令我们放弃道德标准，艾默生承诺在所有商务关系中秉持诚实与正直的准则,感谢各位持续支持艾默生恪守这一承诺。"艾默生公司在企业道德方面,他对本企业员工有如下表述"本公司所有层级的员工都必须诚信行事。以合乎道德标准的方式行事是我们的业务和您的事业成功的关键"。

销售团队的优化管理是一项重要的销售管理。销售团队的管理除对销售员的行为进行管理外,还需要对销售团队进行活力管理。实践经验表明,销售员的冲劲和博弈精神对销售成功非常重要。中国的华为公司能够在20年时间内从名不见经传的中国本土通信设备制造商发展成为全球前5位的通信设备制造商的关键成功要素是这个企业所创立和坚持的"狼"性销售文化。狼的特性是对猎物敏锐、对猎取猎物坚持不懈地拼抢、善于团队协作捕获猎物(群狼战术)。华为销售人员每次在市场上与竞争对手的成功拼抢,都为华为的开发团队赢得了改错和在技术上追赶对手的机会;华为的市场人员就像"蚂蟥"一样,一旦粘上,客户就很难摆脱。华为销售员就是这样天天和客户泡在一起,及时了解客户的建设和定货动态,及时地掌握竞争对手的营销动态和客户的倾向,从而大都能通过有针对性的营销活动来扭转客户的想法向有利于华为的方向发展,从而最终使华为成为客户的选择对象。华为市场部门"狼"文化的建立、保留和传承需要组织管理的机制。华为用以下四项制度来实现其目标:(1)将是否具有"狼"性作为最重要的选择销售员的标准并十几年如一日地坚持;(2)以业绩为导向来提拔和淘汰销售员;(3)非强势者不能做一线销售经理;(4)销售员和销售经理轮换区域驻守。第一项制度确保了华为招聘的销售人员个个具有冲劲和工作激情。第二项制度确保只有销售业绩达到华为要求的人才能继续留在销售岗位,业绩突出的才能得到提拔。第三项制度确保销售人员不仅有着业绩指标的压力,还有销售经理对销售人员营销活动日常推动和监管方面的压力。第四项制度确保销售团队从经理到销售员无法吃老本和养尊处优,无论其做得好还是不好都不会让其长期驻守一地,要异地轮换,其中销售经理还不得在原籍做销售的负责人。华为的四项制度,不仅使其能够淘汰不合格的市场和销售人员,还能使其不断地优化销售团队,使其始终保持活力和冲劲。当然,华为的这四项制度还有一副"金手铐"做支撑:华为以给员工持有虚拟股票的手段来"拷"住员工接受这四条制度。因此,久而久之,华为的市场部门形成了自己独有的"狼"文化:不同情弱者(市场不相信眼泪)、不找任何借口(赢得订单是检验能力的唯一标准)、结果导向、想尽一切办法赢。

销售资源的配置与利用管理是销售效率管理的内容,销售资源配置管理分为销售单元位置部署与销售团队规模确定管理两个方面。销售单元位置部署管理是指根据客户的分布把销售单元靠近客户处进行部署的管理，这项管理是为解决方便找到客户、方便客户找到销售单元、方便销售员拜访客户而做的管理。销售资源部署要有利于销售单元捕捉销售机会和提高销售概率。把销售资源配置到最靠近客户的地方是企业部署销售力量最基本的原则，无论是部署零售店还是设立销售办事处都是以这个原则来部署的。对部署零售店来说，第一是位置，第二是位置，第三还是位置；对设立销售办事处来说，位置虽然远没有部署零售店那样敏感，但对方便联系客户仍然是重要的考量因素。销售团队规模的确定是企业获得定单最直接的基础，销售团队规模与获得定单的量呈正相关，销售团队规模越大，其获得的订单量相对也就越大，这就是所谓的规模效应。但这种正相关关系受企业所能承担的最大的营销投入与产出比所制约，当企业的销售团队规模超过这个临界点时，无论是出现销售增长率低于销售员增长率还是出现销售量虽增长但利润却下降的状况，都表明企业靠扩大销售员规模来追求业绩扩张的路已经走到了尽头，企业需要压缩销售团队的规模改而追求人均销售量或人均销售利润量来追求业绩的增长。可见，销售团队规模与业绩增长之间是个动态的关系。销售团队规模的管理就是把控销售团队的规模与销售增长与利润增长之间的正相关关系，一旦发现这个关系逆转，就要调整通过规模追求效益的做法，改由通过协同的策略或通过提高人均销售的策略来实现业绩的增长。销售团队规模管理的原则不仅适用于企业层面的总销售团队规模的确定，也适用于最小销售单元销售团队的规模的确定。

企业最有效率的销售资源部署就是把销售单元部署与销售团队规模配置的部署有效地结合起来，以人均销售量和人均销售利润变化为检验标准来动态地增加或减少销售单元，来动态地增加或减少销售团队的规模。企业在销售单元的部署上既要考虑客户在地域、行业上的分布，也要考虑人员规模与利润增长之间的关系。当销售单元的规模不再带来利润增长时，销售管理者就要研究销售人员的行为与销售规模与利润之间的关系，从挖掘单个销售人员的销售效率上做文章。

经验表明，客户拜访与客户交流的次数与销售量之间呈正相关，所以销售经理对销售人员的客户拜访管理和客户交流管理则是改善和提高单个销售人员销售效率最简单、最朴实也是最有效的一种销售管理方法。

应用协同效应原理也是提高单个销售人员销售效率的有效方法，其最典型的就是推动销售员对同一客户从单产品销售向多产品销售再向解决方案销售发展。这个方法的核心是放大同一个客户平台的产出机会，是提高同一客户关系的产出价值，是放大同一个销售机会的销售量。例如，卖UPS（不间断电源）给客户的销售员可以同时卖与其配套的蓄电池给客户（多产品销售），甚至把与UPS配套的上游和下游的配电所形成的交流不间断供电系统的解决方案卖给客户（AC解决方案销售）。当然，要让销售员发挥协同效应的作用就需要有充分的多产品甚至解决方案的培训，同时要将不具备做解决方案的销售人员淘汰。

发挥企业中的其他销售组织作用也是发挥协同效应的一种销售管理方法。例如，同一个企业有在工业领域卖工业设备的销售团队，有在IT领域卖基础设施的销售团队，工业设备领域对IT基础设施的需求较少，单独配置销售单元进行IT基础设施销售不具备经济效率，因此企业可以让工业销售团队搭配IT基础设施产品进行捆绑销售。

上述对销售组织的管理是对销售人员、销售团队、销售行为所进行的管理。而这些管理最终都是要落实到客户上的。前文已经论述过，保留一个老客户的成本是拓展一个新客户的1/5。从某种意义上说，更换一个老销售人员由新人接替就意味着如果交接不好，原来的老客户就会蜕变成新客户，与各层客户之间的关系需要重新建立。因此，销售管理中的另一个重要管理就是客户关系的交叉备份管理，即客户关系的一主一备的管理，为主的管理就是承担该客户销售任务的销售员所进行的客户关系的日常管理，备份的管理就是不承担该客户销售任务的销售员或销售经理的所进行的客户关系管理。主备式的客户关系的管理目就是解决在主销售员调职或离职后，有与该客户熟悉并认可的销售人员能够顺利接手业已建立起来的客户关系延续以前的合作关系。理想的主备式客户关系管理需要两个备份，一个是销售经理自己，另一个是负责其他客户或渠道的销售人员。这个双备份可以解决即使主销售员和销售经理或备销售人员同时离职或调职的情况下的客户关系能够得以延续。当然，主备式客户关系管理不仅仅是对同一客户关系工作的分工问题，更重要的是通过各种不同的共同参与的活动来建立并维系对同一客户关系的主备模式问题。

销售组织管理中最难做的一项工作是销售团队的士气管理问题。士气，在学术界虽有无数纠缠不清的概念，但在本质上它是一种能够激励成员怀着必胜信念发挥潜能执着追求和达成某个目标的组织气场。士气是一个正向的概念，一个组织的士气是可以感觉得到的，士气高昂说明这个组织的气场很足，士气低落说明这个组织的气场很弱甚至没有组织气场（一盘散沙）。当一个团队的成员都有"我想把事情做好""我能把事情做好""我一定能把事情做好"的时候，这个团队就有了一个积极进取的组织气场，也就有了士气。士气对团队克服困难达成目标起重要的催化作用，没有士气的团队即使有能力也难达成目标，有高昂士气的团队即使能力不足也能把潜力发挥到极致来达成目标。

对销售团队的士气管理需要在目标、动机、激励、能力、行为指导和结果验证六个维度进行。销售员的销售行为首先来自目标，销售人员在面临销售任务重和销售任务轻时的销售行为是有很大差异的；如果销售任务目标在其能力范围内，他会按部就班地行事，如果销售任务目标远低于其能力要求，他就会偷懒，甚至把时间用到非职业要求的方面去，如果销售任务目标超出其能力但超出不多，他可以跳一跳能够达成目标，他就会挖掘潜能以非常态的方式行事来努力达成目标；如果销售任务目标要求超出销售员的能力太多，销售员自我评价再努力也达不成目标，他就会不再努力，能做多少顺其自然就做多少。

销售员的销售行为其次来自动机：为能赚更多的钱、为能证明自己超凡的能力、为能得到晋升、为了团队的荣誉，还是上述动机兼而有之等，动机不同，需要强化其行为的激励方式和管理方法也不同。

销售行为的激励方法有货币的、荣誉的、职业生涯发展的；货币的方法是把销售业绩与工资、奖金或佣金、股票期权等挂钩，这是驱动销售行为的最原始的驱动力。货币的激励分为现时激励、短期激励和长期激励三种。工资是短期激励方式，销售能力不同所得工资也不同。奖金或佣金是短期激励，多劳多得。股票和期权是长期激励，它要求销售员关注企业的总体绩效和长期业绩发展目标。职业发展属于中长期的激励，这种激励只对有管理工作潜力的销售人员有效。自我实现的激励是一种自我激励的方式，具有长期性和稳定性，是最好的激励方式；但具有自我激励能力的销售人员微乎其微，这种人可遇不可求，这种销售人员是最具有发展潜力的销售人员，企业要珍惜这种人才。

能力是构成销售行为的基础，能力强的销售人员相应的自信力也强，能力弱的销售员自信力也弱，这两者的销售行为的强度和频度也有明显差异。

销售行为方向和销售过程的指导也是影响销售行为强度和频度的重要影响因素，那些只管销售结果不管销售过程久而久之就会失去士气；因为，没有共同面对困难就没有同仇敌忾更没有同呼吸共命运的组织气场。

结果检验是建构和保持士气最重要的环节。在销售大战中任何一次战斗的胜利对提振士气都至关重要，失败会损害士气，没有士气的部队在大战中兵败如山倒。在每次销售竞争中的输赢对士气都有重大的影响。因此，销售组织的士气管理就是从上述的六个维度所进行的管理。

12. 客户关系管理（CRM）系统

客户关系管理（CRM）有多种含义，本书只把CRM作为客户关系管理的IT化来讨论，目的是为企业提供一个以客户为中心来帮助企业更有效率地进行客户获取、有价值的客户保留和从客户处获得更多收益的IT化的方法。

客户管理是CRM的核心，如何对企业的基础客户做合适的分类是客户管理的关键，也是为客户制定差异化产品和差异化服务的依据。客户究竟是按需求的属性划分还是按所处的行业划分还是按销售的渠道划分还是按对企业的贡献价值来划分，这些都需要企业的市场管理者甚至是企业的管理层来决定。客户的关键信息是客户管理的内容：客户联络信息、客户需求信息、客户的决策链信息、客户的对口职能部门信息，客户的供应商信息，本企业在该客户的历史销售信息、设备维护和服务信息，等等。

销售机会管理是客户关系管理（CRM）的龙头，要分客户设立投资计划、建设信息、相应的需求信息、对应的营销活动计划等。

销售过程管理是CRM的主线，要按客户针对销售机会制订营销活动计划、风险评估、对手竞争信息、产品配置、报价管理、合同预审与评审、合同成立、合同下单、合同生产、合同发货与客户签收、工程交付、回款及发票、退换货、维护及服务等的管理。

销售过程管理中的产品销售计划管理、产品配置管理、价格管理、生产管理、工程管理等都有独立的管理系统，CRM中的销售过程管理需要依靠独立的系统才能履行CRM的职能。

客户价值分析是CRM的目的，客户忠诚度分析、需求结构分析、对本企业的盈利性分析、客户潜力分析等，CRM系统通过销售机会与销售资源匹配性分析对销售资源进行效率管理。

企业在具备一定的规模之后，需要通过建立CRM系统对市场、客户和销售进行三位一体的精细化管理，这不仅使市场和销售管理有效率，而且可以是使企业的前端（市场资源）与后端（计划、产品开发、生产与供应）进行有效匹配来改善效益。

当然，企业建立合适的 CRM 管理系统绝非易事，IT 规划人才虽然是不可缺的，但从企业管理层中选择对市场、销售、计划管理精通的人来领导 CRM 系统的架构设计最为重要，那种以为照搬其他企业现成的 CRM 系统来用的想法是极其幼稚的，其结果一定是事与愿违。CRM 的建立涉及企业从订单获得到发货交付这一主业务流程重整和对接，因此每个企业的 CRM 系统都有需要软件定制的地方。

13. 销售员薪酬激励管理

销售员的薪酬激励管理本质上是对销售员的销售行为及追求销售额的动力管理，这种管理的方式虽然多种多样，但概括起来无非是短期激励、中期激励和长期激励的方式。企业对大部分销售员的薪酬激励一般是把短期和中期激励结合起来的一种激励方式，对骨干销售员的薪酬激励还需要结合长期的激励方式。

短期激励方式有工资激励、底薪加销售提成、佣金制三种方式。对实行年度或季度销售业绩奖金制的企业，工资是最重要的薪酬激励方式，销售员的等级不同其工资水平也不同，工资是对销售员能力的一种肯定。在实行月度工资加年度或月度奖金制的企业，销售员的年度工资收入占年度总收入的 60%~70% 不等（这类企业的奖金等级是与工资等级挂钩的）。采取底薪加提成制的企业对销售员没有中长期激励，只有短期激励，且短期激励的主要手段是销售业绩提成，其底薪没有任何激励作用，只是一种保底薪酬，在财务上底薪计为企业的人力资源（HR）成本，而销售业绩提成则计为销售费用按月计提，没有销售业绩也就没有销售业绩提成，所以中小企业尤其是小企业大都采用这种方式激励销售人员。采取佣金制的企业对销售员也没有中长期的薪酬激励，只有当期及时激励，企业根据销售价格和销售量设计出阶梯状的佣金提成表，销售人员按合同逐单与企业结算销售佣金。销售佣金严格与销售业绩挂钩，没有销售业绩就没有佣金，所以佣金只计入销售费用、不计入 HR 成本。

中期薪酬激励方式一般被采用季度或年度奖金制的企业所采用。中期激励按激励强度分为弱激励、中度激励和强度激励三种。弱中期激励方式是销售员工每年根据考评成绩（A、B、C、D）可以获得1~4个月不等的工资（工资等级体现销售员的能力和历史业绩）；中度激励方式是销售员工每年可以根据考评成绩（A、B、C、D）可以获得3~6月不等的工资（工资等级体现了销售员的能力和历史业绩）；强度激励方式是对销售员按照年薪把年收入按照60%（工资）：40%（奖金）或70%（工资）：30%（奖金）的方式进行划分，但对奖金只是销售计划100%完成情况下的预算值而不是实际值，实际值是与年度销售业绩的计划完成率挂钩的，当销售计划完成率低于100%，则奖金也会低于目标奖金，若销售计划完成率超过100%，则奖金也会高于目标奖金。在这种激励方式下，下不保底、上可封顶也可不封顶。对奖金与销售计划完成率的之间系数关系可以依据企业的产品毛利的水平而定；一般原则是当销售计划完成率低于目标时，奖金获得率会低于计划完成率；当销售计划完成率大于目标时，奖金获得率会高于计划完成率。奖金系数以计划达成目标具有一定的杠杆作用。

在当期、短期、中期激励中，销售提成、佣金制是明确无误计算到人的。奖金虽然与销售目标挂钩，但只是团队整体与销售目标挂钩而不是个人与销售目标挂钩。因为，采用奖金制的企业更看中团队销售而不是销售员的单打独斗。这个激励制度的缺点是当把奖金从奖金包中划分到个人时有相当大的主观因素（销售主管的人为因素）；因此，部分企业开始在采用奖金激励时引进能够计算到销售员个人的方法，将销售目标分配到人，根据个人的计划完成率来计算奖金获得系数。

长期薪酬激励主要是股票和期权激励，能采用这种激励方法的大都是上市公司，只有上市的企业股票才具有明确的股权数、明确的股价、可在二级股票市场随时流通这三个特性。企业为留住销售和市场最关键的核心人才，在上市公司大都对其采用股票或期权的激励方式，以使被激励者能够关注企业的长期发展和企业的价值增长。

企业配给关键员工的股票既可以是让员工按当期二级市场的价格购买，但对员工交易股票有时间上的制约（如锁定3年之后才可在二级市场交易），也可以是企业采用有条件的方式赠送给员工，一般是工作3~5年的员工才可以在二级市场交易；持有企业股票的员工主要靠每年的股票分红、股票价格增长甚至股票拆分来获得股票收益，而这些收益需要一个相对长的时间才可能实现。

因此，前一种股票激励方法只有对企业的未来有强烈信心的员工才可以使用。后一种方法由于对员工来说不需要付出资金成本只需要干满协议所规定的年限就可以得到股票收益，如果行权时股票价格高于赠股时的价格，则被赠股的员工不仅可以获得赠股时的股票收益还可以获得股票溢价收益；即便行权时股票价格低于赠股时的价格，持股员工仍然得到降低的全部股票的收益；所以，有条件赠股的方式对员工的长期激励作用要高于需要员工付钱购股的配股方式。

期权是上市公司最普遍使用的对核心员工的长期激励的措施。它是一种有条件的配给期权的方式：员工的期权收益是配给期权时的股价与行权时股价之间的差价，这个差价是正的，员工就有期权收益，如果这个差价是负的，拥有期权者就不会行权因此也不会有期权收益；若干年之后才能行权，一般需要自配给期权之日起的10年之内行完权否则算自己放弃；行权时行权者必须是本企业的员工。

期权作为上市企业对核心员工长期激励的手段，是让核心员工在正常薪酬之外还有附加的远期收益，只是获得这个收益的前提是企业的股价必须得到升值才能分享到股票增值的收益。我国未上市的民营企业和股份制公司也在参照上市企业的做法对企业的核心员工实行配股的方法。只是这些企业没有上市、没有市值、每股净资产的价值缺乏第三方的严格审计，股票价格缺乏市场定价（企业可以等于净资产、低于净资产或高于净资产）的价格给员工配股。忙于上市的中小企业也是以IPO为条件去大企业挖人才来充实本企业的人才。

14. 淘汰不合格者，留住优秀的销售人才

企业间的市场竞争是多维度的竞争，由表及里依次可以分为品牌竞争、产品竞争、服务竞争、供应能力竞争、成本能力竞争，等等。但所有这些竞争的本质是企业员工之间的竞争；企业在市场和客户处的竞争首先体现的是两个企业市场和销售人员之间的竞争，企业的品牌、产品、服务等体现客户价值和企业实力的东西不会自动跑到客户处让客户接受，而是通过企业的市场和销售人员的推介来说服客户接受的。销售人员是连接企业和客户之间的桥梁和纽带。大量的市场实践表明，光有好品牌和好产品未必能做好市场，而弱品牌和弱产品未必不能做好市场，其中的反差就是市场和销售人员的作用。

优秀的销售人员对企业的价值在中小企业要远比在大企业大。其原因是中小企业品牌弱、产品弱、实力弱，销售人员的个人营销能力对弥补市场竞争中的弱势起关键的作用。而大企业的营销主要依靠的不是销售人员个人的能力而是依托大企业自身的形象、品牌、产品、实力。市场用人实践也表明：从中小企业成长起来的销售人员在进入大企业销售系统后的适应性要远比只在大企业成长起来的销售人员在进入中小企业销售系统后的适应性要强。

尽管销售人员在大企业对企业的价值不如在中小企业强，但只要企业希望在市场竞争中取得成功，甄别和留住核心销售人员对所有类型的企业都是最重要的 HR 工作目标之一。下列判定指标可以帮助企业甄别优秀的销售人员：情商、行事有底线、有技术背景。

优秀的销售人员一定具有客户亲和性（黏住客户的能力），而客户亲和性的基础是情商。情商不同于智商，智商是先天性的是从遗传获得的，而情商则是基于智商在后天形成的。情商是一种管理自己情绪和处理人际关系的能力。这个能力对一个人的成功很重要。这个概念由美国的彼德萨洛瓦和约翰梅耶这两个心理学家在 1990 年提出、由美国心理学家格尔曼在 1995 年做出清晰的概念描述的：所谓情商就是一种认识自己的情绪、妥善管理情绪、自我激励、认识他人情绪和人际关系管理的能力。情商高的人很会"读懂自己""读懂相关关系人"、人际理解力强、人际关系和谐、正面情绪和进取心。情商的特性对销售人员建立和处理与客户的关系再有帮助不过了。

《把信带给加西亚》是由美国作家阿尔伯特撰写的一本描写忠诚和敬业的励志名书。该书已流传 100 多年，它描写了美西战争期间一个叫罗文的人受美国总统的委托给西班牙反抗军首领加西亚送信，该信只有人名没有确切地址，只有加西亚在古巴的热带丛林里这一模糊信息；罗文历尽艰辛终于把信送到加西亚的手里。这本书描述的就是一个对工作忠诚、对克服困难充满信念的人的成功故事。忠诚与信念对扮演销售角色至关重要；因为，市场竞争具有诸多的不可预测性和未知的东西，只有像罗文这样的人才能在面对复杂多变的竞争形势时以必胜的信念敢于和勇于应对困难并化解难题，从而成为优秀的销售人员。

行事有底线是优秀销售人员必须具备的一种品德。国际上有调查表明，被认为最不可信的职业人士第一是政客，第二是销售员。民选政体的经验表明，政客在竞选时所做的表态或承诺在当政后很少能兑现；生活经验也表明，销售人员为了能够成功销售出产品,天然地会夸大产品的功能和价值,更有甚者甚至向客户承诺产品具有客户关注的特性,甚至通过行贿等桌面下的非法手段来买通集团采购中客户方的关键人物来达成销售目的。行事没有底线的销售员往往会为达成销售目标而不择手段,这种不择手段不仅会把企业置于法律风险之处(企业要对销售人员的非法销售手段、销售人员对客户的过度承诺或虚假承诺承担最终的责任),同时也会把客户置于法律风险和运营风险之下(法律会追究受贿者,采购不合适的产品而影响实际使用、从供应商处得不到所要求的技术或服务的支持,等等)。

技术背景对成为优秀的销售人员来说也是必须具备的基本要素。不懂产品技术的销售人员只适合关系营销(通过与采购者建立和发展私人关系来实现销售),无法从事技术营销(通过有针对性地推介产品的价值、企业的服务和企业的品牌来实现销售)。关系营销的方法基本上是"三陪":陪吃、陪喝、陪娱乐;竞争的手段或者是行贿或者是降价。技术营销的方法主要是品牌和技术推广,是面对面的产品和解决方案的价值交流;竞争的手段是引导客户参观学习成功应用的样板店,是企业对客户的培训和可持续的服务支持体系,是让客户认同企业具有可持续的产品和技术发展的能力,是让客户体验到本企业以客户为中心的运作管理。

当然,世界上既没有纯粹的关系营销,也没有纯粹的技术营销,而是两者的混合体,混合体中关系营销和技术营销各自所占的比重不同。具有技术背景的销售人员更容易培养其技术营销的能力,具有技术营销能力的销售员更具有职业发展的潜力(向销售管理或营销管理方向发展)。

"铁打的营盘流水的兵"是对企业销售人员最具有流动性的一种比喻。销售人员流失有被动流失和主动流失之分。被动流失是指销售人员长期达不到业绩要求被企业辞退而造成的流失;主动流失是指销售人员被竞争对手挖走或销售人员本人自主创业而造成的流失。销售人员流失还可以分为量的流失和质的流失两种。量的流失是指每年流失的销售人员占总销售人员的比例;经验表明,销售人员流失率每年控制在5%~10%对企业而言就不会伤害到已建立的市场平台,如果超过这个比例就有可能损害市场平台。质的流失是指核心销售人员的流失。对企业而言,关键销售人员的流失对企业市场平台的影响要大于量的流失的影响。具备上述四个要素的销售人员就是企业的核心销售人员。留住核心销售人员就可以对冲或弥补销售人员量的流失对市场平台的影响。对一个企业而言，如果销售人员量的流失与质的流失同时发生，其对企业市场平台的损害将是毁灭性的。下述的案例充分证明了这个观点。

2003年，艾默生公司收购并整合了华为技术旗下的安圣电气公司并借助安圣电气的市场平台发展在中国的数据中心基础设施业务，当时在中国的数据中心基础设施市场有以下四个主要的相互竞争的国际品牌：梅兰日兰、埃克塞、海洛斯和艾默生；梅兰日兰的大UPS市场份额第一、空调的市场份额第一；埃克塞的大UPS的市场份额第二；海洛斯的空调份额第二；艾默生的空调第三，大UPS份额第三。2008年，艾默生的大UPS、空调市场份额第一，梅兰日兰的大UPS第二，梅兰日兰的空调第二，埃克塞的大UPS份额第三，海洛斯的空调第三。中国的数据中心基础设施市场供应商的位置在5—6年间发生翻天覆地的变化。导致这种变化的关键因素不是国际品牌的本地化制造，不是产品技术的差异性变化，而是这三个国际品牌在中国进行收购重组中呈现的不同的人员流动率特别是销售人员流动率的变化。艾默生公司在收购安圣电气后完整地保存了安圣电气的原班人马并一直保持低于2%的人员流失率；梅兰日兰在被施耐德收购后发生了两次超过50%的销售员工流失率（由两次更换高层领导引发）；埃克塞在被易顿收购前因道德问题更换领导引发超过30%的销售员工被动性流失率，在被易顿公司收购并与山特公司整合后发生超过50%的销售员工流失率。艾默生以自身的稳定为基础利用两个竞争对手的市场人员反复动荡的机会攻城略地，将其市场地位由第三提升到第一的地位。

核心销售人员的保留需要复合性的人力资源计划，需要从薪酬政策、职业生涯计划、职业培养计划和文化包容等方面着手，因人而异地选择性执行。这里不做具体讨论。

第十五章
营销的客户服务管理

　　客户服务是企业品牌构成要素的重要组成部分，是客户满意度和客户忠诚度的基础构件，是企业从客户处获取长期收益的必要条件。

　　客户服务是产品销售的延伸，企业可以依托于产品销售为客户提供基于产品的巡检、维护和升级等服务。客户服务也可以独立于产品销售之外，而成为独立的销售业务。基于解决方案的服务就是独立于产品销售之外的客户服务，这种服务卖给客户的企业的技术能力和交付能力。一个产品开发、生产制造型的企业在发展的过程中天然地会形成企业的能力DNA，基于这个能力DNA就可以为客户提供基于解决方案的服务，如咨询服务、设计服务和工程总包。这种服务中虽然也有产品，但企业不会特别关注有没有自己企业的产品，因为企业卖给客户的是基于功能或性能的产物，而客户需要的也是一个系统或功能。产品型的企业提供解决方案的服务相比工程型的企业更有优势，因为产品型企业更懂产品，并且还有自有产品，在成本竞争方面具备领先优势。

　　客户服务销售的是企业的能力DNA，因此企业可以基于自身的能力DNA进入与能力DNA相匹配的市场，从而拓展无边界的服务，扩大企业的服务赛道。例如，从事数据中心建设的企业可以基于电力电子技术、空气调节技术和软件管理技术进入工商业、进入新能源和零碳园区等新场景。

1. 何谓服务

服务是指企业为客户做事，使客户从中获益，企业同时从客户处获得有偿或无偿回报的一种活动。这种活动主要不是以实物形式满足客户需求，而是以劳动形式满足客户需求。

服务是企业面向客户的市场活动不可缺的组成部分，是企业附着在产品上的连带责任。它的基础责任是保障客户的利益，在客户需要的时候及时履行基于买卖合同约定的责任，这些责任有些与所销售的产品直接相关，有些是间接相关。与产品直接相关的责任是及时恢复所提供产品的功能和性能，所有销售合同中的产品免费保修期就是对免费履行该责任的承诺；与产品间接相关的责任是围绕正确使用和维护产品客户所必需的技能培训，诸如产品使用的操作流程培训、产品维护流程的培训、产品使用环境的要求，等等。

企业提供给客户的服务从来就不是"免费的午餐"，对企业而言，服务是有巨大成本支出的行为，为了能够及时响应客户的服务需求，企业必须围绕客户的区域分布来建构贴近客户的服务网络。在企业为客户提供服务所支付的成本中，服务网络的建设及其维护的成本是最大的服务成本，其中涉及服务的人工成本、材料成本、交通成本、工具与仪器的使用成本、支撑服务业务的场地成本等，而服务的人工成本是按技术能力分等级的，技术等级越高，其人工成本就越高。市场上所谓的免费服务只是一种羊毛出在羊身上的游戏，"免费服务"的成本其实已经包含在所提供产品的价格中。

服务的衍生功能是将服务作为一种独特的产品进行销售的功能。这是服务的高级功能。在产品技术逐渐去高科技化和去差异化的今天，唯有服务可以持续保持差异化的特质。这就是 IBM 公司将解决方案（SOLUTION）销售放在服务部门的重要理由，因为将服务作为产品进行销售，其本质上是一种帮助客户解决业务问题的顾问式销售；这种销售的最高境界是以用软件支撑的理念和功能基于硬件架构一揽子地交付给客户。

2. 服务网络的构建原则

将服务机构的设立贴近客户是所有企业建设服务网络的基本原则。基于这个原则，采用直销的企业，其服务机构的区域或行业部署几乎与销售机构同步并相伴部署；在以分销方式进行市场行为的企业，则采用合作的方式建立和部署全国性的联保服务中心来贴近客户，企业自己则建立服务支持中心来支持各地联保服务中心的工作。有些采用分销方式的企业`，则是在目标区域或行业建立自己的面向终端客户的服务机构，以分销渠道进行产品销售，以企业直接服务的方式贴近客户。

服务网络贴近客户的部署是企业取悦客户的一种竞争策略。贴近客户部署服务机构，意味着可以在地理位置上解决快速响应客户服务诉求的问题，同时也向客户提供了可视的服务保障。服务机构不仅意味着有服务人员的部署，也意味着有备品备件和维护设备及维护工具的部署。

服务网络及服务资源的部署规模与销售网络及销售资源的部署规模在企业的不同发展阶段，其相互之间的配比关系也是不同的。在创业型企业发展的初期，一定是销售资源和网络的部署规模要远大于服务资源和网络的部署规模；因为，企业的产品在客户端的使用少，可维护的设备少，此时的企业运营的重点是如何更快地增加销售规模。在快速成长的企业发展阶段，服务资源和服务网络的规模几乎与销售资源和网络的规模同步增长。此时，企业需要以强大的服务资源和网络支撑销售扩张所需要的大众客户的口碑和品牌认可。此时的服务资源和服务网络已成为企业品牌和企业竞争不可或缺的重要组成部分。在成熟的企业发展阶段，服务资源和服务网络要大于销售资源和销售网络的扩张；其一是因为经过多年的销售成长，在线使用和需要维修和维护的设备数量要远远大于企业的当年销售量；其二是因为到了这个阶段，服务已不仅仅是产品销售的支撑和保障，服务本身已独立成为一种可以单独销售的产品；此时的服务部门已不仅仅是设备的维修和维护，服务部门已发展出独立的服务销售业务的部门。

3. 服务渠道与服务资源的多样性组合

服务在企业发展的不同阶段对企业的财务意义是不同的。处于创业阶段的企业，尽一切可能卖出产品并收回货款是最重要的事情，企业为了弥补品牌影响力和产品竞争力的不足，往往以赠送服务作为代价。民用消费品的典型促销口号是"实行三包"：包维修、包换货、包退货。"三包"口号向客户传达的信息是"请放心使用我的产品，一切问题都由我免费解决"。工业品典型的促销方式是在标准的一年免费维保之外再赠送若干年的维保；走极端的企业甚至承诺送 10 年免费维保。这个承诺意味着企业要负责产品的终身免费维保，因为电子类产品使用 8 年，其在财务上就已经折旧完毕。

企业对客户的维保承诺是对客户的法律层面的责任，这种责任一定是需要付出成本的，且这个成本通过产品的销售价格的形式转嫁给了客户，即羊毛出在羊身上。只是企业实际支付的承诺成本在企业间是有差异的。品质好的产品在承诺期内所付出的维保成本很少甚至无付出。品质差的产品在承诺期内需要付出的维保成本较高，甚至可能消耗产品的利润。如果出现这种情况，无道德的企业就会违约，严重的甚至会宣布破产。所以，市场中就有了大企业在维保上只做尽可能短的有限承诺，而小企业则敢于做长期的无限承诺的现象。大企业要么不承诺，一旦承诺就必须兑现，因为大企业的违约成本太高。小企业敢于做无限责任的承诺是因为它首先要保证今天能够获得订单活着，至于履行承诺的责任到时要看看有无兑现承诺的能力。

显然，服务首先是个成本中心，建设和部署服务网络需要付出成本，维护服务网络需要付出成本，履行服务承诺也需要付出成本。如何以最少的成本来最有效地建设和部署服务网络，以最经济的资源来配置服务资源就是企业进行产品销售盈利性管理的一项重要的运营管理工作。

实践表明，企业自建和部署服务网络是成本最高的一种方式。这种成本是由人工、场地租金、维护用的设备与工具、备件库存和运营费用等累积而成。如果部署服务机构所在地的销售业务量所获得的盈利不能够支撑服务机构的成本，企业就必须考虑选择其他方式来建设和部署服务网络。

4. 服务质量的检验标准：客户满意度

企业在发展的初级阶段，是将服务定义为一种支撑销售可持续增长的手段。在这个阶段，由于企业的业务太少，知名度太低，客户无法对企业做出认知，也就谈不上对企业的满意度。但随着客户使用企业的产品，客户对企业的满意度的认识就开始逐步生成，起初是对产品的满意度，随后是对企业所提供服务的满意度，只有当前两个满意度在客户群中形成一定的共识之后才有对企业满意度的判断。

前面已经讨论过，令客户满意的服务可以弥补产品质量上的不足，因此图谋发展的企业都会或多或少地通过提高服务的客户满意度的方式来提高客户对企业的满意度，从而提高客户对该企业的产品的重复购买率，继而提高既有客户对企业的购买忠诚度。

从事 B2B 业务的企业在提高服务的客户满意度上有诸多措施：除前面提到的向客户提供免费维护期外，还会向客户承诺提供 7×24 的全天候服务、6 小时内响应客户的维护诉求、承诺 12—24 小时内到达维护现场、承诺提供客户培训，有的还会承诺在免费维保期内提供定期的设备巡检。

当然，企业向客户的服务承诺是一回事，企业的实际服务付出和服务表现是另一回事，客户感受到的企业所提供的服务则更是另一回事。所以，希望提高客户满意度的企业为了真实地了解客户满意度的现状，一般都是通过聘请第三方的专业调查公司从终端客户处了解满意度的情况。这里的终端客户不仅是使用该企业产品和服务的客户，同时也包括使用对手产品和服务的客户。企业可以从自己的客户处了解对企业的产品和服务的不满意项和需要改进项，可以从对手的客户处了解不购买本企业产品和服务的理由。前者对留住老客户很重要，后者对发展新客户很重要。

客户满意度是企业市场可持续发展的基础。狭义的客户满意度是指客户对企业服务行为的满意度；广义的客户满意度是企业行为的满意度。因此，在客户满意度调查上是有广义满意度调查和狭义满意度调查之分的。狭义的客户满意度调查，一般是了解客户对企业所提供的服务内容、服务的可获得性、服务的响应速度、服务收费、服务的专业水准、服务人员的素质等方面的评价。广义的客户满意度调查，不仅需要上述的对服务的满意度调查，还要包括对企业所提供的产品满意度的调查和市场行为方面的满意度调查，如产品的质量、功能、性能的评价，产品可获得性上的评价，产品价格的评价，产品对应用的不满足项的了解，产品货期的评价，对与竞争对手产品和服务的对比性的评价；如对产品推广和客户交流的评价，对企业所提供的产品和服务信息完整性及信息渠道有效性的评价，等等。

总之，企业检验服务质量的终极标准是狭义的客户满意度。这个满意度关系到企业市场销售发展的可持续性。

5. 作为成本中心的初级服务

企业服务业务有初级功能和高级功能之分。初级功能是围绕所销售产品进行的工程安装和免费维保期内的维护服务。高级功能是在前期成功进行产品销售的基础上将服务作为一种独立产品继续对客户进行后续收费服务销售。

服务的初级功能之一是为产品应用保驾护航。工业设备一定要通过安装调试后才能使用的，有的甚至要实现和其他设备的关联互通互动后才能使用。所以，从事B2B业务的工业设备制造企业一定要有工程技术团队来实现服务功能。工程技术团队成员至少要履行设备安装的工程项目管理角色（Project Management）、工程督导角色和设备运行调测的角色。

工程项目管理角色要求角色扮演者在规定的成本之内按质量按时地完成设备安装和设备运行调测。工程督导角色要求角色扮演者按照工艺和质量标准来监督和指导设备安装和施工团队的工程行为。设备运行调测角色要求角色扮演者按照产品的运行操作标准首次开启设备运行，保障设备在规定工况环境下的稳定开启运行。而工程施工角色未必一定由企业的工程技术团队的成员来扮演。业界越来越多地选择工程施工外包的方法由第三方来扮演，以降低企业在工程技术上的刚性成本。将不增值的工程安装由自己实施的刚性成本转化为外包施工的弹性费用。因此，一个设备工程无论施工规模有多大，企业最少可以派一个项目经理（PM）来解决设备的安装和调试运行问题。

设备安装无论是企业自己的工程团队还是外包的工程团队来实施，除工程质量控制难题外,最主要的是成本控制;质量控制只要工程项目经理是个合格者,是不难达成目标的,即便工程极其复杂,只要在工程实施团队中明确质量和工艺控制的角色就可以最大限度地达成控制目标。工程实施中最难控制的是成本。原则上,工程成本各地方有不同的定额标准,之所以不同,是因为各地的人工成本甚至材料成本是不同的。工程成本除有定额标准的差异外,还有工程界面上的差异,而工程界面的差异是最大的。如果销售人员在含有工程的产品销售合同中,如销售人员在交钥匙工程的合同中不能够签出工程界面清晰的合同,一般都会导致合同亏损。因为,在工程实施的过程中企业会被迫增加合同外的工程材料,工时甚至是追加额外的设备来完成工程交付。所以,有经验的企业,会派有市场经验的项目经理去负责工程界面不清的合同交付,这个工程项目经理很重要的一个职责是与客户沟通,对客户提出的额外的界面要求和新的需求追加工程合同,以确保工程实施不亏损。有的企业甚至利用这种工程实施中的工程要求的可追加性,在合同投标阶段故意压低工程价格来获得合同,再在工程实施过程中追加回工程合同以保证合同能够盈利。当然,敢这样做的竞争企业一般都有较强的客户关系的支撑和具有工程销售倾向的项目经理来实施工程。

  工程材料和辅件的品质要求也是影响工程成本的重要方面。参与投标的企业如果不能恰当地读懂招标书中对工程材料和辅件的品质要求,或者是超过招标书实际的品质要求投标,其价格高于对手而失掉合同,或者是以低于招标书实际要求的品质投标,虽然以低价赢得合同,但会因为工程通不过验收标准而返工从而导致亏损。

  工程设计的精细度也决定了含有工程的销售合同的成本竞争力。经验表明,工程设计得越精细,其对工程材料的需求计算和工时计算就越准确,其工程成本就越低。

  对总包工程,业界已设计出专业的软件来解决多专业、多系统的组合工程中的工程材料和工时预算。这种软件帮助企业解决组合设计中的过多的材料冗余或不足,各专业、各系统在交织空间上的冲突,工时的过多冗余或不足的问题,从而保证含有工程交付的销售合同的工程成本的准确度,既有利于合理定价支持销售竞争,也有利于在工程实施中的坚守工程界面,降低工程界面中不可预知的成本追加,更有利于对客户提出额外的界面要求或新的需求进行工程合同的追加。

产品质量保证期内的服务交付也是作为企业的成本中心来定位的。因为在产品的销售价格中将维保期的免费服务作为可能发生的成本计入产品成本中,所以维保期内的服务交付是需要按预定成本的要求来向客户交付维修/巡检服务的。在这方面,提供服务的交付人员的技术水准和维修能力是成本控制的关键,一次性地在现场解决维修维护问题,在一次的巡检中能发现运行中的设备存在的问题并及时做预处理式的维护,这些都是低成本的交付质量保证期内服务的有效成本控制手段,同时也是提高客户对企业服务满意度的有效手段。

作为营销手段的服务一般是处于初创市场或开辟新市场阶段的企业所采用的手段。这种手段的核心是免费服务,是以送服务作为产品销售的促销手段。如果市场上老供应商给客户提供的是一年维保,采用这种策略的企业则会通过提供3年或5年甚至终生维保的方式来努力夺得合同。当然,采用延长免费维保期的方式会相应提高产品的成本并降低产品毛利。采用这种策略的企业的产品故障率如果足够低,则未必会降低产品的毛利,在这种情况下延长免费维保主要是一种满足客户心理的承诺,企业实际支付免费服务的成本要比所承诺的成本低得多。当然,任何促销的手段都各有利弊;延长免费维保期即便没有增加产品的实际成本,但也是以丧失免费维保期后的服务销售机会为代价的。业界通常的做法是服务销售的定价要高于产品销售的定价,服务销售的毛利也高于产品销售的毛利。以延长免费服务的维保期来促销是以牺牲未来的高毛利服务销售的机会为代价的。

6. 作为利润中心的高级服务

将服务作为产品销售给客户是所有成熟企业的愿望和企图。起初,服务是作为产品销售的延续而存在的;其后,服务开始作为独立的产品形态而发展。注意,这里讨论的服务不是作为国民经济中第三产业形态上的服务业,而是企业在产品销售基础上发展起来的一种销售形态。

初级服务销售是基于产品销售的延续而自然衍生出的服务性销售,如对产品的易损件销售、需要定期更换的配件销售、设备容量不足时的扩容性销售。备品备件销售可以打包在产品销售中一同销售,客户更喜欢这种采购方式,因为可以将备品备件的价格与产品拉平在同一水平线上进行采购。作为产品销售人员，为了能够得到产品合同也会屈从于客户的要求。但作为企业，宁愿让服务人员做备品备件销售，两类销售人员即便是面对同一个客户，只要所销售的东西不可直接类比就可以差异报价和差异议价。这种差异报价和差异议价的结果是由服务团队对所销售的备品备件价格一定高于产品销售人员的备品备件的销售价格。服务人员采用的小额而分散的备品备件销售策略是保持服务销售价格高于产品销售价格的秘诀。

扩容设备的销售既可以由产品人员进行，也可以由服务人员进行。道理同前，笔者更倾向于由服务人员进行设备的扩容销售。因为产品的市场价格整体上是逐年下降的，扩容所需的产品一般是老型号的产品，而这种产品届时或者价格已经降得很低或者已经退市，如果让承担销售产品的销售人员购买，销售人员一般都会屈从客户以最新的低价来销售扩容产品的要求，而由服务人员销售则可以避免产品销售人员在价格谈判上的完全从属地位，客户在服务上还是有求于服务人员的。

旧设备的改造理所当然应该由服务人员进行此类销售，这种销售的基础是老设备利旧和设备大修，而非用新设备替代。如果用新设备替代方式进行旧设备改造，则此类销售就会从服务销售转成产品销售。企业对旧设备改造的销售要有明确的销售策略，以免产品销售团队和服务团队之间产生内部竞争而损失价格和利润。

脱离了产品本身属性的服务销售是中级水平的销售。这种服务销售是真正意义上的服务销售，如产品维修销售、产品维护销售、产品使用的操作培训销售、产品代维护销售、产品性能测试与评估的销售，等等。之所以被称为真正的服务销售，是因为这种服务销售与产品销售之间的区别在于如果产品销售的是汽车，服务作为一种独特产品的销售则是汽油。汽油销售与汽车销售有关联，但不是同一种产品。而初级的服务销售则是产品本身的部分部件。中级的服务销售是以销售劳动为内容的，是一种带有一定技能和经验的劳动力的销售。

单次维修是最基本的中级服务销售。这种销售按次向客户收费。企业对服务按次收费的定价要高于约定期间的维保定价中的单次服务定价。分10次的单次维修或维护的服务价格要高于一次性签署维保合同中的10次维修或维护的价格。这种定价的目的是要撬动客户接受维保合同。维保合同对企业而言是一种预付费形式的服务业务，企业在付出服务前已先从客户处获得服务款。这种合同在服务销售中被称为长期合同，其服务销售的确认原则是分期计入销售，而非按实际服务次数计入销售。长期合同的本质是客户购买的是预期服务，这种服务只有到设备发生故障或问题时才实际发生，如果设备在维保期内一切正常，则没有实际的服务交付的发生。所以，长期维保合同的销售收入确认是按分期确认而不是按次确认。那些未确认的长期合同的收入在财务上暂时记为负债（相当于是向客户借的款），只有分期确认销售收入之后，这种负债（借款）才能转为服务的销售收入。

服务销售中的代维护服务是另一种意义上的长期维保服务，所不同的只是这种维保服务带有保姆性质，提供代维护服务的企业要派人值守在客户处时时关注并及时处理设备运行与维护中的问题，保障客户购买的设备正常运行。不雇用设备维护人员的企业一般会向企业购买代维护服务，对购买服务的企业来说可以降低设备维护的刚性成本（少养维护人员），并将这部分刚性成本转化为维护费用。代维护合同的销售收入的确认原则与维保合同一样，是按分期计入的原则进行确认的，在财务报表上的处理原则也同维保合同完全一致。

对运行设备进行健康状况检测和评估的服务销售也是一种中级的服务销售。从事该种服务销售的人员一般是资深设备维修与维护人员。这类人员对设备是否正常的诊断就像中国的中医那样通过"望、闻、问、切"的方式就可以做初步的问题判断，在签署服务销售合同后再用仪器或设备进行确切的问题发现与定位，继而向客户提供处理或整改的建议。业界有人将测评或评估性质的服务销售比喻为钓鱼式服务销售，因为后续对问题的处理和解决所进行的是维修维护或改造和系统优化性质的服务销售。

作为高级的服务销售，其销售的内容已经完全脱离依附于企业的产品及解决方案销售形态，而是百分之百地将服务作为一种全新的独立产品所进行的销售。例如，卖美容美发工具是产品销售，卖美容美发工具的备件和配件的销售是初级服务销售，卖如何使用这些工具的培训和卖美容美发工具的维修和维护则是中级服务销售，而卖如何美容美发的理念和方法及工艺的销售则脱离了美容美发工具的高级服务销售。

其实，产品销售的高级阶段就是高级服务销售。在充分竞争的市场里，任何一个产品包括高科技产品在内都逃不脱最终同质化的命运。同质化产品的竞争本质上是价格竞争，所有的企业从市场上可获得的利润只能是平均利润。为获得高于市场平均利润的利润，企业就会试图通过增加产能来降低单位产品的成本，并要求市场部门将扩产而增加的产品全部卖出去；市场部门为增加销售会引发新一轮的降价来挤占竞争对手的市场份额，竞争对手为保住原有的市场份额也会以降价来回应。结果，单位产品的整体市场价格一路走低，市场平均利润也越来越低。当一个企业销售产品的边际利润等于边际成本时，企业依靠扩产降低成本的能力也就用尽了，当所有参与竞争的企业都走到这一步时，就丧失了盈利能力。在这一过程中就会有企业退出这个市场，市场供给逐步减少。这种状况直到市场的供给小于需求时，企业通过涨价来改善利润才有可能。而这个结果的到来是以许多供应商的破产或转行为代价的。市场上没有哪家企业能准确地预言本企业就是可以通过涨价来改善企业盈利的企业。所以，大凡发展到一定规模的成熟企业的管理者都在探索在充分竞争的市场能够回避同质性价格竞争的方法。

迄今为止的市场实践表明，唯有高级形态的服务销售才有可能在充分竞争的市场里阻挡单纯的价格竞争。高级形态的服务销售本质上是用某种理念、概念及其与之匹配的方式方法来帮助客户确定所要解决的难题的根源，并提供解决方案的非物质形态的产品销售。这种非物质形态的产品是差异化的，可以模仿但无法复制的一种只对特定客户有效的产品。

在这个方面迄今为止做得最成功的是IT行业的IBM公司。该公司在IT行业的硬件上以小型机和刀片式服务器著称，在软件上以形形色色的应用软件著称，但IBM最著称的是其对IT应用的咨询服务。IBM咨询服务的核心是教育客户如何通过IT这个现代化的工具来降低客户的运营成本、提高客户的盈利、改善组织的绩效，以少的人做多的事等。业务咨询可以始终保持其差异化的本质：其产品的边界是可变的，产品的内涵是多样化且可变的，产品的交付形态也是差异化且可变的。所以，即便是在充分竞争的市场上，高级形态的服务销售也是可以阻挡纯价格竞争的。

成功的高级形态的服务销售是解决难题的灵魂销售。这种销售会在相当的程度上左右客户在解决难题上所采用的逻辑及其方法。IBM在这方面的经典语言是"软件包驱动的革命"。IBM公司的业务模式是以咨询服务销售为先导，在成功说服客户接受其处理难题的逻辑和方法之后再启动产品及解决方案的销售，将软件及其软件所要附着的硬件架构以交钥匙工程的方式一起销售给客户。

所以，高级服务销售的成功发展会衍生发展出保姆式的业务：以咨询服务为先导，继之提供一体化的解决方案销售，继之跟踪该客户的新需求，再提供新的解决方案，依此往复，牢牢地抓住该客户，成为该客户不可或缺的业务发展的保姆。

"成为客户不可或缺的业务发展的保姆"，这是所有渴望获得持久发展的企业的梦想与愿景。但只有少数企业能达成这个愿景。企业要实现梦想除需要相当的技术、资本和人才实力及业界口碑支撑外，还需要合适的企业文化的支撑。这种文化是一种真正的以客户为中心来组织企业资源认识和理解客户本质需求并提供理念、概念、逻辑、方法及其解决方案的服务文化。

第十六章
以财务为准绳的营销管理

营销是企业研究客户需求，寻求创新解决之道的灵魂。这个灵魂根据企业生存环境的变化和企业自身的应对能力来驱动企业采取合适的方式调整内部的资源以应对外部市场环境的变化，或驱动企业进入或退出某个市场；或驱动企业延长或缩短产品线；或驱动企业放弃或采用某种商业模式，以帮助企业适应外部市场环境的变化，从而确保和提升企业的市场地位。

营销人员是企业发展的瞭望者、吹号者和指路人，关注市场的发展趋势和行业动态、洞察技术前沿和国家宏观政策影响，并为企业的产品开发或进入某个新领域指明方向。但是，营销人员并未做到先知先觉，也就意味着所有的营销洞察不可能完全正确地成功落地，即便在营销的指引下企业的发展方向走对了，但是否成功最终要看财务数据。能够变现，并为企业带来盈利的营销才是成功营销。

因此，企业在营销的指引下所做的所有创新或变革是否成功的唯一检验标准就是企业能否从这些创新或变革中获得预期的业务盈利性。财务上的业务盈利性指标才是检验营销成效的准绳。企业不仅要获得销售规模的再次扩大，而且要有销售利润的显著增长。这样的企业才有能力和机会进行新一轮的创新和变革。

1. 营销管理成效的四重财务检验指标

打开任何一家企业经营的损益表，判断该企业经营状况的四类关键指标就呈现在你的眼前：第一是销售额（SALES）及其同期变化，第二是毛利（GP）和毛利率及其变化，第三是期间费用（SG&A）和期间费用率及其变化，第四是业务运营利润（OP）和运营利润率及其变化。

销售额是检验营销成效的基础指标，它背后折射的是企业市场份额的大小（反映企业市场地位的指标）和市场需求的大小。一旦企业的销售额达不到预期，或者是企业的市场份额降低了，或者是市场需求减少了。对前者，营销和销售团队的管理者就需要从产品的竞争力、品牌和产品价值针对目标市场的宣传力度、销售渠道覆盖目标市场的有效性、销售渠道对目标客户的触及度，以及客户的满意度上去找原因并解决这些影响。

产品的销售毛利率（产品销售价格与产品制造成本之间的差占产品销售价格的比率）反映产品在目标市场的盈利能力。市场有高端、中端和低端之分，在这些目标市场的市场平均毛利率也有高、中和低之分。如果企业在目标市场所获得的产品毛利率低于目标市场的平均毛利率，企业营销就需要从产品成本竞争力上寻找问题并设法解决这个问题；企业的销售管理者就需要从定价、价格控制上，从实际销售的目标市场与产品开发时所针对的目标市场是否一致上寻找问题并设法解决这些问题。

业务的期间费用率反映的是企业在业务投入与业务销售收入上的占比关系。这种占比关系在各个行业之间有较大的差异，但在同一行业之内则能真实地反映企业的经营效率。每个行业都会有这方面的企业标杆，如果你不知道企业标杆，其最简单的判断就是期间费用占销售收入的比重越低则企业的经营效率就越高。

需要注意的是，期间费用率的高低即便对同一企业在不同时间段的表现是波动的，其波动的根源是销售量的变化，在相同的期间费用额下，销售额越大，期间费用率就越低，反之期间费用率就越大。此外，更要注意的是，期间费用在很大程度上反映的是企业的开拓性资源投入，因为企业的研发投入，企业的市场、销售和服务投入，企业的行政平台投入都反映在企业的期间费用上。过高的期间费用会使企业丢失效益，过低的期间费用会使企业削弱甚至丧失业务的创新和开拓能力。所以，在解决企业期间费用过高的问题上，最有效的方法是解决企业的开源问题（解决扩大销售额问题），只有在无法解决开源问题时才考虑节流问题（降低企业的期间费用问题）。

企业运营利润率既是检验企业运营最终成效的指标，也是检验企业营销工作成效的指标。企业运营利润率是企业的业务（产品）毛利减去企业期间费用之后的差占业务（产品）销售收入的比例。在销售收入既定的情况下，毛利率和期间费用率是决定企业运营利润的关键。所以，在企业的经营管理中，改善业务（产品）的毛利率、降低业务（产品）的期间费用率是改善企业运营利润率的关键。在业务（产品）的毛利率和期间费用率既定的情况下，提高业务（产品）的销售收入就是改善企业经营销售率的关键。

可见，改善企业的经营效率绝不是企业某个领导、某个部门的事，而是企业所有领导、所有部门和所有员工的事。

2. 产品销售、毛利与利润之间的关系

在营销人员的眼中，产品销售是皮，产品毛利是毛，产品运营利润是基于产品销售和毛利上的盈利品质。因此，无论企业如何将自己定位在何种细分市场，销售额及其检验企业在目标市场上地位的市场份额指标永远是企业盈利性中的第一重要因素。没有销售额（量）和市场份额的基础，企业的毛利和运营利润就是无源之水、无本之木，也就谈不上毛利的改善和运营利润的提升，企业管理的所有利润改善的努力都必须围绕一定的销售额（量）和一定的市场份额来进行。凡有实际销售和销售管理经验的人都明白，在产品的性能/功能/质量和销售渠道特性确定的情况下，产品销售价格是决定企业销售量和市场份额的关键竞争力。

因此，以市场定价原则来确定企业的产品定价可帮助企业获得目标销售额（量）及目标市场份额，与此对应的产品毛利率水平，不是靠市场提价来实现，而是要靠企业内部通过开发的产品优化和供应链系统的成本降低来实现。通过开发来降低产品的成本有以下两条路可以走，一是对产品的部件或器件的替代

来降低成本，二是采用新的技术来降低成本。前一条路比较好走且快速，但不持久，因为靠产品部件和器件替代来降低产品成本的空间是有限的；后一条路比较难走，但可持续降低成本，但它需要企业具备真正的创新能力；企业的开发创新能力既决定企业能进入何种细分市场，又决定企业在目标市场内的盈利能力。

企业运营利润的提高可以在提高销售额（量）和提高产品毛利率的单个维度和双个维度上来实现。在毛利率既定的情况下，提高产品销售量就可以提高产品的运营利润，因为产量的提高可以分摊和减少单位产品中的固定成本和期间费用。在销售额（量）既定的情况下，企业可以通过降低单位产品的成本和企业的期间费用的方式来实现。但这种节流不开源的方式在企业利润改善中只能是短期的不可持续的改善利润的方法。企业只有通过提高开发创新能力，通过采用新技术的创新开发来降低单位产品的成本，同时在支持市场竞争定价的基础上，通过改善单位产品的毛利方法来实现可持续的产品利润改善。

3. 营销视野中期间费用的功与过

在销售额（量）既定的情况下，企业期间费用的高低决定企业的盈利能力。期间费用本质上是企业为支持产品销售和服务并实现盈利所必需的平台成本（不包含企业的固定资产）。这个平台成本主要由开发人员、市场人员、销售人员、服务人员、财务人员、行政人员和管理人员的人头雇用成本和履行岗位责任所需要的费用所构成。可以说，企业的期间费用也是企业盈利所必需的"能力成本"。各行各业的期间费用水平（期间费用占销售收入的比重）是有差异的，而且每个时期、每个行业都有自己的期间费用率的标杆企业。此外，期间费用作为能力成本的概念是相对概念而非绝对概念，期间费用率是期间费用额占销售收入总额的比例。在同样的期间费用额的情况下，销售收入的增加会自动降低期间费用率；因此，在相同的销售额和相同的毛利率下，产品销售的运营利润就会提高。反之，在同样的期间费用额的情况下，销售收入的减少会自动提高期间费用率；因此，在相同的销售额和相同的毛利率下，产品销售的运营利润就会降低。

企业通过降低企业期间费用来改善产品的运营利润的方法本质上是通过降

低企业的能力成本水平来达成利润水平。这种利润改善的方法是短视的，只能短期应急性地使用，不可长期使用；长期使用降低期间费用的方法，会逐步使企业丧失应对市场环境变化的能力。企业降低开发的费用本质上就是减少开发人员数量，降低市场和销售费用超过一定的度就是减少市场和销售人员。前者的成本规模对创新能力很重要，后者的成本规模对增加销售额（量）很重要。

企业的期间费用是企业的能力平台，在企业经营上可以将其"视为能力固定资产"。期间费用率高低的问题也是企业对能力固定资产的利用率的问题。当固定资产的利用率充分时，企业的运营利润就好；当这个固定资产得不到充分利用时，企业的运营利润就会变差。因此，企业运营利润改善的长期改进方法不是削减现有的能力固定资产，而是提高企业能力固定资产的利用率。所以，理性的企业管理者在通过降低企业的期间费用来改善企业运营利润的决策上要谨慎，即便是万不得已需要通过降低期间费用的方式来改善企业的运营利润，也要遵循保持开源能力、保住创新能力、压缩非增值性成本的方式来进行。企业即使在做收缩性业务的市场退出性的决策时，也要遵循先压缩行政后压缩开发资源，最后再压缩市场与销售资源的逻辑进行。

4. 库存与资金周转率之间的平衡关系

自从日本企业提出精细化管理概念以后，零库存已成为企业运营管理者所追求的理想目标。然而这个目标太完美了，完美得在现实中很难做到，极少有企业能达到这个要求：准确的销售及发货计划，准确地制造资源的配置，准确地供应资源配置与就近部署，稳定可靠的物流环境和制造环境，而且还需要上述各环节天衣无缝地有序衔接。

从营销视野来看，既然企业的供应链管理难以完美到以零库存来100%地满足市场供应，那么必要的库存就会成为保证市场供应、缓冲企业内部供应管理缺陷所不可缺的制度性安排。企业管理者要做的不是消除库存，而是如何以最低的库存来满足市场供应。

因此，库存要占用企业的资金，而企业资金利用效率的衡量指标是资金周转率，周转率越高，资金的使用效率就越高，反之就越低。100元的资金如果每月可以循环一次，一年就可以用100元的资金实现1200元的销售。理想的资金循环使用是：及时采购、及时生产、及时发货、及时收回货款，再采购、再生产、再发货、再收回货款……然而库存本身会降低企业的资金使用效率，产品在仓库中滞留的时间就是资金在仓库中的滞留时间，从而减少了资金的年度周转次数，库存量越大在仓库中滞留的时间越长，对资金周转率的负面影响就越大。所以，企业管理者需要在满足市场的及时供应和压低库存之间取得一种平衡，以最低牺牲资金周转率的代价来换得及时供应的客户满意度。

要解决这种平衡关系，企业必须做出制度性的安排，如建立跨销售、计划与供应链多部门的"销售与运营"的虚拟管理组织来负责这种平衡关系的评估与把控，并定期地组织"销售与运营会议"来及时发现两者之间的失衡并及时做出调整。

更严格地衡量企业运营效率的财务指标是资产收益率的指标，该指标衡量的是企业单位资产所支撑的单位销售利润，衡量的是企业的盈利性及其盈利能力。杜邦分析法揭示了其中的逻辑及其规律。

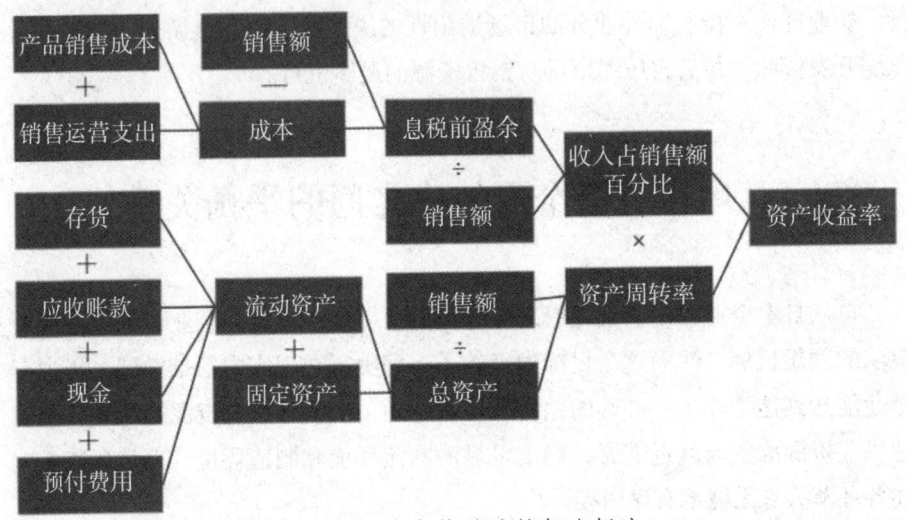

图16-1 资产收益的杜邦分析法

杜邦分析法告诉企业管理者：销售额、成本、流动资产、固定资产是构成企业资产收益率的四个组成要素。销售额与销售利润之间的关系决定销售的盈利性水平，销售额与总资产之间的关系决定资产周转效率，而销售的盈利性与资产周转率之间的关系决定企业的资产收益率。企业要使资产收益率最大化，第一个要素是尽可能地增加销售额（开源），在杜邦分析法的各级计算公式中销售额都处于分子的地位，销售额越大其对应的除数就越大，相对应的效益就越好。第二个要素就是尽可能地降低固定资产，固定资产在企业的总资产中的占比越低越好，只有这样才能保证在销售额不变的情况下提高资产周转率。所以对于固定资产，国际企业界通常的做法是：能租用的绝对不买，能借用的绝对不租用。这就是当今在 IT 界所看到的境况：包括 IBM、HP、DELL、APPLE 等企业在内的主要 IT 设备制造商都把生产全部外包给中国台湾地区的富士康公司，从而将本企业围绕产品生产的固定资产降到最低，使本企业的资产周转率提到最高。第三个要素是改善产品的成本及其非竞争力构成要素的行政成本，这项措施用以在销售额不变的情况下提高销售的盈利性。企业也正是通过采取上述管理行为来改善和提高企业的资产收益率。

5. 灵魂与准绳之间的辩证法

营销之所以被称为企业可持续发展的灵魂，就在于营销首先关注的是企业的外部生存环境，依照环境对企业的生存能力的要求再审视企业自身的优势和劣势，并把企业的外部生存环境与企业的内部应对能力结合起来评估外部环境的变化给企业带来的威胁或机会，并在此基础上引导企业调整内部的资源配置和改善能力来消除外部环境对企业生存发展的威胁，并设法抓住企业发展的机会。

然而，就如同实践是检验真理的唯一标准一样，营销在企业发展中的灵魂作用不能证明自己的正确性，其正确性的唯一检验标准就是财务指标，就是财务报表中的销售收入、产品的销售毛利、产品的运营利润。营销在市场上的概念成功只有在给企业带来合适的销售收入、合适的销售毛利和合适的运营利润时，营销才算是真正的成功。营销的概念再好、再吸引客户的眼球，如果不能给企业带来财务上的成功，也是徒劳的。营销组织及其管理者要努力避免"好看不叫座"的概念创新，要审慎地评估和把握在实现营销新概念上的投入与产出之间的数量关系。否则，会把企业引入无法盈利的沼泽地。

营销职责履行好了是企业可持续发展的灵魂，职责履行不好，则会成为将企业引入泥潭的推手。财务上成功是检验企业营销成功的唯一标准。

第十七章
营销的市场团队建设

　　市场团队的组织和建设赢在营销基础。市场组织虽然在企业发展的不同阶段所扮演的角色或多或少存在差异，但永远不变的角色是：它是将企业与客户连接并将市场与研发连接的桥梁。

　　一个企业的营销组织一般设立在市场体系，市场体系包括销售组织、营销组织以及运营组织。营销的市场团队除了支持销售人员赢得订单之外，更多的是要抬头看路，看市场的发展趋势，关注业内的友商动态，洞察技术发展。营销人员抬头看路的成果传递到研发部门，为新产品、新技术的推出和老产品的升级或退市提供市场侧的真实的客户需求和行业走向。

　　企业的市场组织是随着企业的发展而不断发生变化的。企业作为一种社会组织与生命体一样是有其出生、成长、发展、衰落、死亡这一生命周期的。企业的生命周期或长或短。迄今为止，世界上生命周期最长的股份制企业超过120年，而最短的企业只有几个月。有研究显示，创业型的企业活过1年的不足80%，活过5年的不足5%，活过10年的不足2%。企业生命周期的长短完全依赖企业管理者能否敏锐地觉察市场的变化以及为适应这种变化所做的企业内部的调整。具有百年历史的企业一定是在觉察市场变化和自身能力调整方面具有超长功力的企业。

1. 营销在企业不同发展阶段的不同角色

企业要敏锐觉察市场变化就必须有一个制度性的角色或组织来担负这个职责。在企业发展的不同阶段，这个职责的承担者是不同的。

处于创业期的企业，扮演觉察市场变化的组织就是销售组织。销售组织的能力在企业发展阶段对企业的生存和发展起着关键作用，在制造型的创业企业是这样，在贸易型的创业企业中更是如此。因为，再好的产品也不会自动寻找客户，它需要一个桥梁把客户需求与企业的产品供给有效地匹配和连接起来，这个桥梁就是企业的销售组织。

工业型、初创型企业具有下列特征：仅有屈指可数的客户；企业管理者大都来源于做销售背景或做开发背景的创业者；由于没有品牌影响，企业所从事的销售基本是基于关系性的销售，企业的所有者或管理者往往是最大的销售经理，企业的客户大都与企业所有者和管理者具有良好的私人关系，企业的所有者和管理者直接操控和处理销售的所有关键问题。在初创期的企业，企业的所有者、管理者绝大多数是合二为一的，企业管理与市场管理和销售管理是合二为一的；因此，觉察市场需求变化及时调整企业竞争能力的职责也是合二为一地直接落在企业的老板身上。

初创型企业的成活率之所以低，其原因不仅仅出在对需求变化的敏锐度上，更多的是出在对市场的选择与自身能力及资源匹配上。在后一种情况下，即便是企业管理者敏锐地觉察到了市场的变化，也没有能力和资源来实现应对性的调整。正因如此，创业型企业的成活率极低，有学者把创业型企业称为草根企业，草根具有随生随灭的特性，因此有学者甚至称这类企业是"开关"公司，既随时开，又随时关的企业。

B2B 初创型企业所做的市场是关系型市场，这类企业与客户中的采购决策人物往往有私交，相互之间有信任关系，这种信任关系在很大程度上给初创型企业主带来创业机遇。这些企业起先大都是代理一些大品牌的产品与自己熟悉的客户做生意，在这一过程中了解和理解客户对所使用产品的满足与不满足之处以及产品的技术门槛，以此寻找本企业的替代策略，并尝试以自己开发的替代产品逐步替代原先代理的产品；如果成功，这个创业型企业就会逐步由贸易型企业向开发和生产型企业转化。在这一过程中，企业主几乎亲力亲为所有关键性的业务问题，企业无论在客户端还是在供应商端，抑或是在定价权上都处于弱势地位，而且对产业链的上游和下游两端的依赖度都相当高。

当初创型企业的业务从关系客户向外发展，其原先的关系客户对企业的贡献小于60%的时候，或者其原先的关系客户给企业带来的业务收入量可以与企业的全成本持平，企业通过发展新客户所带来的边际利润大于边际成本时，该初创型企业就进入起步阶段了。

该阶段的企业开始有广义上的客户基础，企业从不断发展新客户中获得日益增长的边际利润，企业自主开发的产品开始逐步替代边缘性产品或者自主开发核心产品来渗透边缘市场；企业的销售团队开始呈现发展新客户和维护广义客户关系的能力，企业主开始放手小的销售项目让销售人员独立去做，自己只关注大项目和重点的客户，企业开始形成独立的服务团队来响应和支持售后服务问题；企业的供应链也开始有了雏形，企业在代理品牌的基础上开始推出自己的品牌，这个品牌可能是创业型企业本身的，可能是服务的，也可能是产品的。总之，该阶段的企业已经开始有明显的独立品牌的意识，不再甘愿做大品牌的附庸代理。

当企业成长到能够开发细分产品来应对细分市场的需求时，则标志着该企业已步入成熟阶段。该阶段的企业开始以产品为核心逐步尝试发展围绕核心产品的配套产品来满足客户需求，销售行为也开始由产品销售向产品附加配套销售方向发展，甚至开始触及解决方案的销售，开始尝试发展解决方案产品。销售方式开始呈现以技术型为主以关系型为辅的方式，企业开始具备一定的非标准产品的定制能力，销售队伍也开始由"酒肉"型或"三陪"型向职业化方向转化，企业拥有一定的具有满意度和忠诚度的稳定客户，企业开始分化出专业的营销团队来负责品牌、技术推广和销售指导和销售支持，甚至开始把服务作为一种产品进行销售，客户关系的维护更多的是依赖企业而不是依赖销售员个人，企业开始以市场份额和市场覆盖度来监管市场的营销的结果。

当企业依赖的老市场需求持续减少而企业在新市场又缺乏有效的产品和客户支持，当企业的传统市场运作方法在获取市场份额上失灵时，该企业就进入了发展瓶颈阶段，企业只有跨越这个阶段才能进入可持续发展阶段，如果跨越不了，企业就开始进入衰退阶段甚至倒闭。纵观各国企业的发展历史，凡进入发展瓶颈的企业一定是在企业判断宏观经济和市场走势上犯了错误：要么这个企业没有研究市场和企业发展的职能部门，要么就是缺乏具有远见卓识的高层管理人员。这两个错误都会导致企业无视生存环境的变化。第一个错误会导致企业对外部环境的变化无感，第二个错误会导致企业麻木不仁。企业要避免这个结果，建设和强化企业的营销职能是至关重要的。

当企业独立的营销团队不仅关注当下的市场和生存环境，而且关注3~5年后的市场和生存环境的变化走势，以此指导公司的产品开发和战略发展方向，便能够有效牵引与指导产品优化和解决方案发展、能够有效指导市场销售，甚至能够有效指导商业模式的调整，把服务发展为公司可靠的收益来源时，就意味着该企业已进入可持续发展的阶段了。

2. 产品人员与营销人员的选择

企业发展的不同阶段，企业团队建设的重点也有所差异。从市场团队来看，在企业的创立和起步阶段，获得一定的订单事关企业的生死存亡，所以销售团队的建设是重点。在发展阶段，企业的服务团队建设是重点；企业在拥有基础客户之后，服务在品牌的建立和维护上刚扮演重要角色。在企业的成熟阶段，产品售前支持团队的建设是重点；该阶段的企业面临由关系型营销向技术型营销的转换，销售团队本身不能实现这种转换，这需要专业的售前支持团队来扮演这个角色，并以此逐步推动销售方式的转型。在企业发展的瓶颈阶段，负责给企业的产品和市场发展看路指路的营销团队的建设成为重点；企业发展如果遇到增长的瓶颈，这一定不是当下才发生的问题，而是在该问题出现的前若干年就已隐现这样的问题，只是企业缺乏职能部门或者具有营销慧眼的人来瞭望、判断、预警这个问题，缺乏研究企业增长点和增长方向的人；成熟的企业管理者应该在企业的成熟阶段就开始设立并逐步加强负责瞭望和看路的营销部门。在企业的可持续发展阶段，服务营销团队的建设是重点；处于该阶段的企业，已经拥有稳定的市场份额和规模效益，充分的市场竞争已使企业难以扩大产能来增加利润，当企业的扩大产能的边际成本等于边际利润时，企业只有以本企业庞大的在线运行设备为依托，通过扩大服务性销售的方式来实现利润的增长。

企业内对不同的职业和岗位有不同的任职素质要求。成熟的企业是根据职业人员的素质模型来考查和招聘员工的。

企业的产品人员分为产品应用人员和产品管理人员两类。产品技术应用人员主要从事售前技术支持工作（Product application），产品管理人员主要从事产品管理工作（Product Management）。售前技术支持人员在客户面前的角色是企业的产品技术代表，他需要通过与客户的沟通和交流来了解和理解客户需求，提供有针对性的产品或解决方案以帮助销售员获得订单，要帮助客户解决产品使用中遇到的问题，要在项目竞争中根据竞争对手产品的优势和劣势，制定相应的产品推介策略，通过对产品契合客户需求的产品差异化卖点的包装来帮助销售人员赢得订单。

售前技术支持人员履行职责所要求的素质模型是：高于普通人的情商，较好的亲和性，较强的表达、沟通、协调能力，较强的推动力，较好的产品技术基础，严谨而灵活的工作作风，愿意为销售人员做"嫁衣"，会讲产品故事，心理承受力强，忠诚和正直。

情商是履行产品技术支持最重要的素质基础，在这个方面的要求与销售员是相同的。产品技术人员面对客户要审时度势，依据判断出的客户关系的基础选择合适的客户交流内容和交流点，并在与客户面对面的交流中进一步判断客户的关注点和兴趣点，及时调整技术交流的内容和重点，有策略地向客户推介产品差异化的卖点。产品技术应用人员面对销售人员时会审时度势，依据产品竞争中需要客户关系支撑的支撑点有策略地推动销售员提升对客户的关系工作，有策略、有底线地面对销售人员为获得订单所要求的产品和技术承诺，有策略、有底线地面对客户提出的各种产品和技术承诺。正因如此，不是所有从事技术和开发的人员都可以从事产品售前支持，懂技术和产品只是履行职责的必要条件，再加上情商才能构成履行产品售前支持的充要条件。

亲和性是所有与客户打交道的人员所必备的基础素质。亲和性可以在一定程度上帮助产品售前技术人员弥补客户关系上的不足，帮助产品人员接触到客户并增加产品人员对客户的黏性和对销售员的黏性。

严谨而又灵活是保持良好的人际互动的基础素质，产品人员处理任何棘手的问题都有原则而不死板，有坚持也有妥协，不会没有余地地拒绝，也不会没有底线地承诺。

较强的表达、沟通和协调是产品售前技术人员的主要工作方式，讲话有吸引力、有重点，技术的概念能用通俗而形象的方式阐述出来并能让非专业人员听懂你想表达的产品概念等，这些都是产品售前支持人员履行职责的关键。协调是以非权力方式推动他人合作做事的一种能力，产品售前支持人员需要通过这种能力来整合销售员、开发人员、服务人员行为来应对客户的要求并解决客户关注的问题。

愿意为他人做"嫁衣"是一种可贵的品质，产品售前支持人员对销售而言是做幕后英雄，这个岗位的工作就是为成功的销售逢山开道、遇水搭桥，有时还要排除对手在客户处埋下的地雷。不具备这个品质的人是很难扮演这个角色的。

会讲故事是产品人员的基本要求，故事的特性是有主题、有概念、有情节且引人入胜。讲故事是产品人员说服客户选择你的主要方式和手段。

较强的心理承受力也是扮演产品售前支持角色的基本素质要求。市场销售有得有失，客户有好沟通的也有不好沟通的，甚至还有刁难的（甲方综合征），销售员有好沟通的也有不好沟通的。在销售项目失败时，销售员最容易把失败的原因推到产品售前支持人员身上；面对客户时最难面对的是客户拒绝见你；面对销售员时最难处理的是被当作打下手和销售秘书来对待，得不到应有的尊重。只有具备良好的心理素质的人才能扮演好产品售前支持这个角色，以角色容忍来换取团队可持续的合作，同时也给自己保留下可成长的空间。

忠诚和正直是所有履行职责的基本素质要求。对企业的忠诚、对部门的忠诚、对岗位的忠诚、对同事的忠诚、对客户的忠诚是这个岗位的要求。正直是要求面对两难抉择时，产品人员有原则、有底线，在面对困难时敢于担当。

产品管理人员（Product Management）的主要岗位角色是对产品的生命周期进行管理，他要负责企业产品的入市和退市。产品管理有以下两个角色：面对客户，他是企业的代表，他要在客户的需求和企业的开发之间建立一座可靠的桥梁；面对企业的开发，他是客户和市场的代表，他要把客户和市场的需求通过需求规格书的形式对企业的产品开发提出指引和目标要求。产品管理人员为了扮演好产品生命周期管理的角色，需要密切地了解和理解客户和市场的需求及其变化，需要时时捕捉客户和市场上未满足的需求，需要跟踪了解竞争对手的产品及其构成竞争力的关键点，需要了解和理解业界的技术发展；产品管理人员要根据上述的调查和研究总结归纳出满足客户需求的产品概念、产品需求规格书和产品生命周期的设计，以此引导企业的产品发展的路标规划，指引企业延长或缩小产品线、进入或推出某个细分市场。要扮演好产品管理这个角色，除必须具备产品售前支持人员所具有的素质外，还需要增加掌握市场研究的方法以及增加总结归纳和书面呈现研究结果的能力要求。调查研究方法是保证其能基于正确的前提用正确的程序和方法去收集、分析、总结需求研究成果，从事产品管理工作的人员需要接受专业的调查研究方法的学习和训练。做专业的研究报告也是一项履行产品管理职能所必需的基础技能；作为指引企业做业务运营决策用的市场可行性研究报告、产品需求规格报告等都是对产品管理人员有着专业化的框架和格式要求的。

3. 何人可以任职营销部门

企业营销的使命是为企业的发展看路。掌管营销部门的人要在外部生存环境的变化、企业的发展瓶颈、企业自身的能力等多个维度尤其是在外部生存环境维度上进行调查研究，尤其要对外部环境对企业的生存与发展的影响，进行近期、中期和远期三个尺度的分析判断和预测。占据企业的关键岗位者需要具有学识、经历、经验、企业内部影响力才能任职。

受过 MBA 或 EMBA 的教育者是较理想的营销经理的任职者。这不是说凡受过 MBA、EBMA 教育的人都可以担任企业营销管理职务。因为，接受过 MBA、EMBA 教育只是具有学历但不一定具有营销学识。实践表明，MBA、EMBA 课程中教得最多的是在企业层面如何做决策。然而，决策行为在企业宏观管理行为中所占的比重绝对不超过 5%，企业管理中 95% 的行为是沟通、协调、推动和监督行为；此外，MBA、EBMA 在课程架构设置上也有缺憾：所有的 BMA、EMBA 课程教给学生的只是"鱼"，其所追捧的案例教学法，都是让学生去学一棵一棵的"树"，而非一片一片的"森林"。MBA、EMBA 缺乏"渔"的课程，即如何从纷繁复杂的环境和现象中去粗取精、去伪存真、由表及里、由此及彼，由树木看森林的方法论及方法的课程。方法论和方法是保障企业决策正确的前提和基础，没有这个前提和基础的决策只是一种盲目决策，企业基于这种盲目决策给企业带来的改变还不如不变；因为，任何变化都会消耗企业的资源和能量，无效甚至负效率地消耗企业的资源和能量只会加速降低企业的竞争力。

"经历"是营销管理岗位任职者最为重要的选择要素。你让没吃过猪肉只见过猪跑的人去指点和评价猪肉的滋味，即便这个人有天赋也会误导人们，没有参考背景的评价一定是盲目的评价。营销管理者所要求的经历，最理想的是具有销售经历、产品售前支持的经历、产品管理经验的经历，如果，再有开发和开发管理的经历就更好了。这些经历是敏锐感知外部环境的变化、敏锐感知企业自身竞争力的变化、敏锐感知企业核心能力的变化所不可缺少的历练。

经验也是选择营销管理者重要的考量。最理想的营销管理者要具有跨企业、跨行业的从业经验，这种跨企业、跨行业的经验对外界变化所持有的视野、对企业战略调整方向所持有的视野、对变革策略所持有的视野对企业决策有着积极的贡献。在这一点上，欧美跨国公司容易做到，而中国企业往往最难做到；中国国有企业暂且不论，中国的民营企业、股份制企业的管理层基本都是内生的，很少是由其他企业空降过来的。

在企业内具有一定的影响力是营销管理者能否有效影响企业决策的重要人格基础。这个基础既来自营销在企业内部的架构中的层级，又来自占据营销管理者这个位置的任职者在企业内部历史上形成的影响力。营销管理者只有能对销售和开发两个团队同时产生影响才能对企业的决策层产生影响。所以，营销管理者对企业影响力的产生与其所具有的学识、经历、经验一脉相承。

理想的营销（产品管理）任职者最好是先有产品开发的工作经历，在有了一定的产品开发经验后再到产品售前支持部门做产品应用工作，然后从事一段时间的销售工作后再去任职产品管理岗位。开发经历帮助其奠定产品技术基础；产品售前支持工作经历帮助其奠定理解客户需求、体会差异化竞争、了解竞争对手产品的优势劣势、了解本企业产品的优势劣势、理解产品概念和需求规格书对新开发产品上市后的竞争力影响的经验基础；销售工作经历是奠定其与客户、竞争对手、设计院等打交道的经验基础，是培养其人际关系处理和危机处理的能力基础，是帮助其建立一定范围内的信息渠道、增强其对关键竞争要素的切身体会的基础。任职产品管理岗位前的这三种经历对扮演产品管理的角色虽然至关重要，但还相去甚远，任职者还需要经历市场调查研究方法、营销概念及基本财务概念的培训。

4. 营销的组织建设与素质要求

营销工作即便是单产品线的企业，其角色也不是单一的，它是产品售前支持角色与产品管理角色的有机组合。产品售前支持团队是产品管理角色所依靠的基础，产品售前支持中的竞争是产品管理角色的智慧来源，产品优化和发展中的真知灼见来源于在竞争中战胜对手产品的"赢"的冲动和由此产生的智慧。脱离产品售前支持的产品管理只能是无源之水。当然，像苹果公司乔布斯那样的天才是可遇不可求的，他是集产品开发、产品推广、产品管理及产品业务运营经验于一身的人。也只有他的主导才使得一度衰落的苹果公司通过 iPad 和 iPhone 这两个产品而扭转乾坤。当然，他所主导的 iPhone 的成功，与其说是手机产品的制胜，还不如说其是独到的商业模式的制胜，因为 iPhone 作为硬件产品很快就会被人拷贝或模仿，知识产权的保护不足以阻止他人去"山寨" iPhone 手机，但是 iPhone 将手机与电脑的功能结合起来，并开放应用软件平台给无数个借助这个平台进入苹果网络商店试图销售内容服务的第三方软件供应商，而特定技术与商业模式的方法则是业界难以拷贝的。据说苹果网上商店中的软件已超过百万个，而且每天有上万个新的内容软件进入 iPhone 的网上商店。iPhone 通过专有的网络商店和供第三方共享的软件平台的商业合作模式有效屏蔽了"山寨"者或模仿者。苹果公司把需要不断投入大量资源开发应用软件的事项连同其赚钱的机会一起分享给了庞大的第三方软件供应商群，进而形成了一个密切的产业联盟，随着规模的不断扩大其网络效应带来的成本迅速地降低，从而有力地阻击了绝大部分的技术跟随者。iPhone 的商业模式的创新也只有做过或正在做 CEO 角色的乔布斯才能做到。没有企业经营管理经历的人是难以在商业模式上获得创新思路和灵感的。从这个意义来说，即便是乔布斯这样的天才也是由其履历和经历造就出来的。

对于多产品线的企业而言，营销就不仅仅是产品售前支持和产品管理的互相契合的问题，它需要更高层次的契合，即沿着核心产品发展的解决方案以及围绕解决方案的协同效应的契合。复杂性的企业不仅有单产品的产品售前支持与产品管理的职能契合，还有相互关联的产品线之间的协同契合。例如，数据中心供电的核心设备是UPS，围绕UPS可以契合研究发展出上游和下游的配电供电系统，这是单产品线的营销契合，即同步推出数据中心的机房空调产品就是多产品的协同契合发展。业界由此出现了围绕某种业务的整体解决方案（TOTAL SOLUTION）。IBM、HP等企业就是这方面的典范。多产品线成熟企业的营销部门是一种矩阵式的营销团队，它是分产品的营销和具有协同效应的大业务板快的营销的交织。如数据中心基础设施是一个具有协同效应的大业务块，这个业务板块中有供电、制冷、机柜、布线等10多条产品线，提供数据中心基础设施的整体解决方案（TOTAL SOLUTION）企业的营销组织的设立就是一种结合了产品线营销和业务块营销的矩阵管理的组织。

营销团队在与销售团队的协同作战中扮演的是远程炮火、航空炮火、扫雷除障炮火的角色，目的是为销售这个步兵团队清除项目和份额获取上的障碍。营销人员聚焦在满足客户需求的技术亮点、方案的差异化、质量口碑、货期与供应的竞争力、服务及时性等维度的"营"的工作，销售人员则聚焦于巩固客户关系、摸清招投标规则和评标规则、摸清参与竞争的友商、预测友商竞争性的出牌、拟定自己的出牌等"销"的工作。这种销售项目的运作模式可称呼为"狼狈组织计划"，即销售人员扮演"狼"的角色（是肉都要吃到自己的肚子里），营销人员扮演的是"狈"的角色（出谋划策如何吃到肉）。要扮演"狈"的角色的营销人员的选择标准有一个素质模型，即罗马神庙模型：三有、三知、八基础。

图17-1 罗马神庙模型

三有是指营销人员要有调查能力、研究能力和呈现调查研究的能力（讲故事的能力）；三知是指营销人员要懂得知己、知彼、知环境；八基础是指销售人员要有相应的从业所要求的人格特性、心理素质和文化要求。"三知"是

"三有"的方法论，八基础是产品人员能够扮演"狼"和"狈"的角色的基础。营销人员的素质模型是销售人员与开发人员相混合的模型，营销人员既要有销售人员的情商、亲和性、流利得体的表达能力、抗压能力、追求目标的执着，又要有开发人员的严谨、尊重逻辑和开拓性思维。营销人员面对客户代表的是公司的形象，所说的故事呈现的是公司的客户价值，对技术规格的承诺代表的是公司的承诺。产品人员与销售人员的关系是一种绿叶与红花的关系，营销人员要甘做绿叶其成就动机只能选择具有中等成就动机的人。但销售人员就必须选择强成就动机的。在销售项目中，除其他因素外，将中等成就动机的产品人员与强成就动机的销售人员进行"1+1"组合是理想的"狼狈组织"。

5. 营销是从细微处见精神

营销有时也叫"行销"，并与销售（SALES）既相互联系，又相互区别。行销与销售的关系如同动物界中"狈与狼"之间的关系：狈出谋划策，而由狼实施攻击。行销是为"销"营造适宜销售的环境，是做品牌铺垫，是为销售准备有竞争力的产品，是包装产品的销售概念和产品价值。销售是把合适的产品卖给有需要的合适的客户。行销和销售是一枚硬币的两个不同的面。

营销的核心工作是帮助企业在产品设计上、产品亲和客户需求上比目标对手多那么一点点优势，而正是这一点点差异化优势可以帮助企业在市场竞争中拉开与目标竞争对手的距离，就是这一点点差异化优势可以在市场上制胜对手。

在传统的三种竞争战略上，亲和客户需求的策略实质是一种客户定制策略，这种竞争策略比其他两种竞争策略投入更多的成本；差异化的策略是细分客户需求的策略，它是以差异化的产品满足不同类型客户需求的一种分而治之的策略，是一种将不同产品与不同客户需求有效匹配的策略；而低成本策略则是技术上跟随目标竞争对手，但在成本上取胜对手的一种成本领先策略。第一种竞争策略需要企业具有较强的客户定制的能力，企业一旦具有这种能力就可以在追求个性需求的高利润市场上有所作为。但亲和客户的策略只适合于高端的小众市场（如英国的劳斯莱斯汽车），在满足中低端市场需求以获取大份额来实现盈利的市场不是合适的策略，它的高成本方式制约了企业进入大众市场。第三种策略依赖于企业的低成本的能力，这个能力在中低端的大众市场能帮助企业取得成功。但这种策略会导致整个市场的恶性价格竞争，会把市场价值越做越低，甚至出现劣币驱逐良币的恶性价格竞争（如中国的方便面市场）。第二种方法是兼有第一种和第三种策略的一种竞争方式，这种方式依赖于企业细分客户需求、细分市场和细分产品规格的能力；合适的差异化可以使企业以合适的成品应对合适的客户需求，它通过细分的竞争优势来获得更多的市场份额，从而使企业获得更多的利润。

可见，企业选择什么样的竞争策略绝不是由销售团队决定的，而是由企业所具有的核心竞争能力决定的，企业的营销策略必须与企业的核心竞争力匹配才能实现企业的业绩目标，在这方面需要营销团队对销售团队进行有效的策略引导，将销售团队的竞争策略建立在企业相应的核心能力基础之上。企业需要营销团队通过无数有系统的细微研究，找出企业的能力基础，基于企业核心能力制定和引导企业的竞争策略。

市场经验积累和实现新发现是企业对从事产品管理的营销人员的顶级职业要求。履行这两个任务既与产品的生命周期管理有关，又超出了产品生命周期管理的范围。对企业而言，从事上述两项职能的履业者要有企业的"麦田守望者"，时时关注企业的业务走向。最理想的"麦田守望者"的履业者不是从咨询公司或同业公司空降来的，而是在本企业成长起来并在相关的岗位轮岗从业过的人。每遇重大调整决策时，发达国家的企业习惯是请顾问公司来出谋划策，殊不知顾问公司掌握的只是确定问题并找出解决答案的方法，他们并没有点石成金术，顾问公司提供给企业的决策建议都来自该企业的中下层"智慧者"。这些智慧者长于斯，了解内情，对摆脱困境有自己的真知灼见，但缺乏上达的信息渠道。在此情况下，顾问公司通过企业的内访，从沙子中淘到了金子再把这金子作为"金点子"交给该企业的决策层。这些企业是花大钱雇用企业外的人获得来自本企业内部原本就有的"金点子"。因此，成熟的企业需要刻意培养自己的"麦田守望者"，让其在企业相关的不同岗位上有足够的磨砺，其磨砺的过程也是萌生"发现"的过程。

6. "突围"是营销的永恒主题

新产品、新业务方向的探索不是没有原则和没有基础的创新。对企业而言，任何新发现和创新都要基于企业已有的而且是很成功的业务平台基础。这个业务平台基础既可以是基于市场平台的，也可以是基于供应链平台的，还可以是基于平台的。也就是说，企业的新发现和创新必须有一个现成的支点，基于企业现有平台的创新才是一个有现实土壤的创新，才是一种可以生根发芽的创新。无数的企业实践证明，创新是充满风险的，要降低创新中的风险，其可借助的企业现有平台越多，其风险相对越低，反之风险就越高。例如，如果你创新的新产品是基于现有的开发平台的，你的创新概念就成功了一半，因为开发团队有足够的专业经验和实验工具帮助你实现产品的概念，并使概念成为产品。但这远远不够，如果你的创新概念还可以借助企业现有的市场平台和渠道进入目标市场，你的创新就有了一大半的成功概率，如果你的创新不仅借助了开发平台和渠道平台，还可以直接借助企业的客户平台，你的成功概率就超过了90%；只要你创新的产品规格和成本能够符合目标客户的期望，你的创新产品就能100%成功了。上述的平台借助，帮助企业以最小的投入实现创新、以最快的速度让创新的产品进入市场，并使销售获得成功。

不能有效借助现有平台的产品创新是风险极大的，其成功的可能性极小：如果只能借助企业的开发平台，这只能保证你获得创新的产品，但不能保证这个创新产品能顺利进入市场实现销售；因为，企业需要为此寻找和发展新的渠道，需要在新的市场投入相当的品牌宣传，最终使客户认可你的产品和企业；如果针对创新产品的渠道发展不成功或品牌推广不成功，你的创新产品就不会成功。

如果你的创新产品借助的是企业现有的渠道和客户，但没有开发平台可以借助，对企业而言，就需要去收购一个开发团队或收购一个技术，也可以自己新建和招募一个新团队来开发这个创新产品；如果无法组织新的开发资源，即使企业有现成的渠道和客户平台也不能使创新想法获得成功。

如果你创新的产品无法借助企业现有的任何平台，但你的创新产品可以帮助企业进入一个具有发展潜力的新的市场，企业就需要借助资本的力量通过收购一家符合要求的公司来实现这种创新，因为被收购的公司已经具有你所需要的开发资源、市场资源、供应资源甚至客户资源；在无平台可以借助下要实现成功创新，收购是唯一能帮助你成功的方法。

"千古兴亡事，一江春水向东流"，这是中国最著名的通信设备制造企业华为技术公司总裁任正非于2011年年末给其高管团队的一篇讲话稿中的标题。华为建于1989年，这个企业用了22年的时间，就从一个设计制造用户小交换机的微型企业发展成为年销售额达320亿美元的中国跨国企业。就是这么一个高速增长的企业在获得全球无线市场的25%的份额后发现，企业发展的可持续性遇到了障碍。华为公司在2012年5月向社会披露的2011年财务年报中显示，销售增长12%、运营利润下降53%、现金流下降43%。这份财务年报反映的是华为生存的环境发生了重要的变化：与华为核心竞争力相匹配的通信市场需求增长基本停滞，而华为核心竞争力弱的互联网和云计算、云存储和云服务市场迅速增长。任正非在讲话中告诫华为的高层管理者风暴将要来临，要努力向新领域突围。

给企业指引突围方向是企业营销的最高级职能。市场的兴衰、需求的变化、技术的发展、企业竞争力的得失是导致企业寻求突围的最终驱动力。这四大驱动力的作用是缓慢而渐进的，少有突变发生。四大突围驱动力的特征使得企业间对这种变化的认识和敏感度差异大；企业如果对这四大驱动力的感觉麻木，等企业感觉到业务下滑再来改变时，大都为时已晚，此时的企业已丧失变革的能力了。企业应对外部变化的行为必须是在这个实际变化到来之前的3~5年就开始进行新能力的建构，否则会出现今天帮助企业成功的核心能力反而成为阻碍企业明天应对新需求的异化困境。所谓"异化"，是现代管理学中用来表述科层制，原本是用来提高管理效率，但发展的结果却衍生出官僚主义反而阻碍了管理效率，从而走到科层制的反面的这一事与愿违的现象。

让企业提前3—5年知道未来的变化，让企业提前3—5年开始着手建构应对未来变化的核心能力是企业营销人员必须履行的职责。

市场竞争的过程，用兵法的概念来阐述就是兵无常势、水无常形；依据市场环境和客户需求的变化及时调整企业的发展战略和策略是企业在市场竞争中保持和改善竞争地位所必须要做的事情。对企业生存和发展而言永远不变的就是"变"。

第十七章 营销的市场团队建设

企业为何要变？如何变？按照什么原则变？向什么方向变？是企业决策者在面临每个增长难题或者面临每个市场衰退时所需要了解、理解并做出决定的事。对企业管理而言，只要对环境变化判断准确，只要对企业自身的问题判断准确，只要对企业自身的能力判断准确，企业管理者做战略和策略调整就不是难事。

经验表明，企业在面临复杂多变的竞争环境时，为什么有那么多即便是做出了重大的战略调整的企业仍然没有实现凤凰涅槃呢？大部分问题不是出在决策本身，而是出在企业对环境生态的变化、对企业自身的问题、对企业能力的错误判断上；最易导致这些错误判断的，是企业的营销机构或职能的缺失。

企业的营销组织就是企业的"总参谋部"，它的职责是运筹帷幄；企业如果没有设立这个组织，至少要设立具有这个职能的岗位。对组织而言，对企业而言，结构和功能是一对孪生兄弟，营销如果在一个成熟企业的组织架构中没有位置，企业的营销角色就只能由企业的一把手来扮演，即便在企业的组织架构中虽有营销组织，但如果营销组织在企业中的层级太低，其话语权太低也会严重制约其功能。合适的组织设计不仅要设立营销组织，而且要在企业的一级部门的架构上设立营销组织。

对企业而言，在有了营销的组织和结构之后更重要的是选择扮演营销角色的人。

没有营销的企业犹如盲人走路：企业能走多远，能走多快，能否越山过河，都是未知数。企业营销是企业的瞭望者、守望者、导航者和引路人。在市场竞争中只有营销笑到最后，企业才能笑到最后。营销可以帮助企业对外部的变化早于对手知道，可以帮助企业早于对手半步推出满足新需求的产品，可以引导企业早于对手一步进行商业模式的调整，既可以驱动企业采取先动优势先于对手建立市场地位，也可以帮助企业采取后发跟随策略以成本取胜。营销是以企业外部生存环境变化来驱动企业内部能力调整的第一推动力量。

第十八章
社会责任和营销经理人的成长

企业为交换而生产产品以满足特定的目标客户，并从中获得企业进行再生产和扩大再生产所需要的资源（来自客户购买产品和服务的货币）。从这个角度来讲，企业是一个为谋利而存在的组织；企业谋利是目的，经营产品和服务只是手段。然而，企业的经营管理无论是对企业内部还是企业外部都需遵循某种"道"，企业生财要有"道"，企业经营所遵循的"道"有以下三层含义：法律、社会责任、企业道德。

对企业而言，在市场上找称职的销售人员和开发人员相对容易，而找称职的营销人员及其主管则很难。选择营销人员的素质要求虽说是360度的要求（要兼具开发、销售和运营管理三类从业人员的素质），但具备这种360度要求的人未必能成长成为合格的营销主管。360度的从业素质要求只是成为合格的营销主管的必要条件，而不是充分条件。

成为合格的营销主管的充分条件是其必须在所服务的企业的土壤中生根、发芽和成长，必须将其所具有的360度从业素质与该企业的市场经验、竞争经验和对企业内部的能力的判断及营销影响力集合起来，才能构成促使其成为合格的营销主管的充分条件。

1. 企业行为遵循法律和履行社会责任

企业是依据所在国的法律注册成立的，无论是从公司治理层面还是企业运营层面，在法律允许的框架之下经营企业乃是一个基本原则。对跨国公司而言，其守法的框架是母公司所在国的法律与子公司所在国的法律所交集的框架。例如，IBM 在中国的子公司，对该公司而言，它既需要遵守美国的相关法律，同时也要遵守中国的相关法律，只有美国和中国两国同时允许的法律框架才是 IBM 在中国的子公司的行为框架；美国法律允许但中国法律不允许，或中国法律允许而美国法律不允许的行为，对 IBM 在中国的子公司而言都不行。所以，跨国公司所受的法律约束要比本土公司多。

绝大部分的企业生产的是私有产品而非公共产品，这个私有产品是通过销售方式来满足客户的合法需求的。对企业而言有以下四个层面的社会责任：（1）产品的合法性；（2）产品的合规性；（3）最大限度地减少公共产品的成本；（4）经营的行为合法合规。

产品的合法性要求企业生产的产品不仅是该国的法律所允许的，而且必须是在工商注册上所注明的范围内的。产品的合规性是指产品的制造标准必须符合所在国的行政法规的要求。最大限度地减少公共产品的成本是指企业需要采用技术或措施尽可能减少对环境在气体、液体和固体上的危害性排放；经营行为合法合规是指企业在采购、销售、雇佣和纳税等经营行为中的合法合规性。

企业以营利为目的，以保障股东利益为终极目标，以使客户满意为手段，这已经成为所有企业经营者的座右铭。企业在实现上述经营理念的同时还不能忘记"使员工满意"和保护环境这两个社会责任。企业虽然实现了企业经营的座右铭，但如果员工不满意，该企业不仅会有"血汗工厂"的陋名，而且久而久之还会影响"客户满意度"；因为企业的客户满意度和客户忠诚度都是通过员工的生产、市场和服务的行为来实现的，企业管理者是没有办法让持续不满意的员工去改善甚至提升客户的满意度和忠诚的。此外，企业虽然实现了企业经营的座右铭，但如果不能妥善地处理好环境保护这一社会责任，其让股东满意也是不可持续的。越来越多的国家将环境保护法律作为强制性法规让企业遵守执行，发达国家甚至将产品的绿色和环保指标作为市场准入的强制性标准来执行。欧盟在对电子产品实行强制性的 ROTH 标准之后于 2011 年对航空公司征收领空尾气排放税，澳大利亚准备征收碳排放税，美国在 2020 年对进口产品征收碳排放超标税等。所有这些都对企业经营者提出了挑战和压力，企业经营终极目标越来越不能通过低劳动成本和牺牲环境来达成，而是要通过采用节能和环保技术，通过提高雇员的技能和效率来实现。

在过度竞争行业中生存的企业经营者也要有是否留存在该市场进行经营的道德底线。中国奶粉行业出现的三聚氢氨超标现象、中国软饮料行业的起云剂严重超标和滥用现象、餐饮行业的地沟油泛滥现象、方便面生产中混用高熔点橄榄油的现象等，都是企业经营者缺乏职业道德底线的表现。国务院原总理温家宝曾告诫企业家："企业家的血管中要流淌道德血液。"

有远见的一些国内的地方政府，正在考虑采用鼓励所在地的企业通过 ISO240000 和 ISO8000 体系认证的方式，从企业的源头上解决企业的排放管理和对员工的人性化管理的问题。

2. 员工的职业道德与营销人员出身

职业道德有以下两个层面：经营管理层、员工层。企业管理者除需要遵守法律法规并履行社会责任外，企业管理者还需要具有企业的职业操守，这些操守从遵守会计准则、采购制度、费用报销制度，履行对员工的承诺、对客户的承诺、遵守利益冲突规避原则等。企业经营者如果没有道德底线，在糊弄股东和以权谋私上就最容易在两个区域失足；无论有什么样的法律法规和企业行政管理制度，企业的经营管理者如果没有职业道德操守，就最容易在这两个方面对企业本身造成伤害。

企业普通员工的职业操守对企业的公众形象、客户满意度和客户忠诚度、管理效率、产品与服务的质量都非常重要。敬业与忠于职守是企业员工最为基础的职业道德，这是企业经营管理能够产生效益的基础；这个基础企业不仅要从人力资源管理制度上来保证企业文化的氛围，还要从招聘员工的筛选环节中甄别具备上述基本素质的人；有的企业开始借用一些测量表来测试应聘者是否具备上述素质。在和供应商或与客户交往岗位上的员工的职业操守是员工职业道德的另一个重要的范畴；这两个岗位上的员工由于公司赋予其一定的岗位权力，尽管有企业的制度进行监管，但仍然是容易产生腐败的岗位。企业与供应商打交道的从业人员需要具有较强的抗诱惑的素质，不仅不能以企业的采购权从供应商处寻租，而且还要抵制来自供应商销售人员的"桌子下"的交易，真正地以公平、公正、公开的原则站在本企业的立场以本企业的价值观念选择供应商。企业中与客户打交道的销售人员，要具备正派销售的价值观，要具备将自己的情商与企业的品牌和产品满足客户需求的特殊性或差异性相结合进行品牌营销和故事营销素质，要从制度上禁止和处罚利益输送性的销售、对客户的虚假承诺、假借和虚构客户合同中的附加赠送条款谋取不正当利益的行为、市场人员的列支虚假费用进行报销的不道德的行为。企业面对渠道进行销售的人员的道德角色类似企业采购人员的道德角色，既不能利用客户资源或销售项目资源或价格授权从渠道商处寻租，也不能与渠道商勾结通过价格授权，通过销售项目保护及客户保护的方法为渠道商从本企业谋得不法利益。对上述的不道德行为，企业需要建立相应的制度来规范和管理。企业的道德既需要企业员工的自我约束，同时也需要企业通过有形的制度来规范和管理。

企业的营销人员有内部和外部两个来源。外部来源是企业通过猎头公司或人力资源（HR）中介公司从其他企业挖来的。实践证明，外部来源很难给企业提供合格的营销人员。因为，再能干的来自企业外部的营销人员也必须在企业内部经历"知己、知彼、知环境"的阅历历练才能担当起营销的角色，外来者或空降者融入企业是个相当难的难题。因此，绝大部分的企业都是从企业内部选拔和培养营销人员及其主管。

企业内部营销人员的来源有以下三种：销售人员、开发人员、产品应用或产品管理人员。其中，产品应用或产品管理人员是主要来源，因为产品应用或产品管理从业人员的基础素质要求就是360度的要求。

3. 情商和追梦是营销人员成长的基础

营销从业者所需具备的重要素质，大都与智商和个人内在动力两个基础有关。实践表明，在个人的从业成长中真正起决定作用的不是智商和内在动力这两个基础（尽管这两个基础对个人成功而言是不可缺少的）；真正起催化作用的是营销从业者的情商。情商与智商的不同在于：智商是先天的，是父母遗传基因给的；而情商则是后天的，是个人在一生生活过程中形成和沉淀下来作为人格的一部分的东西。情商或多或少以智商为基础，但它又高于智商，它的作用是把一个人的聪明（智商）发挥在应该发挥的地方。情商无法从书本或学历教育中获得，即便去学MBA也无法获得情商这种能力。

情商（EQ）究竟是何物呢？按学术的语言来表达，情商是情绪智力；按世俗的语言来表达，情商是为人处世的智力。但无论是学术的定义还是世俗的定义，情商的本质内涵是指人在情绪、情感、意志、应对挫折方面的处理能力。正是这种能力对人的职业成功尤其是对营销人员职业成功的作用甚至超过智商。

这是为什么呢？因为人生活在群体（团队）中，科技越发达，分工越细化，人际相互依赖和互动就越大。在这样的生存环境中个人的力量非常渺小，即便你是领袖也是这样。在群体中个人要想影响甚至主导群体的行为，就必须让这个群体（团队）的大多数成员能够认同你的思想并愿意按照你所想的方向去做。在这种协同群体（团队）的思想和行动方向的过程中，你需要面对和处理纷繁复杂的人际关系、利益关系和不同的思想。这个难题不是靠形式逻辑或数理逻辑就能解决的；一个人对同一个互动者所讲的同一句话，在不同时间不同场合下的理解和所做出的反应是不同的。价值观、经验、所处的互动位置和互动时的背景就造成了一个人对另一个互动者的同一句话做出不同判断的同时也会做出不同的反应：合作、对抗、消极，等等。中国有句俗语：同一句话可能把人说"笑"了，也可能把人说"跳"了。显然，前者的反应可能带来的是认同和合作，而后者的反应可能带来的是否定和对抗。

情商高者在与人交往时会因人、因事、因地、因背景不同而有所调整。因为，情商高者能够及时认识自己的情绪和他人的情绪，能够妥善地管理自己的情绪和控制自己，能够根据他人的情绪及时调整自己的言行，能够妥善处理和管理好人际关系。

情商是人格的组成部分，人格往往决定一个人的命运。好的人际关系是发挥个人影响力的基础，是发挥沟通和协调力的基础；高情商的人可以给自己创造宽松的工作环境和施展空间。这种宽松的工作和协作环境的建立需要你遵照下列原则行事：凡需要得到别人帮助的，你必须先帮助别人，而且在帮助别人时不求回报；凡要求别人理解和认同你的观点，你必须先换位思考，站在对方的立场上思考能够理解和认同你的思想的理由；凡不能立即达成一致的，不要急于求成，要求同存异，要和而不同；凡要求别人妥协退让的，自己先采取妥协和退让之策，以换得别人的妥协和退让；有时为了进两步，需先退一步；有的问题，是以进为退，有些事情上则是以退为进。你必须认真对待你所处理的每一件小事，以向团队表现你的责任心和耐性，这是可以博得别人喜欢与你共事与合作的基础。

企业在选拔或招聘营销人员及管理者时，情商是必需的考察要素。业界已经有对不同民族及区域的情商测试量表，这个测试可以帮助企业淘汰情商不达标的对象。

营销人员对市场需求的研究绝对不是站在企业的技术立场上的，而是站在客户的立场上进行换位思考式的研究，而换位思考需要情商作为支撑。营销人员对市场需求和市场细分的认识要在企业内部获得开发、产品应用、销售和企业决策层的支持不只是靠一份报告所能达到的，这需要营销人员有计划、有策略地通过一系列非正式和正式的跨团队沟通来实现。在这一过程中，没有实际行政权力的营销人员需要透过自己的专业人格魅力跨团队地对相关决策圈的人员实行专业性影响，并最终将其市场需求研究转化为产品概念研究，直至实现新产品的立项开发。这一过程，情商低的人是无法完成的。在说服他人接受营销人员的提议上，情商扮演着重要角色，情商会帮助营销人员在与不同角色的人进行沟通时，知道在什么场景下、从什么角度、以什么主题和概念、借助什么道具进行沟通才最能达到说服目的。

对从企业外部空降到一个新企业从事营销工作的人员而言，了解新企业所服务和赖以生存的市场、了解新企业与之进行竞争的对手、了解新企业在市场竞争中所处的位置只是扮演营销角色的一个重要基础，而另一个重要基础就是要设法尽快融入新企业的团队；在这两个基础上建立前一个基础相对容易，而要建立后面一个基础则相对较难。每个企业都有自己的独有文化，这种文化既与企业一把手的管理风格有关也与各部门的主管管理风格有关。企业文化的差异主要体现在企业内部的上下级关系及沟通方式、平级关系及沟通方式、决策形成机制、决策贯彻执行机制和对职业行为的奖励和惩罚制度的差异上。空降到新企业的营销人员要建立个人的职业影响力首先要努力淡化和忘记自己在原服务企业中已经习惯和掌握的文化，努力学习和适应新企业的文化，努力解决在自己内心中产生的两种不同企业的文化冲突，努力调适自己对新企业文化的适应力，让自己尽快地融入新的企业文化中。空降的营销人员要尽快融入新企业的团队文化中的秘诀是：忘记自己的背景，忘记自己的过去，把自己当作一张白纸，重新在这张白纸上按照新企业的文化习惯去绘制自己的行为和互动方式。

融入新企业的第一关就是要学会与不同背景的上级、同事和下级共事。大凡被猎头公司猎到新企业的营销人员或多或少都有些"自命不凡"的感觉，甚至有拯救新企业于"水深火热"之中的使命感。营销人员的使命感应该保留，这是营销人员有所成就的动力源泉，但这种保留应该是在内心深处，切不能保留在口头上和交往方式上。使命感是靠身体力行做出来的而不是说出来的。情商低的营销人员进入新企业如果违背了上述做人做事的原则，是不可能与自己的上级、同事和下级处理好人际互动关系的，失去了人际关系基础也就失去了营销对企业的影响力。与经验和知识背景与自己不同的下属和同级别的同事相处相对容易做到，但要与经验和知识背景不同的上司相处则不是所有人都能做到的，既能"寄人篱下"，又能发挥营销影响力是需要高情商的。要做到这点，营销人员要学会"糊涂""大智若愚"，只有"大智若愚"的营销人员既有亲和性，又能够保持"和而不同"这种思考的独立性，才有可能对团队产生营销影响力。

营销管理者和从业者必须学会管理自己的上级，给你的领导一个愿意支持你的观点和行动的理由，要有让你的领导对支持你的营销工作有荣耀感；最好能让你的领导有支持和帮助你的工作可以帮助其晋升的成就感。管理好自己的上级就像处理脸和胡子之间的关系。你的上司就是脸，你就是胡子，你想在上司手下出头，必须让你的上司感觉到让你这个胡子出头他的脸上有光。遇到这种情况，即便你有满腹经纶及企业的发展韬略也无济于事，因为你的知识无法转化为企业的共识和行动。对营销从业者或管理者而言，如果出现了上述困境，不要抱怨你的企业和上司，你首先要抱怨的是自己：你需要继续历练，在挫折中改善和提高自己的情商。要管理好你的上级除上述要做的外，还必须具有自信但不自满、有干练的办事能力但低调、干出了成绩但不贪功、有责任自己扛、懂得自己该追求什么该放弃什么，学会在获得之前先要放弃或做出牺牲。对营销的从业者及管理者而言，最重要的是学会与你不喜欢的人处理好关系。

营销人员成长的第二个不可或缺的要素是永不停息地"追梦"。这种追求是目标、激情和投入三位一体的有机集合。就目标而言，它是一种将梦想、理想转变成现实的追求。有所成就的意识是营销人员自我激励的动力和创新的源泉。就激情而言，它是一种将事情做成所不可缺的燃料，100 次失败而又能 101 次再努力就是这种激情的写照。就投入而言，它是一种专心、专注不畏艰难向着目标去实践的努力。对一个成功的营销人员而言，上述三要素一个都不能少。今天的现实都是来自昨天的梦想；今天的梦想都会成为明天的现实。所有的营销职业经理人都要成为追梦人，不轻易放弃自己的理想并为之努力奋斗，不断超越自己，不断成长进步。

4. 做人做事要有灵魂和方法论

把平凡的事做得不平凡既是对营销人员的素质要求，也是对营销人员的职业要求。营销就是要不断尝试用新概念、新路径、新方法去分析思考同一件平常的事情，努力找到更优的概念、更优的路径、更优的方法去更有效率地做同一件事。营销人员要保有探索陌生世界的好奇和沉湎于游戏的心态来从事营销职业。好奇与沉湎做游戏使得儿童在智力还不成熟的状态下以比智力成熟的成年人快得多的速度不断地学习新东西。从事营销职业的人员需要有好奇和沉湎游戏的心态才能把平凡的事做得不平凡。如果有人问你：如何将一枚煮熟的鸡蛋以最简单的方式立在桌子上？如果你去找一个支架把鸡蛋立起来你就是把平凡的事做得很平凡；如果你直接把鸡蛋磕立在桌面上就是把平凡的事做得不平凡。后一个做法，在达成目标的前提下，无论在花费的时间和付出的附加成本上都远比第一种方法低得多。

营销人员与开发和销售人员的不同之处在于从事这个职业的人要具有架构师的思维方式。好的架构师能够把复杂的任务通过灵巧的架构设计化繁为简，将一团乱麻理出头绪扎成辫子，将底层需要执行的任务与顶层的执行指令通过最短的途径和以最短的语句命令使其最有效率地连接起来。

营销人员的成长出自对无数小事情的实践。但凡自持大略却干不了小事又不懂干小事的人是不可能真正成为成功的营销职业经理人的。千里马从来都是先于伯乐而存在。营销这匹千里马不需要伯乐去发现，而是自我培养、自我发现。一个企业的成功需要许多有助于成功的外在和内在的条件。识别市场机会对营销人员来说是一项基本功,抓住机会是企业获得成功的最重要的外部因素。但是机会对不同企业的意义是不同的,对具有与机会相匹配的能力的企业而言,机会是属于自己的;对不具有与机会相匹配的企业而言,这个机会只能是镜中花、水中月。所以识别属于本企业的机会需要知己知彼的基本功,没有对企业及其外部环境许多方面做过认真深入研究的人是没有这种鉴别力的。所以,营销的基本功是从无数小事中培养起来的,只有把小事做好了,才可能真正地在企业中扮演营销职业经理人这个角色,才能把把持企业发展方向这个大事做好。管理者可以从企业中寻找能把小事做好且做得优秀的人,这种人具有做营销的潜质,因为这种人能从不同层面、不同角度,用不同的方法把一件平常事做得不平常,这种人具有从平常中寻找新发现的天赋。这个品质是营销从业人员最合适的素质。如果一个人能以新的意境去做需要重复做的事,如果一个人能保持好奇和执着,他就能将平凡的事做得有灵魂。当一个人持续这样行动的时候,企业即便没有伯乐,他也会凭借自己的独特能力拂去盖在身上的沙土,向企业展现自己内在的金子本质。

实践表明,大凡能把平凡的事做得有灵魂的人,有意无意间都掌握有帮助自己从无知走向有知的捷径。这个世界的本质是一种"存在",世界上认知这个"存在"的学问虽然种类繁多千差万别,但在方法论的层面上各种认识这种存在的本质的学问都是相通的。所不同的是,不同学问所用的是以不同的范式或不同的概念体系去了解、分析和解释"存在"这个本质的。

方法论是一种原理论,掌握了这种原理论的营销职业的人,在灵魂深处是拒绝被某类概念性结论束缚的,他们十分明确:"任何结论的成立都是基于某个假设前提,我们要关注的是如何建立假设前提以及如何演绎或归纳得出结论。"在上述原理论的指引下通过举一反三来融会贯通,从而帮助营销人员从无知走向有知。从这个意义上讲我们所有学过的东西都是有用的。所以,营销人员在从事没有经验的事情的时候绝对不能画地为牢,营销人员边干边学边总结才是推进个人成长的硬道理。

对营销人员而言学会做正确的事是从业的最重要的要求。做正确的事是指做该做的事,不去做不该做的事。营销人员最重要的价值是从纷繁复杂的事情或任务中甄别出对营销的岗位而言应该做的重要的事情,把自己的主要精力和时间花费在做重要的事情上。就如同你要驾车去某个城市,首先方向要搞对,选错了方向,你再努力奔跑也到达不了你要去的城市。做该做的事就是做方向正确的事情。

对营销人员而言，只是会做正确的事还不够，他还必须有能够把事情做正确的能力。做正确的事和把事做正确是两个不同层面的能力要求。做正确的事是指：只做能够引导你达成目标的事（宏观的、决策层面的）；把事做正确是指：用正确的方法和工具把事做好（微观的、操作层面的）。如果你的营销目标是进入罗马城，首先你需要判断罗马城在地球上吗？如果在地球上，离你有多远？对你的位置而言处于什么方向：东边、西边、南边还是北边？

对目标和方向的选择是做正确的事的本质；个人及企业能成长多少、能成长多快都与其做正确的事的能力有关，做正确的事的能力能够帮助个人和企业在达成目标上事半功倍。营销人员履行职责首先考虑的是：应当做什么事、不应当做什么事；其次要考虑怎么做及做到什么程度。

5. 不灭的理想与追求

在中国，来自营销的从业者抱怨最多的是：在企业中从营销岗位晋升的机会要比从事销售和开发的人员少。从企业各类岗位中晋升的绝对数上看，从营销岗位上晋升的人数确实要远比从事销售和开发人员的晋升的数量少，但按统计学概念，从事营销人员的晋升机会要比从事销售和开发岗位的人的晋升机会多。从国际上的跨国公司来看，营销人员和开发人员向高层管理岗位的晋升机会要远多于其他岗位的从业人员。

其实，世界上的机会从来就是"不平等"的，这种不平等来自资源短缺的永恒性，而机会是一种比资源更加短缺的资源。机会只对该机会有所准备的人才是机会，否则就不是机会。这就像竞选美国总统，只要符合美国宪法规定条件的美国公民都可以参加总统竞选，看似机会平等，其实是不平等的，只有获得美国两党提名的人才有参加总统选举的机会。无论是对个人而言还是对企业而言，先具有了能够匹配新机会的能力或条件的人才能真正拥有机会和抓住机会；机会之窗只对有准备的个人和企业开放。

机会无论是对营销的从业者还是对企业而言，都是一个杠杆，抓住了一次机会，你就有机会面对隐藏在这次机会后面的机会；丢失一次机会意味着这次机会背后的所有机会你也丢失了。

第十八章　社会责任和营销经理人的成长

对营销从业人员而言，如果企业内个人的晋升机会之窗不对你开放，我认为不要问你的上司，而要问你自己：你给企业揭示过成长的机会或揭示过企业衰退的风险了吗？

对营销从业者而言，要使自己在职场上稳步成长最忌讳的就是希望自己能够在营销岗位上快速成功的企求。就像黄金、钻石的生成是需要超乎想象的地质的压力、温度、元素和时间等要素复合作用下产生的一样，成功的营销人是需要经历很多的成功与失败、困惑与希望、认识与反认识、固守与突围的历练才能造就的。因此，营销从业者要以自然酿化陈年普洱茶的心态来把持自己的从业人生。

营销从业者必须具有某种程度的理想和追求，只有具有殉道精神的人才能成为真正的营销领袖。"追求崇高"是营销人员需要具有的不是宗教的宗教精神。这是一种对企业发展中的真、善、美的追求，这是一种没有最好只有更好的追求。这个精神第一要素是对企业的忠诚决定你和企业休戚与共、唇齿相依，使你对企业发展富有使命感；这个精神的第二要素是正直，正直来自你的独立人格，坚持真理，实事求是；这个精神的第三个要素是有底线，有底线能使你在追求企业发展的创新探索中不越线（道德的、法律的、环保的等）。

"追求崇高"对营销从业者来说也是一种比追求金钱、成功、成就之上的一种更高级的追求；这是一种基于"德"的追求：将"忠诚"与"正直"作为营销从业者的人品基石，将"有底线"作为创新行为的制约，拒绝为达目的不择手段的"无德之举"。"追求崇高"也是一种和谐追求，处世强调"外圆内方"，既强调平滑处理人际关系与事物，又强调不失原则和准则。"追求崇高"也是一种对美的追求：不断地追求更高的做事要求，要求今天比昨天做得好，明天要比今天做得好。正因如此，"追求崇高"不仅是营销从业者应该拥有的非宗教的宗教信仰，而且是营销从业者的职业灵魂。这个信仰和灵魂会给在夜航中摸索的营销人员导航，会推动营销团队在企业发展方向的探索中成长。当一个企业既有团队关注和解决当下的吃饭问题，又有团队关注和解决明天甚至后天的吃饭问题的时候，这个企业就有了可持续发展的引擎。

企业营销的核心使命是：吃着碗里的、看着锅里的、瞄着厨房的、想着地里的。当企业文化和机制都能够实现上述要求时，这个企业就会成为一家可持续发展的企业。企业要在变化着的充满竞争的市场中可持续地赢，就必须建设和发挥好企业的营销。企业可持续发展赢在营销。